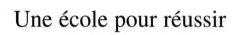

Une école pour réussir

William Glasser, M. D.

# Une école pour réussir

**Les Éditions**
**LOGIQUES**

LOGIQUES est une maison d'édition reconnue par les organismes d'État responsables de la culture et des communications.

Nous remercions le Conseil des Arts du Canada, le ministère du Patrimoine canadien et la Société de développement des entreprises culturelles du Québec pour leur appui à notre programme de publication.

Titre original de l'ouvrage: *Schools without Failure*
Publié par: Harper Collins Publishers inc.

Traduction de l'américain par: Jean-Pierre Laporte
Révision linguistique: Jacques St-Amant, Élisabeth Dumont, Claire Morasse
Mise en pages: André Lemelin
Graphisme de la couverture: Christian Campana

Distribution au Canada:
**Logidisque inc.**, 1225, rue de Condé, Montréal (Québec) H3K 2E4
Téléphone: (514) 933-2225 • Télécopieur: (514) 933-2182

Distribution en France:
**La Librairie du Québec,** 30, rue Gay-Lussac, 75005 Paris
Téléphone: (33) 1 43 54 49 02 • Télécopieur: (33) 1 43 54 39 15

Distribution en Belgique:
**Diffusion Vander,** avenue des Volontaires, 321, B-1150 Bruxelles
Téléphone: (32-2) 762-9804 • Télécopieur: (32-2) 762-0662

Distribution en Suisse:
**Diffusion Transat s.a.,** route des Jeunes, 4 ter, C.P. 1210, 1211 Genève 26
Téléphone: (022) 342-7740 • Télécopieur: (022) 343-4646

Les Éditions LOGIQUES
1247, rue de Condé, Montréal (Québec) H3K 2E4
Téléphone: (514) 933-2225 • Télécopieur: (514) 933-3949
Site Web: http://www.logique.com

**Une école pour réussir**

Publié avec l'accord de Harper Collins Publishers inc.

Dépôt légal: Premier trimestre 1998
Bibliothèque nationale du Québec
Bibliothèque nationale du Canada

ISBN-2-89381-384-4
LX-467

# Sommaire

# Préface

La réussite est nécessaire à la motivation. L'estime de soi est essentielle pour apprendre. À l'école nous devons permettre aux élèves d'accomplir quelque chose de valable.

La plupart des enseignants de mon âge ne comprennent pas pourquoi les jeunes n'apprennent pas s'ils ne sentent pas notre amitié. Nous regardons en arrière et nous nous rappelons que nos professeurs n'étaient pas toujours des amis et ne se souciaient pas nécessairement de rendre leur matière significative. Mais nous avons quand même appris! Nous apprenions parce que nous devions le faire. Aujourd'hui, j'entends des directeurs et des enseignants se plaindre que les jeunes n'ont plus peur. Les vieilles tactiques de la peur: «Je vais vous punir. Tu auras un échec. Tu ne réussiras pas dans la vie» ne fonctionnent plus. Nous devons donc amener les jeunes à apprendre sans tabler sur la peur.

Les jeunes d'aujourd'hui recherchent une identité comme êtres humains: ils veulent obtenir ce genre d'acceptation. Nous devons leur faire sentir que nous nous préoccupons d'eux et le prouver par notre amitié et par l'intérêt que nous leur portons. Les élèves auxquels on ne peut enseigner s'opposent ou se replient. On ne peut les atteindre. Leur corps est en classe, mais leur esprit est ailleurs. Ils confirment leur identité «Je suis échec» de façon active par l'antagonisme ou passive par l'abandon. Nous devons les connaître, les atteindre, les rencontrer. Nous pouvons le faire en trois étapes qui pourront, je crois, convaincre les jeunes qu'ils peuvent réussir.

D'abord, nous devons arrêter de faire échouer les jeunes. Nous devrons rendre l'échec impossible à l'école. Nous devons dès le départ dire aux élèves désavantagés: «Vous êtes ici pour apprendre. Nous ne sommes pas ici pour vous faire échouer. Si vous ne comprenez pas, nous vous expliquerons. Nous vous donnerons des examens pour vous évaluer vous-mêmes. Si vous ne réussissez pas l'examen, vous pourrez le reprendre, l'apporter à la maison et l'étudier, en parler à un autre élève. Ce que nous voulons, c'est que vous appreniez.» Enseigner n'est pas évaluer, c'est démontrer aux jeunes qu'ils peuvent apprendre. L'identification à la réussite s'acquiert en s'impliquant avec d'autres, en s'engageant intellectuellement, mais jamais en étant rejeté.

Ensuite, nous devons cultiver l'estime de soi. Les élèves se sentent valorisés s'ils peuvent relier l'objet de leurs études à leur vie, s'ils peuvent l'appliquer à leur vie, pour ainsi mieux comprendre ce qu'ils voient et ce qu'ils vivent.

Enfin, nous devons amener les jeunes à penser. Penser, c'est agréable. Penser est une activité fructueuse. La stimulation intellectuelle amène à découvrir de nouvelles possibilités. Mémoriser n'est pas penser. Mémoriser quelque chose qui n'a pas de sens cultive une attitude de désengagement et sème les graines de l'échec. Ce qui est assez important pour être mémorisé est assez important pour être compris.

Il reste à cesser d'évaluer les élèves les uns par rapport aux autres. Ce genre d'évaluation est toujours nocif, tant pour les plus forts que pour les plus faibles qui n'apprennent pas à réaliser leur potentiel mais à entrer en compétition avec leurs camarades.

Tout enseignant peut avoir une influence déterminante sur chacun de ses élèves et sur son attitude devant la vie. Quand un élève sent «Ici je réussis. Je ne reçois pas de crédit pour ce que je ne fais pas, mais je reçois la reconnaissance pour ce que je fais», il est disposé à apprendre, construit son estime de lui-même et se prépare un avenir ouvert et productif.

*Brian Mulherin, D.Ed.*
*Professeur*
*Université du Québec à Montréal*

# Introduction

De nos jours, trop d'élèves échouent à l'école. Les autres sont perturbés par la pression exercée sur eux; des élèves, pourtant sérieux et qualifiés, réussissent plutôt mal. Dans les banlieues comme dans les villes, ils échouent, de l'école primaire à l'université. Dans les quartiers pauvres et surpeuplés des grandes villes, ils échouent même de façon si constante que de nombreux experts pensent que l'éducation doit s'avouer vaincue: dans les écoles, on fait tout sauf éduquer.

Je suis persuadé, pour ma part, que nous exagérons beaucoup l'échec scolaire. Nul ne pourra cependant nier que c'est au cœur des grandes villes que l'éducation fait face à son plus grand défi. Confrontés à des écoles surpeuplées, livrées au vandalisme, aux tensions raciales et au découragement sinon à la démission pure et simple de nombreux enseignants, nous avons la tâche difficile d'y améliorer l'éducation. Ce livre traite principalement de l'éducation en milieu urbain: les besoins y sont plus criants qu'ailleurs, et les gens sont prêts à faire les changements qui s'imposeraient en fait dans toutes les écoles.

On a beaucoup écrit sur la difficulté d'améliorer l'éducation dans les villes. Mon expérience personnelle m'a appris pourtant que la plupart de ceux qui le font ignorent le fond du problème. Ils sont tellement obsédés par les facteurs sociaux, environnementaux et culturels concernant les élèves qu'ils n'ont pas assez approfondi *le rôle joué par l'éducation elle-même dans l'échec de ses élèves, non seulement dans les quartiers pauvres des grandes villes mais dans toutes les écoles.* Je me propose donc d'analyser les faiblesses du système et de suggérer certains correctifs.

Je suis moi aussi, bien entendu, en faveur de l'amélioration des conditions de vie et de l'harmonisation raciale; nous aurons cependant du mal à atteindre ces objectifs si nous n'améliorons pas considérablement l'éducation. Les enfants des quartiers défavorisés peuvent apprendre, tout comme ceux des quartiers aisés. Le principal obstacle est notre conception actuelle de l'éducation; elle est fondée sur l'absence de lien entre les élèves et les enseignants, sur la non-pertinence des matières enseignées et sur le peu d'accent mis sur la réflexion. C'est l'inverse qui doit pourtant prévaloir: il faut parler *d'engagement, de pertinence et de réflexion,* sinon nous ne parviendrons pas à résoudre le grave problème de l'échec scolaire de nos enfants.

*Une école pour réussir* suggère des mesures concrètes pour faire de l'engagement, de la pertinence et de la réflexion la réalité quotidienne de nos écoles. Liées les unes aux autres, ces solutions devraient être appliquées en même temps. Prises individuellement, elles peuvent certes avoir une certaine valeur, *mais combinées en un programme global,* elles devraient fournir les fondements mêmes de l'école dont nos enfants ont désespérément besoin.

# Chapitre 1

# Le problème de l'échec

Comme les idées avancées par la thérapie de la réalité suscitent un intérêt croissant, j'organise de nombreux séminaires à l'intention de groupes d'intervenants œuvrant auprès d'enfants en difficulté. Au cours de ces séances, je commence par exposer la théorie de la thérapie de la réalité, puis j'en démontre la technique en interrogeant un groupe d'adolescents. Les participants peuvent ainsi voir en application ce que je viens de décrire. Si l'un de mes futurs lecteurs avait pu assister récemment à l'une de mes démonstrations sans savoir que les participants étaient ce jour-là des travailleurs sociaux spécialisés dans l'aide aux délinquants, il aurait eu bien du mal à comprendre le but de nos échanges. En entendant ces jolies adolescentes, bien élevées et sûres d'elles, n'importe qui aurait été favorablement impressionné par l'aisance et l'assurance avec lesquelles elles décrivaient leur vie devant le vaste public massé autour d'elles. Elles ne correspondaient en rien à l'image que l'on se fait des délinquantes. À mesure qu'elles exposaient leurs problèmes d'une façon franche et réfléchie, nous percevions toutefois plus clairement leur attitude de résignation que le public et moi-même trouvions plutôt déprimante: *elles étaient persuadées d'avoir très peu de chances de réussir ou d'être heureuses* dans la vie qu'elles envisageaient.

Ces adolescentes avaient toutes eu des problèmes avec la loi. Rien ne semblait pouvoir les corriger. Refusant d'obéir à leurs parents et aux autorités scolaires, n'observant pas les règles de conduite imposées aux jeunes par la société, elles avaient, par exemple, passé la nuit dehors, fréquenté des gens que leurs parents désapprouvaient ou manqué l'école à maintes reprises; elles consommaient souvent de l'alcool et des drogues illégales et avaient une vie sexuelle agitée. Si elles n'étaient pas des contrevenantes endurcies, elles avaient déjà fréquenté des établissements pour jeunes délinquants et de nouveaux ennuis les conduiraient directement dans des institutions de rééducation. Des sept jeunes filles du groupe, cinq étaient intimement persuadées d'être des ratées qui ne parviendraient jamais à remonter la pente; les deux autres pensaient pouvoir éventuellement réussir à l'école mais sans plus. Les cinq premières avouaient qu'à l'école, elles se contenteraient de faire acte de présence; elles n'avaient en effet pas le moindre espoir d'y apprendre quoi que ce soit d'utile pour leur vie présente ou future. Elles avaient certes conscience qu'un sérieux manque d'éducation serait un handicap pour elles; quand je leur ai demandé si elles avaient l'intention de rattraper le temps perdu, puisqu'elles avaient reconnu la gravité de la situation, elles ont tout simplement répondu qu'elles en feraient juste assez pour tirer leur épingle du jeu. Résignées à l'échec, elles n'avaient pas l'intention de faire les efforts nécessaires pour réussir à l'école.

Ces adolescentes décrivaient aussi leur incapacité de nouer des relations chaleureuses et constructives avec leur famille ou leurs professeurs; elles n'éprouvaient même pas de sentiments amicaux les unes envers les autres, même si elles avaient vécu ensemble pendant plusieurs mois. De même qu'elles s'étaient résignées à l'échec scolaire, elles s'étaient résignées à l'absence de toute relation humaine significative. Si elles n'étaient pas heureuses dans les institutions où on les avait placées, elles ne prévoyaient pas faire mieux à la maison, n'ayant pas la moindre confiance en leurs chances de réussite à l'école. Elles admettaient volontiers que la plupart des problèmes qu'elles connaissaient avec leurs parents venaient de leur échec scolaire et de ses liens avec leurs autres échecs, à l'école comme en dehors de l'école. Pendant toute l'heure qu'a duré l'entrevue, je ne suis pas parvenu à ébranler leur conviction qu'il ne leur restait qu'une seule chose à faire: vivre au jour le jour et se croiser les doigts. Elles ne se montraient pas le moindrement intéressées à entreprendre quoi que ce soit qui leur assure un avenir meilleur, ni même à faire des projets en ce sens.

Ces adolescentes ne présentaient pourtant pas les traits sociologiques classiques de l'échec. C'étaient de jolies jeunes filles blanches qui appartenaient à la classe moyenne. La plupart étaient d'une intelligence moyenne ou supérieure à la moyenne. Quelques-unes venaient bien de foyers désunis, mais toutes se croyaient aimées par au moins un de leurs parents. Pourtant, elles étaient malheureuses; elles n'avaient aucune confiance en elles, ni en leur réussite future. Plusieurs reconnaissaient que, s'il se présentait un homme prêt à les épouser, elles accepteraient volontiers et profiteraient du mariage pour se sortir d'une situation qu'elles se sentaient bien incapables de changer seules. Elles ne pensaient guère pour autant réussir leur union. Ayant vu beaucoup de mariages échouer dans leur propre famille et dans leur entourage, elles ne se faisaient aucune illusion quant à la durée probable du leur. Comme pour les autres domaines de leur vie, elles n'avaient pas la moindre idée de ce qu'il leur fallait faire. Retirées à leurs parents pour être placées dans une institution où les études étaient faciles et la vie réglée de façon stricte mais, admettaient-elles, agréable, elles ne se montraient plus rebelles. L'indifférence ou l'apathie, voilà les qualificatifs qui décrivaient le mieux leur état d'esprit.

Ces adolescentes ne sont pas uniques. J'ai rencontré de nombreux jeunes semblables à elles. Ils avaient connu parfois la misère, parfois la discrimination raciale; dans quelques cas plus rares, ils souffraient de handicaps physiques ou accusaient un retard intellectuel. Il faut cependant chercher ailleurs la raison principale de leur absence presque totale de confiance en eux et en leur capacité d'améliorer leur sort. La pauvreté, même si elle est un facteur important, n'est pas un obstacle insurmontable. La plupart des enfants (je sais de quoi je parle, puisque je travaille depuis plusieurs années dans des milieux défavorisés) n'ont pas vraiment conscience d'être pauvres. Ils sont relativement bien habillés, mangent à leur faim, ont la télévision et jouissent d'autres avantages matériels. Ce n'est peut-être pas le cas partout, mais c'est largement vrai pour les quartiers pauvres que je connais. Même pour des enfants plus pauvres que ceux avec qui je travaille ou que j'ai rencontrés, la pauvreté n'est pas l'unique cause de leur manque d'espoir et de leur résignation face à une vie d'échec; ce n'en est même pas la cause principale. De la même façon, la couleur de la peau, même si elle peut s'avérer un handicap dans notre société blanche, ne représente pas à elle seule un obstacle infranchissable. Si, par contre, elle se combine à la pauvreté, à une famille désunie, à une mauvaise relation avec les parents et surtout, selon moi, à l'*échec scolaire*, le peu de chances qui s'offrent déjà aux gens de couleur peut représenter un important facteur d'échec. *S'ils ne s'accompagnent pas d'un échec à l'école*, les autres handicaps, en revanche, peuvent être plus facilement surmontés.

Si les enfants (adultes de demain) qui échouent n'étaient pas nombreux, cela n'aurait que peu d'impact sur notre société; mais ils sont nombreux. Regroupés dans certains quartiers des grandes villes, ils ont l'échec comme dénominateur commun. Ce n'est pas ici ma définition de leur condition, ni celle d'un sociologue, d'un enseignant, d'un policier, d'un agent de probation ou d'un politicien. C'est la façon dont ils se définissent eux-mêmes. Ils sont conscients que, dans une société où bien des gens réussissent, eux échouent. Quand on leur demande ce qu'ils envisagent de faire pour s'en sortir, la plupart répondent qu'il leur faudra «travailler plus fort». Ce qu'ils doivent faire précisément reste cependant très vague dans leur esprit. Ils ne font, en fait, que répéter du bout des lèvres un vieux cliché.

Pouvons-nous changer une attitude si défaitiste? Pouvons-nous aider ces mêmes adolescentes citées plus haut à se donner des buts, à établir de meilleures relations avec les gens qui comptent dans leur vie, à vouloir réussir et à avoir confiance en elles? Pouvons-nous aussi trouver une solution pour ceux qui, au contraire, souffrent de handicaps sociaux? J'en suis persuadé et je crois que la meilleure solution passe par *une éducation réussie*. Une bonne éducation peut faire beaucoup pour résoudre le problème de l'échec, quels que soient les facteurs sociologiques. Je n'accepte pas les justifications actuelles de l'échec voulant que les jeunes soient les victimes d'une situation sociale qui les empêche de réussir. Attribuer leur échec à leurs parents, leur milieu, leur culture, leurs antécédents, leur origine ethnique ou leur pauvreté ne mène strictement à rien, pour deux raisons: 1) cela enlève à l'individu toute responsabilité de son échec; 2) cela nie que tous les jeunes aient le potentiel de réussir à l'école. Si l'on peut rendre les élèves suffisamment responsables pour qu'ils travaillent à l'école et que l'on supprime les obstacles structurels qui s'opposent à leur réussite, bien des handicaps pourront être surmontés.

En tant que psychiatre, j'ai travaillé de nombreuses années avec des gens en situation d'échec. Je me suis battu avec eux pour les aider à réussir leur vie. Me mettant dans leur situation, j'ai partagé leurs peines et leurs malheurs et ai combattu leurs tentatives de justifications. Dans cette lutte, j'ai découvert un fait important: quels que soient ses échecs passés, ses antécédents, sa culture, la couleur de sa peau ou sa situation économique, *une personne ne réussira globalement sa vie que si elle parvient d'une façon ou d'une autre à se réaliser d'abord dans un domaine important.* Une première réussite en entraînera d'autres, et les facteurs négatifs relevés par les sociologues ne voudront plus dire grand-chose.

À partir de ces observations, tirées de mes onze années passées à aider de jeunes délinquantes dans un centre de rééducation, mon travail m'a conduit à m'impliquer dans les écoles publiques. Je crois que, si un enfant peut réussir à l'école, il a d'excellentes chances de réussir sa vie, peu importe ses antécédents. S'il échoue, par contre, à n'importe quel stade de son éducation (à l'école primaire, secondaire, au collège ou à l'université), ses chances de réussite dans la vie s'en trouveront grandement compromises.

Socialement parlant, il est difficile de remédier aux graves problèmes que connaissent les familles. La mésentente des couples aura toujours un effet négatif sur les enfants qu'ils envoient à l'école; cela ne signifie pas pour autant que les écoles doivent abandonner la lutte. En tant que société, nous pouvons et nous devons combattre la discrimination raciale. Nous pouvons et nous devons favoriser les emplois, particulièrement les emplois valorisants qui amènent le travailleur à se sentir important et utile. La discrimination et la pénurie d'emplois contribuent actuellement de façon marquée aux diverses formes d'échec observées dans notre société. Si nous corrigeons toutefois ces graves déficiences, il nous faut en même temps reconsidérer le système d'éducation pour trouver le moyen de former davantage d'étudiants instruits qui seront en mesure de réussir; notre action sera, de ce fait, justifiée.

Nous devons imaginer des écoles où les élèves réussissent, dans tous les quartiers des villes sans exception, des quartiers aisés à ceux ravagés par la pauvreté. Bien que je n'aie pas personnellement une expérience d'enseignement en milieu rural, je suis sûr que beaucoup d'écoles de campagne auraient, elles aussi, besoin du programme que je suggère pour les écoles urbaines ou de banlieue. Tout enfant a la responsabilité de travailler à réussir sa vie et de surmonter les handicaps qu'il peut avoir au départ; de son côté, notre société a la responsabilité d'offrir un système scolaire où la réussite est non seulement possible, mais pratiquement assurée. Trop d'enfants échouent actuellement à l'école. *À moins de leur offrir des écoles où ils puissent véritablement s'épanouir, nous n'aurons pas fait grand-chose pour remédier aux maux qui affligent notre société.* Nous connaîtrons encore plus de troubles sociaux, plus de gens devront être enfermés dans des prisons ou des hôpitaux psychiatriques, plus de gens auront besoin de l'aide de travailleurs sociaux pour s'en sortir, ne croyant pas possible leur insertion dans la société actuelle ou ayant même renoncé à essayer de le faire. C'est en ne perdant pas de vue l'importance capitale du système scolaire dans tout cela que je suis passé d'une pratique traditionnelle mais limitée d'intervention dans les prisons, les hôpitaux et les cliniques psychiatriques à une intervention dans les écoles, auprès des enfants et des enseignants. Je cherchais à savoir si les principes et les techniques de la thérapie de la réalité, particulièrement l'engagement et la responsabilité personnels, ne pourraient pas être appliqués dans les écoles publiques et donner d'aussi bons résultats que dans les centres de rééducation et les hôpitaux psychiatriques.

Personne n'est plus sensibilisé aux problèmes de l'échec des enfants que le personnel scolaire. Presque tous les enseignants et les directeurs d'école auxquels j'ai pu parler ces dernières années se sont montrés troublés, préoccupés et, dans bien des cas, même découragés par le nombre sans cesse croissant d'enfants complètement réfractaires à tout ce qui touche au domaine scolaire. Ils se montrent rebelles, ne lisent pas, manquent de motivation, ne se sentent pas concernés ou sont complètement apathiques. Ils paraissent littéralement impossibles à éduquer. Confrontés à ces enfants en difficulté, les divers intervenants ont essayé et continuent d'essayer beaucoup de nouvelles approches. Ils s'attendent à ce que mon expérience auprès d'enfants rebelles, révoltés, repliés sur eux-mêmes ou apathiques me permette de suggérer au milieu scolaire des méthodes efficaces. Comme je viens effectivement de l'extérieur, je pense pouvoir mieux cerner certains problèmes. Ma plus grande contribution jusqu'à maintenant aura peut-être été de voir que *le grand problème des écoles est l'échec de leurs élèves.* Il nous faut donc trouver des moyens de motiver plus d'enfants. Pour découvrir ces moyens, nous devons analyser les raisons de leur échec. Nous devons aussi voir à ce que le milieu de l'éducation propose un environnement nettement plus propice à la réussite. *Cette nouvelle conception de l'éducation doit être implantée dans les classes,* et pas seulement faire l'objet de discussions dans les facultés des sciences de l'éducation, les écoles normales, les livres ou les colloques spécialisés.

Quelles que soient les causes de l'échec scolaire, *toutes les propositions de changement devront respecter le cadre actuel du système.* Recommander *uniquement* la construction de meilleures écoles, l'embauche de plus d'enseignants ou d'intervenants mieux formés et plus spécialisés, ou toute autre mesure qui augmenterait considérablement le budget de l'éducation ne servirait à rien. Nos écoles vont continuer à avoir des classes surpeuplées et à manquer de spécialistes. Je ne veux pas dire cependant qu'avoir plus de personnel, des enseignants mieux formés, des classes moins nombreuses et d'autres améliorations semblables ne puisse pas nous aider. Je ne suis pas non plus opposé à de tels changements, loin de là. Dans ce livre, cependant, je m'attacherai exclusivement à recommander des mesures qui soient applicables dans les conditions actuelles des écoles. Ces conditions, je crois qu'on peut les améliorer considérablement et à peu de frais.

J'ai très vite découvert que toute tentative des écoles d'avoir recours à des spécialistes pour travailler auprès des enfants, de façon individuelle ou par petits groupes, ne réglerait en rien le problème de l'échec auquel elles sont confrontées. Même si chaque école avait son psychologue attitré, mais que ce dernier se contente d'appliquer des méthodes classiques en recevant les enfants en dehors de la classe, individuellement ou par petits groupes, cela ne changerait rien. L'approche psychosociale traditionnelle ne donne rien parce qu'elle se fonde sur la croyance que les problèmes scolaires sont presque exclusivement le reflet de problèmes personnels, de mauvaises conditions familiales, de la pauvreté et de la discrimination raciale. Il m'apparaît au contraire, à moi comme à la plupart des éducateurs avec qui je travaille, que, même si l'environnement de nombreux enfants s'avère préjudiciable, *il existe aussi des facteurs inhérents au système scolaire qui non seulement causent de nombreux problèmes purement scolaires, mais accentuent, de plus, les problèmes qu'un enfant peut amener avec lui à l'école.*

Lorsqu'elles ont sollicité mon aide, les écoles s'attendaient à me voir adopter l'approche traditionnelle utilisée actuellement pour résoudre les problèmes dans tous les domaines de la société. Elle consiste à ne pas vouloir examiner le rôle joué par le système lui-même, mais, au contraire, à sortir du système les personnes qui ont des difficultés et à les faire traiter par des spécialistes. C'est le concept sur lequel sont fondés presque tous les programmes de traitement de la délinquance juvénile ou les programmes de santé mentale actuellement en vigueur. Ce concept a fait de sérieuses percées dans les écoles. Or, il est erroné en ce qui a trait aux délinquants juvéniles et aux personnes ayant besoin d'aide psychologique. Qu'il soit juste ou faux, il semble cependant que cela ne fasse vraiment aucune espèce de différence pour le citoyen moyen ou pour la société en général. Pour les écoles, dont les problèmes sont infiniment plus criants, plus préoccupants pour la société et qui impliquent davantage de personnes que ceux de la santé mentale ou de la délinquance juvénile, ce concept de l'exclusion et du traitement par des spécialistes s'avère particulièrement désastreux. Plutôt que de suivre l'habituelle procédure, qui a trop souvent prouvé son inefficacité avec les prisonniers et les patients psychiatrisés, nous devons au contraire maintenir les enfants qui ont des problèmes scolaires au sein d'écoles «hétérogènes» et, à quelques exceptions près, à l'intérieur de classes «hétérogènes». J'appelle «écoles hétérogènes» les écoles qui gardent en leur sein les cas problèmes en matière de comportement et d'apprentissage, plutôt que de les envoyer ailleurs. Nous devons et nous pouvons trouver des moyens pour aider les enfants à profiter suffisamment de l'enseignement des écoles et des classes régulières afin qu'il ne soit pas nécessaire de les retirer du système et de les faire traiter, individuellement ou en groupes, par des spécialistes. Les spécialistes rattachés à l'école (les conseillers pédagogiques, les psychologues, les éducateurs spécialisés) devraient plutôt aider les enseignants à régler dans la classe les problèmes de discipline et d'enseignement qu'ils rencontrent. Ils devraient se pencher sur les façons d'améliorer l'enseignement en classe et appliquer leurs idées dans les classes régulières *en collaboration* avec les enseignants. On pourra certes, à l'occasion, retirer de la classe les enfants en difficulté pour leur fournir une aide particulière, mais cette aide devrait toujours être pensée en fonction d'un meilleur fonctionnement de l'élève dans la classe régulière.

L'échec scolaire est largement répandu dans toutes les couches de la société; il atteint cependant des proportions épidémiques dans les quartiers pauvres de toutes les grandes agglomérations. Mon expérience dans les quartiers défavorisés d'une grande ville m'a appris que 75 % des enfants n'y réussissent pas convenablement leurs études primaires. À leur sortie de l'école primaire, trois enfants sur quatre ne possèdent pas les habiletés requises en lecture et en mathématiques. Ces enfants n'acquerront pas ces compétences à l'école secondaire. Leur nombre ne fera au contraire qu'augmenter, à mesure que le travail deviendra plus difficile et que le système se montrera de plus en plus impersonnel. L'éducation dans les quartiers pauvres s'avère donc un échec: elle condamne des milliers de jeunes aux emplois les moins valorisés. Même si l'éducation a d'autres buts que de fournir un emploi (c'est même là un objectif dont on exagère considérablement l'importance), sans la possibilité d'obtenir un emploi intéressant, on ne bénéficiera guère des autres avantages que procure une bonne éducation. La seule façon de réussir de nos jours consiste à démarrer dans la vie avec une éducation solide, sanctionnée par un bon diplôme. Un certificat attestant que l'on a suivi régulièrement les cours et que l'on s'est bien comporté en classe vaut encore mieux que rien, même si l'on sait à peine lire ou écrire à la sortie. Or, peu d'élèves parviennent même à terminer l'école avec cette simple mention. Dans les quartiers pauvres, seule une infime minorité détient un véritable diplôme; un petit nombre d'autres reçoit une simple attestation de bonne fréquentation scolaire. Quant à ceux qui échouent, ils forment la plus grande partie de la population de nos prisons, de nos hôpitaux psychiatriques et la grande majorité de nos assistés sociaux; ce sont des gens qui vivent dans la misère et l'échec, des gens qui n'ont plus accès au premier stade de la réussite dans la vie: une bonne éducation. Fardeau de plus en plus lourd pour le reste de la société, les échecs scolaires sont rarement corrigés par les travailleurs sociaux, les psychologues, les psychiatres, les prisons ou les hôpitaux psychiatriques. Convaincues de leur échec, beaucoup de ces personnes sont résignées pour la vie ou, parfois, comme nous pouvons le constater de plus en plus ces derniers temps, elles se révoltent contre le système, qui, à les entendre, ne leur a pas donné la chance de réussir.

Nous ne réussirons jamais à «réparer» des gens tant bien que mal. Nous devons absolument en faire, dès le jeune âge, des individus à part entière qui s'impliquent de façon responsable dans un système d'éducation *qui leur permettra* de fonctionner normalement dans la société. Si nous voulons éliminer les ghettos ethniques, la discrimination raciale et l'inégalité des chances, nous devons former des jeunes qui obtiennent des diplômes valables et s'insèrent dans une société qui offre plus de chances que jamais aux gens de toutes les races, *à condition qu'ils aient au préalable une éducation solide.*

Même si l'éducation peut s'avérer déficiente dans certains quartiers, les effets les plus négatifs se feront toujours sentir sur les enfants de milieux moins nantis. Les divers rapports sur la question répètent inlassablement ceci: «C'est sur le succès des enfants les plus défavorisés socialement que l'amélioration de la qualité des écoles aura le plus d'effets.» Quand les enfants viennent de familles où l'échec fait partie du décor, à la maison comme dans la rue, une éducation déficiente entraîne une démotivation ou, pire encore, une anti-motivation. Dépourvus de tout idéal ou en guerre contre une éducation qui n'a pour eux aucun sens, ils échouent à l'école et s'enferment habituellement dans l'échec pour la vie. Dans les quartiers plus riches, où les parents parviennent à s'en sortir normalement et où l'environnement incite à la réussite, une éducation déficiente ne mène pas aussi souvent à l'échec. La plupart des enfants parviennent à faire ce qu'il faut pour obtenir un diplôme valable, principale voie d'accès à une chance dans la vie. Beaucoup n'ont cependant pas cette chance; ils représentent de sérieux problèmes dans les banlieues, où la plupart des éducateurs lucides sont loin d'être satisfaits de ce qui se passe dans leurs écoles.

Nous avons beaucoup à apprendre sur la façon d'améliorer l'éducation; certaines idées sont à portée de la main, même si on ne les applique pas encore. Pour un investissement minime comparé à celui des approches globales, nous pourrions dès maintenant améliorer sensiblement l'éducation et réduire ainsi le taux d'échec. Nous nous faisons pourtant tirer l'oreille parce que certaines améliorations fondamentales demandent de *rompre avec la tradition.* Nous n'avons pourtant aujourd'hui plus d'autre choix que de rompre avec cette tradition. Nous devons d'abord déterminer quelles déficiences du système conduisent à l'échec scolaire et entreprendre ensuite de les corriger. Si nous n'y parvenons pas, nous aurons peut-être laissé passer la seule échappatoire possible dans notre descente inéluctable vers une désorganisation sociale de plus en plus prononcée.

## Chapitre 2

# La thérapie de la réalité et l'échec

Dans le chapitre précédent, j'ai mis essentiellement l'accent sur l'échec. Il semble exister de nombreux types d'échecs, et l'échec scolaire en est un parmi d'autres. *Cette apparence est pourtant trompeuse*; il n'y a pas 36 sortes d'échecs. Si l'on se fie aux concepts de la thérapie de la réalité, décrits dans le livre du même nom, il n'y a que deux sortes d'échecs: l'incapacité d'aimer et le manque d'estime de soi; ils sont si proches l'un de l'autre qu'il est difficile et probablement artificiel de vouloir les séparer. Bien que ce chapitre se propose de traiter de l'échec chez les enfants, les principes énoncés demeurent valables pour tous les âges.

Pour bien comprendre que l'échec est nettement plus individuel que collectif et pour le replacer dans un contexte qui permette à l'école de le traiter convenablement, il nous faut d'abord définir les besoins fondamentaux de la personne. Je vais le faire ici d'une façon légèrement différente de celles de mes livres précédents. Dans *La Thérapie de la réalité*, j'ai identifié comme besoins fondamentaux le besoin d'amour et le besoin d'estime de soi. Un individu doit apprendre à donner et à recevoir de l'amour; il doit trouver au moins une personne (plusieurs préférablement) à aimer et qui l'aime. S'il parvient à donner et à recevoir de l'amour, et qu'il le fait avec une certaine constance tout au long de sa vie, il pourra dire avoir réussi. On s'attend généralement à ce que ce besoin d'amour soit davantage comblé à la maison plutôt qu'à l'école ou d'autres institutions extérieures. Si l'on y regarde cependant de plus près, on s'aperçoit que c'est faux. Les enseignants sont submergés d'enfants qui ont besoin d'affection; à l'heure actuelle, ils ne savent pas comment réagir au besoin d'amour manifeste de beaucoup de leurs élèves. Les enfants qui ont désespérément besoin d'affection, non seulement de celle des enseignants mais aussi de celle des autres enfants, n'ont guère d'occasions d'en recevoir à l'école. Affirmer qu'aider à combler le besoin d'affection des enfants ne fait pas partie des tâches de l'école revient à dire que les enfants qui ne parviennent pas à donner et à recevoir chez eux ou dans leur milieu (en dehors de l'école) l'affection dont ils ont désespérément besoin, ont peu de chances de jamais y arriver. Un adulte qui n'a pas réussi à apprendre à aimer lorsqu'il était enfant a peu de chances de l'apprendre plus tard. J'expliquerai plus loin en détail comment les écoles pourraient et devraient aider les enfants à combler ce besoin d'amour.

Les écoles sont bien plus directement concernées par le second besoin fondamental, celui de se sentir valorisé. Pour se sentir valorisé, il faut avoir des connaissances et la capacité de penser. Si un enfant qui va à l'école ne parvient pas à acquérir un certain savoir, ni à apprendre à penser et à résoudre des problèmes, il y a peu de chances que sa famille ou son milieu remédient à cette lacune. En apprenant à penser et à résoudre des problèmes, éléments essentiels à l'estime de soi, un enfant peut acquérir suffisamment de confiance en lui pour apprendre à donner et à recevoir de l'amour. En se sentant valorisé, il aura du moins une plus grande chance de combler son besoin d'amour et pourra supporter les éventuels rejets qu'il pourra connaître dans sa quête d'amour. Une personne aimée et qui apprend à aimer a également plus de chances de réussir dans la vie. L'amour lui donne la motivation de réussir et de se sentir valorisé. Si, par contre, il n'apprend pas à donner de l'amour et se contente seulement d'en recevoir, il va souvent échouer, comme l'enfant gâté et surprotégé qui se demande pourquoi le monde ne répond pas à toutes ses attentes comme le faisaient ses parents, en l'occurrence mal avisés.

L'amour et l'estime de soi sont tellement liés qu'on peut, à juste titre, les ranger sous la notion commune d'*identité*. Le seul besoin fondamental de l'être humain est le besoin d'identité: la certitude d'être quelqu'un de distinct des autres, quelqu'un d'important et digne d'estime. *L'amour et l'estime de soi peuvent donc être considérés comme les deux piliers* d'une identité réussie. Les gens qui sont parvenus à le faire sont ceux qui ont appris à trouver leur voie dans l'amour et l'estime de soi, cette dernière notion dépendant des connaissances et de la capacité de résoudre les problèmes de la vie.

La plupart des enfants ne peuvent acquérir cette identité et apprendre à suivre les deux voies royales qui y mènent que dans deux endroits: la maison et l'école. Comme je l'ai dit précédemment, *si* les parents ont normalement réussi, l'enfant pourra réussir en dépit de l'école. Le *si* est cependant bien trop important pour que l'on puisse miser dessus. Nous devons nous assurer que la principale expérience de l'enfant en cours de développement, le facteur dont l'importance dans la vie sera la plus constante, l'école, lui assurera l'accès aux deux voies indispensables: la possibilité de donner et de recevoir de l'amour ainsi que la chance d'avoir une éducation qui lui donne le sentiment de sa propre valeur.

Dans le contexte de l'école, la meilleure façon d'envisager l'amour consiste à le considérer comme une responsabilité sociale. Quand les enfants n'apprennent pas à se montrer responsables les uns envers les autres, à se préoccuper les uns des autres, à s'aider les uns les autres, *pour le plus grand bien des autres comme pour le leur,* l'amour se réduit à un concept étroit et limité. Il n'est pas nécessaire que les enseignants et leurs élèves s'aiment au sens étroit du terme, comme des parents, ou au sens plus étroit encore de l'amour romantique; ils doivent absolument apprendre à se soucier les uns des autres pour être en mesure de s'entraider face aux nombreux problèmes sociaux et éducatifs qu'ils rencontrent à l'école. Apprendre à se sentir socialement responsable devrait faire partie du programme de toutes les écoles. Sans cette sensibili-sation, beaucoup d'enfants ne parviendront pas à se donner une identité réussie. Un milieu familial relativement chaleureux ou des parents qui ont bien réussi ne pourront généralement pas compenser l'échec scolaire, même si les enfants provenant de tels milieux vont rarement échouer à l'école. Notre société ne peut pas s'en remettre aux seuls parents pour compenser l'échec scolaire. Il revient donc à l'école d'ouvrir à chaque enfant les voies qui lui permettront de combler son besoin fondamental d'une identité réussie.

L'incapacité de se forger une identité positive ne veut pas dire que la personne dont il est question n'aura *jamais aucune* identité. Bien peu de gens ignorent vraiment qui ils sont dans la vie. Ce sont les patients des hôpitaux psychiatriques, les ivro-gnes et les clochards qui peuplent les bas-fonds de toute grande ville, les prisons et les «camps de travail». Ce petit nombre d'individus ne représente cependant pas un lourd fardeau pour la société. Les nombreuses personnes qui ne parviennent pas à se construire une véritable identité et qui se donnent une iden-tité de raté nous posent au contraire des problèmes graves et apparemment insurmontables.

Il semblerait logique, à première vue, de trouver dans la société beaucoup de gens dont l'identité serait mixte, en partie réussie et en partie ratée; d'après mon expérience, ce n'est pour-tant pas le cas. C'est en permanence qu'un individu vit positive-ment en jouissant du confort psychologique qu'apporte la réussite ou, au contraire, qu'il vit en pensant qu'il est un raté et en tentant désespérément de fuir la douleur psychologique qu'occasionne un tel sentiment. Il est rare qu'un individu éprouve les deux sentiments à la fois; l'un des deux domine géné-ralement. C'est ce qui explique qu'une personne qui ne parvient pas à se forger une identité fondée sur l'amour et l'estime de soi va tenter de s'en donner une qui suit deux autres voies: la délin-quance et le repli sur soi. Ces deux voies mènent effectivement vers une identité de raté. Plus on fréquente ces deux voies, plus l'identité de raté devient forte. Les ratés en puissance doivent trouver à l'école ce qui leur semble impossible à trouver: une chance de suivre les voies de l'amour et de l'estime de soi qui peuvent leur assurer une identité réussie. Ils doivent, de plus, acquérir à l'école suffisamment de confiance en eux pour pouvoir emprunter ces deux voies autrement plus bénéfiques.

Un enfant qui vit un échec à la maison parce qu'il ne s'y sent pas désiré ne ressent que peu d'amour et d'estime de soi et se trouve dans une situation désespérée. Il doit pourtant assumer une certaine identité, c'est ce qui est inscrit dans son système. S'il ne parvient pas à le faire à la maison, il peut fort bien tenter de le faire dans son quartier en se joignant à d'autres qui, comme lui, ont un sentiment d'identité assez faible. En essayant, à leur façon, de se donner une certaine estime de soi et l'impression de se préoccuper les uns des autres, ils échouent pourtant presque toujours. Le non-respect de la loi les conduira souvent en prison où, paradoxalement, ils pourront trouver quelqu'un qui se préoccupera d'eux, ne serait-ce qu'un agent de probation. Ne parvenant pas à satisfaire convenablement leurs besoins et à trouver l'amour et l'estime de soi, ils sont remplis de colère et éprouvent un sentiment de frustration; ils se retournent alors contre la société, qui, pensent-ils, leur refuse la chance de combler leurs besoins. Ils deviennent hostiles et agressifs et tentent de satisfaire leurs besoins par la force. Si leurs tentatives ne sont pas couronnées de succès ou alors s'ils n'osent pas se risquer dans la délinquance, ils souffrent et s'isolent.

Ils souffrent et s'isolent parce qu'ils ne parviennent pas à trouver la voie qui mène à une identité positive. Les diverses variantes de cette souffrance et de cet isolement, nous les nommons à tort «maladie mentale». Ces gens ne sont pourtant pas malades; il ne leur est rien arrivé qu'ils ne puissent eux-mêmes corriger. La maladie implique une agression par une bactérie ou une toxine ou encore un déséquilibre chimique sur lequel nous n'avons aucun contrôle. Quand nous intervenons auprès des enfants, nous devons leur faire comprendre que ce sont *eux qui sont responsables* de la satisfaction de leurs besoins et de leur conduite pour se donner une identité réussie. Personne ne le fera pour eux. S'ils continuent à choisir des voies qui mènent à l'échec, qui sont dépourvues d'amour et qui minent leur confiance personnelle, ils continueront à souffrir et à réagir par la délinquance ou l'isolement. Si ce livre se montre très critique envers l'école, qui dresse des barrières devant les élèves qui cherchent à se forger une identité positive, je ne cherche pas pour autant à minimiser la responsabilité de chaque élève concernant sa propre éducation. Sans un travail soutenu et une discipline personnelle, les élèves échoueront, même si nous améliorons considérablement les écoles.

Lorsque les enfants ne parviennent pas à combler leurs besoins fondamentaux à la maison, ils doivent le faire à l'école. Pour parvenir à la réussite, il leur faut recevoir ce qui leur manque: de bonnes relations avec les autres, enfants comme adultes. Un enfant ou un adulte ne peut se forger une personnalité positive et combler ses besoins par les voies normales s'il se sent seul. Nous pouvons toujours lui accoler des étiquettes variées, dire qu'il est «culturellement défavorisé», «désavantagé», «aliéné», «isolé» ou même, comme je préfère le dire, qu'«il ne se sent pas concerné», son problème fondamental reste que, ni dans sa famille ni dans son milieu, il n'a pu trouver quelqu'un avec qui vraiment se lier. Son seul espoir d'enfant est donc de trouver ces relations à l'école. S'il continue à être seul, son besoin d'identité ne sera pas comblé; les chemins de l'amour et de l'estime de soi, qui exigent d'abord l'estime des autres, lui resteront fermés.

*Dans notre société, ceux qui échouent sont souvent solitaires.* Ils cherchent leur identité à tâtons, les voies de la réussite leur sont interdites; il ne leur reste que la colère, la frustration, la souffrance et le repli sur soi, c'est-à-dire à se forger une identité de raté. Les gens qui réussissent entretiennent de bons rapports avec les autres; les ratés parviennent parfois à se regrouper, mais se plaignent souvent de se sentir isolés. Même si l'on peut y trouver des racines dans une vie familiale déficiente, dans la pauvreté ou l'origine ethnique, l'échec des personnes défavorisées naît avant tout de la solitude; solitude au sein de leur propre famille, de leur milieu et, *trop souvent, solitude à l'école.* Les écoles n'ont pas fait face au problème de l'échec causé par la solitude; beaucoup ont refusé d'admettre qu'il s'agit là effectivement d'un problème. Si elles reconnaissent le problème, elles s'empressent d'ajouter qu'il ne s'agit pas de *leur* problème. Un bon moyen de combattre la solitude et l'échec qui en découle consiste à organiser des réunions de classe, méthode que je décrirai en détail un plus loin.

Les écoles se trouvent dans une position privilégiée pour éliminer, ou du moins réduire considérablement, la solitude ressentie par les enfants. Elles peuvent généralement compter sur un personnel chaleureux et compétent qui se préoccupe grandement des enfants, mais qui a renoncé aux manifestations d'affection parce qu'elles n'ont pas leur place dans le programme. Les écoles peuvent aussi offrir aux élèves les ingrédients fondamentaux pour obtenir l'estime de soi: le savoir et la réflexion. Elles pourraient être structurées de façon à encourager les enfants à résoudre des problèmes, aussi bien scolaires que sociaux. Un des buts de ce livre est de montrer comment les écoles peuvent vraiment s'impliquer dans la vie des enfants, comment elles peuvent briser la solitude que trop d'entre eux apportent avec eux à l'école, solitude qui conduit à l'échec.

Dans le service de psychologie de l'école Ventura (institution pour jeunes délinquants où j'ai travaillé pendant onze ans) et partout où l'on met en pratique la thérapie de la réalité, le thérapeute, individu qui a lui-même réussi, parvient à briser la solitude de son patient en s'impliquant personnellement dans la vie de la personne solitaire. Lorsqu'on applique la thérapie de la réalité à de grands groupes, le thérapeute doit non seulement tisser des liens avec les personnes du groupe, mais aussi donner l'exemple d'un individu qui s'implique de façon responsable pour que les membres du groupe puissent apprendre à leur tour à le faire et à traiter les problèmes qui se présentent. Cet engagement, crucial pour la réussite des individus, existe malheureusement à peine dans nos écoles.

Si la psychiatrie traditionnelle enseigne que le thérapeute doit rester neutre et affectivement distant du patient enfermé dans sa solitude, la thérapie de la réalité prétend, au contraire, qu'il doit y avoir un engagement réel, chaleureux et positif. Tirant les leçons des enseignements de la psychiatrie traditionnelle, beaucoup d'éducateurs croient, à tort, ne pas devoir s'impliquer affectivement avec leurs élèves. Selon eux, c'est par manque de motivation qu'un si grand nombre d'élèves échouent à l'école; ils se montrent pourtant incapables d'en expliquer la raison. Leurs tentatives de pression sur les élèves, pour essayer de les motiver, échouent régulièrement. La thérapie de la réalité, au contraire, ne vise pas directement la motivation. Nous ne tentons pas de motiver les gens parce que nous savons que seule une arme ou une contrainte aussi radicale pourrait le faire. Les armes, la force, les menaces, la honte ou les punitions se sont toujours avérées de piètres motivations: pour reprendre l'exemple de l'arme, elle n'est efficace que tant qu'elle est pointée sur vous et que vous avez peur. Si vous n'avez plus peur ou alors si on abaisse l'arme, la motivation disparaît.

La psychiatrie traditionnelle ne fait pas appel aux armes; elle tient en effet pour acquis que chacun possède une motivation interne qui peut être activée lorsqu'on apprend à se connaître. J'ai décrit ce concept erroné dans *La Thérapie de la réalité*. Les écoles tiennent, elles aussi, la motivation interne pour acquise; lorsque cette motivation n'existe pas, elles tentent de stimuler les enfants avec des méthodes qui s'apparentent aux armes. Bien que les armes n'aient jamais rien apporté, les écoles ont recours à des armes de plus en plus sophistiquées pour régler leurs problèmes; cela se traduit par davantage d'interdictions et de règlements, de menaces et de punitions. La thérapie de la réalité soutient que les enseignants et les élèves doivent s'entraider. Elle ajoute que, lorsque les élèves se lient vraiment avec des enseignants responsables, des personnes à l'identité affirmée qui parviennent à combler leurs besoins, les élèves sont en mesure de combler, eux aussi, leurs besoins. Les élèves ont bel et bien la responsabilité de combler leurs besoins; ils sont responsables de leur comportement. Lorsqu'ils ont un comportement déviant, ce ne sont pas des malades mentaux, mais des gens qui font de mauvais choix; ils ne pourront faire de meilleurs choix que s'ils s'engagent fermement et affectivement avec des personnes qui sont parvenues à faire les bons choix. En éducation, l'engagement peut commencer avec une seule personne, que ce soit un enseignant, un conseiller ou un directeur. Il peut concerner un petit groupe d'élèves comme une classe entière. En psychiatrie comme à l'école, les enseignants et les thérapeutes font trop souvent preuve de distance avec les enfants. Ils ne s'impliquent pas affectivement, ne se montrent pas chaleureux, concernés ou intéressés; ils ne se présentent pas comme des êtres humains, ce qui permettrait pourtant aux enfants de s'identifier à eux. Ils ne parviennent de ce fait pas à soulager la solitude de nombreux enfants qui ont désespérément besoin de chaleur humaine. L'éducation ne s'épanouit que dans les écoles où enseignants et élèves s'engagent mutuellement dans un programme d'études axé sur la réflexion et la résolution de problèmes. Seul ce type d'éducation prépare les élèves à réussir dans la vie.

Il faut comprendre que, même si un enfant a déjà échoué, il peut réussir maintenant si l'engagement indispensable entre l'enseignant et son élève s'attaque aux problèmes actuels. Un enfant qui échoue continuera d'échouer si ses professeurs lui rappellent constamment son échec. L'échec engendre l'échec. Pour briser ce cercle vicieux, nous devons travailler sur le présent et nous mettre dans la tête qu'une personne qui a échoué toute sa vie peut malgré tout réussir, si elle a la possibilité d'avoir des échanges avec une personne responsable. Le dossier scolaire des élèves et les anecdotes que se transmettent les enseignants à leur sujet sont une marque d'infamie dont les enfants ne peuvent se défaire. Un élève jugé et trouvé coupable sur la foi de son dossier pourra ne jamais réussir tant et aussi longtemps qu'il n'aura pas décidé qu'à partir de l'instant présent, il n'acceptera plus de se laisser condamner pour ce qu'il a fait antérieurement. En thérapie privée ou à l'école, nous devons nous pencher sur l'échec actuel en n'ayant recours au passé que s'il s'agit de réussites ou alors si ce passé peut avoir une incidence positive sur les possibilités actuelles de réussite. L'idée selon laquelle on ne peut aider un enfant à moins de comprendre son passé est archifausse. Comprendre le passé veut souvent dire tenir compte des échecs passés. Les dossiers et les cas documentés d'élèves qui échouent sont principalement consacrés à leurs échecs passés. La seule information valable que l'on puisse tirer du passé concerne en fait les réussites de l'enfant; on peut mettre à profit cette information pour l'aider au moment présent. Le passé des gens qui échouent est souvent rempli d'échecs. Cela ne donne rien de partir d'échecs passés, parce que l'enseignant (ou le thérapeute) et l'enfant deviennent alors fortement conditionnés par l'échec. Croyant que son échec constitue une part importante de sa relation avec l'enseignant, l'enfant continuera d'échouer. En ignorant, au contraire, les échecs passés, on encourage l'enfant à changer son comportement actuel; son passé n'a aucune importance pour nous. En bref, nous travaillons certes avec des élèves qui échouent, mais notre travail se limite au comportement présent de l'enfant et à ses tentatives actuelles de réussite.

Si l'on applique les concepts de la thérapie de la réalité, il est nécessaire de ne pas se laisser gagner par les émotions. *Les gens qui échouent laissent leurs émotions guider leur comportement*; les gens qui réussissent s'en remettent au contraire à la raison et à la logique. Tout comportement engendre bien sûr des émotions; les comportements positifs engendrent des émotions agréables et les échecs, de la souffrance. En plus d'établir une relation personnelle chaleureuse et positive avec les élèves et de se contenter d'intervenir seulement sur leur présent, il faut surtout s'occuper de leur *comportement*, seul élément pouvant être modifié. On ne peut pas changer les émotions. *Elles sont le résultat d'un comportement donné*; seul le comportement peut être amélioré. Lorsque celui-ci s'améliore, cela suscite des sentiments agréables qui, à leur tour, feront boule de neige et engendreront un meilleur comportement. Si l'on doit tenir compte des sentiments, il ne faudra pas oublier de les relier au comportement lorsqu'on tentera de modifier ce dernier. Lorsqu'une personne change de comportement et se sent mieux, notre relation avec elle s'approfondit. Auparavant, bien souvent, elle continuait à échouer et souffrait encore davantage lorsque les gens réagissaient à ses sentiments, mais ne tenaient pas compte de son comportement pour tenter de l'aider à se sentir mieux.

Si l'on a appris à travailler avec les enfants en s'impliquant personnellement et en se préoccupant de leur comportement présent, il faut les aider à changer de comportement pour qu'ils réussissent mieux. Pour aider un enfant qui ne réussit pas actuellement, *il faut l'amener à porter un jugement de valeur sur les éléments de son comportement qui contribuent le plus à son échec.* S'il ne croit pas que ses actions puissent contribuer à son échec ou alors s'il pense qu'il affiche un bon comportement, personne ne parviendra à changer cet enfant. Il devra donc subir les conséquences de son refus de changer de comportement. *Pas plus l'école que le thérapeute ne devraient tenter de manipuler la réalité pour éviter à l'enfant de subir, dans des limites raisonnables, les conséquences de son comportement.* Il ne faut pas pour autant abandonner la partie; accepter l'échec n'est pas une conséquence raisonnable. Aussi longtemps que l'enfant échouera, on devra encore et encore lui demander de porter un jugement de valeur sur ses actes, jusqu'à ce qu'il commence à douter du bien-fondé des opinions qu'il défend et de leur caractère bénéfique.

Si un enfant se conduit mal en classe, l'enseignant doit lui demander: «Que fais-tu?» Si le professeur est chaleureux, s'implique personnellement et s'occupe du moment présent sans rappeler à l'enfant ses erreurs passées, celui-ci va presque toujours répondre de façon honnête et reconnaître ce qu'il est en train de faire. L'enseignant devra alors lui demander, dans des mots adaptés à l'âge de l'enfant et à la situation, si son comportement apporte quoi que ce soit d'utile pour lui, pour la classe ou pour l'école. Si l'enfant répond: «Non, ce que je fais n'apporte rien à qui que ce soit», l'enseignant devra lui demander s'il ne pourrait songer à faire autre chose. Cette attitude est presque à l'opposé de ce qui se passe dans pratiquement toutes les écoles ou les familles lorsqu'un enfant se conduit mal. L'enseignant ou le parent dit habituellement à l'enfant que ce qu'il fait est mal et que, s'il ne change pas de comportement, il va être puni. Cette approche classique et inefficace enlève à l'enfant la responsabilité de son comportement inadéquat. L'enseignant émet un jugement et applique la punition; l'enfant n'a guère de responsabilité dans cette situation.

Dans la thérapie de la réalité, on demande à l'enfant de choisir un meilleur comportement. S'il n'en trouve pas, l'enseignant lui en suggérera un certain nombre et l'aidera ainsi à adopter un meilleur comportement. Les enfants sans responsabilités ne savent généralement pas comment faire pour mieux se comporter. Ils dépendent de nous pour les aider à se trouver de meilleures façons de faire et à se donner un plan de conduite. Si, par exemple, un enfant bavarde sans arrêt et interrompt la classe, l'enseignant pourrait, avec l'aide de l'enfant, lui trouver une nouvelle place où il serait séparé de ceux qui l'excitent trop. Cette proposition fort simple, mise de l'avant avec la collaboration de l'enfant, l'aidera à demeurer attentif. *L'enfant assume sa responsabilité; il prend la décision à partir de sa propre évaluation de la situation et apprend ainsi à se sentir responsable, élément dont nous nous contentons de parler sans vraiment l'enseigner à l'école.* Nous enseignons le respect systématique des règlements et considérons comme «responsable» l'enfant qui s'y conforme sans réfléchir. Même s'il respecte les règlements, il ne fait pas nécessairement preuve de responsabilité pour autant. La responsabilité ne s'acquiert qu'en évaluant une situation donnée et en choisissant une voie jugée plus utile pour soi et pour les autres. Si on leur donne la chance d'apprendre cela dès la maternelle, les enfants pourront devenir responsables et conscients de leurs obligations dans la société; nous aurons alors besoin de moins de règlements et de moins de punitions.

L'enfant ne doit pas seulement se contenter de porter un jugement de valeur; il doit choisir un meilleur comportement et s'engager à respecter ce choix. C'est par nos engagements que nous acquérons la maturité et la valeur. C'est par nos engagements que nous comprenons ce qu'est le véritable amour. *Nous devons apprendre aux enfants à s'engager.* Nous ne pouvons nous permettre de faire comme Mark Twain, qui déclarait à qui voulait l'entendre qu'il est facile d'arrêter de fumer, puisqu'il l'avait fait mille fois. Il faut au contraire s'engager à ne plus fumer à partir du jugement selon lequel fumer est nocif. C'est la seule façon d'arrêter de fumer; c'est à partir d'un raisonnement semblable que l'on cesse de déranger la classe et qu'on se met à apprendre.

*Finalement, et il s'agit là d'un des fondements de la thérapie de la réalité, lorsqu'un enfant porte un jugement de valeur et s'engage à changer de comportement, il ne faut en aucun cas accepter d'excuse pour abandonner éventuellement cette résolution.* C'est ça, la discipline. La société et l'école usent surtout de punitions, mais les punitions ne donnent rien. Bien que la discipline fasse subir à l'enfant les conséquences pénibles de son comportement inadéquat, on n'aura rien fait pour lui causer une souffrance excessive ou pour le punir. On peut exclure un enfant de la classe ou de l'école s'il se conduit mal, mais pas pour une durée arbitraire; seulement jusqu'à ce qu'il propose un plan de retour et s'engage à respecter ce plan.

Accompagnant la punition, la souffrance sanctionne un acte désapprouvé par une personne donnée; c'est cette personne qui occasionne généralement la souffrance. Pour la discipline, au contraire, la souffrance représente la conséquence naturelle et réaliste du comportement de l'enfant. À la différence de la punition, la discipline est rarement arbitraire; elle exige seulement que l'élève évalue son propre comportement et s'engage à suivre une meilleure voie. La discipline exige aussi l'implication d'une personne importante aux yeux de l'enfant dans l'évaluation qu'il fera de la situation et sa décision de s'engager. Pour que la discipline soit efficace, cette personne importante (l'enseignant) ne devra en aucun cas accepter la moindre excuse pour le non-respect d'un engagement. Si ce dernier accepte une excuse, il brise le lien avec l'élève, parce que celui-ci constate que son professeur ne se soucie guère de l'engagement qui a été pris. Le lien est brisé parce qu'une personne qui prend un engagement et à qui on permet d'y faire quelques entorses sait fort bien qu'elle se fait du tort à elle-même. Elle ne peut donc continuer à se sentir liée à quelqu'un qui la laisse se faire mal à elle-même. *Les enseignants qui se soucient vraiment de leurs élèves n'acceptent pas d'excuse.* Le personnage d'Annie Sullivan représente un exemple parfait d'enseignant soucieux de son élève par son travail auprès de la jeune handicapée Helen Keller; j'ai expliqué ce cas dans *La Thérapie de la réalité.*

De nos jours, un nombre croissant d'élèves ne parviennent pas à se donner une identité positive; ils réagissent de façon illogique et émotive face à leur échec. Parce qu'ils sont seuls, ils ont besoin de se lier à des éducateurs chaleureux qui seront prêts à les aider à modifier leur comportement actuel. Ils ont besoin d'enseignants qui les encourageront à porter des jugements de valeur sur leur comportement plutôt que de les sermonner ou de leur dicter des comportements à suivre; des enseignants qui les aideront à adopter un meilleur comportement et s'attendront à voir leurs élèves respecter leur engagement. Ils ont besoin d'enseignants qui ne les excuseront pas s'ils rompent leur pacte, mais qui travailleront avec eux d'arrache-pied jusqu'à ce qu'ils finissent par apprendre à respecter un engagement. Quand ils auront *appris* cela, ils ne se sentiront plus seuls; ils auront acquis de la maturité, du respect, de l'amour et une identité réussie.

**Chapitre 3**

# L'impact de l'école sur l'identité

L'école ne parvient pas à apprendre aux enfants à se forger et à garder une identité positive par les voies essentielles de la responsabilité sociale et de l'estime de soi. Je ne ferai ici que brièvement mention de la responsabilité sociale (l'amour dans le contexte de l'école), sur laquelle je reviendrai plus longuement dans les chapitres suivants. Je m'attarderai plutôt à la mission qu'a l'école d'enseigner l'estime de soi aux enfants et de leur fournir les connaissances et les outils nécessaires à leur réussite dans la société. Lorsqu'on m'a demandé de travailler avec des enfants qui se considéraient comme des «ratés», comme le montraient leurs problèmes de comportement et leurs échecs scolaires, j'ai aussitôt pris conscience qu'il serait difficile de les aider. La tâche s'avérait difficile, voire impossible, de par la philosophie actuelle du monde de l'éducation, qui met l'accent sur l'échec et empêche les élèves de connaître leur propre valeur. Pour comprendre ce qui s'est passé, considérons l'enfant avant son entrée à l'école et suivons-le au cours de ses premières années de formation.

L'éducation commence à la naissance et se poursuit toute la vie. L'école, particulièrement l'école primaire, a été conçue pour normaliser l'éducation au cours des premières années. Durant les années qui précèdent son entrée à l'école, l'enfant apprend beaucoup de choses sur la vie. Parfaitement démuni à la naissance, il est devenu un individu relativement autonome lorsqu'il entre à la maternelle. Il a appris beaucoup sur le monde et se sent relativement prêt à y vivre; peu importe son milieu, il est plein d'espoir pour l'avenir. Très peu d'enfants arrivent à l'école marqués par l'échec, ils ne peuvent pas être déjà qualifiés de «ratés»; *c'est l'école, et l'école seule, qui leur colle cette étiquette.* La plupart d'entre eux ont, au contraire, une identité positive, quels que soient leur famille ou leur milieu social. À l'école, ils s'attendent à être reconnus et espèrent aussi recevoir l'amour et le respect de leurs enseignants et de leurs camarades. La destruction de ce merveilleux rêve représente le plus grave problème de l'école primaire. Quelles que soient leurs origines, les enfants arrivent à l'école disposés à apprendre. S'ils ne parviennent pas à suivre le rythme rapide de la formation préscolaire, on s'empressera d'accuser le milieu familial ou social, la pauvreté; il serait beaucoup plus avisé de mettre plutôt en cause leur expérience à l'école. L'importance accordée de nos jours à l'école et à l'éducation est grande. Si l'on admet que, pour la plupart des jeunes enfants, l'école est la seule partie de leur univers qui soit conçue essentiellement pour eux, celle-ci représente donc une partie extrêmement importante de leur vie. Si l'école ne parvient pas à remplir sa mission, il ne faut pas chercher des boucs émissaires autre part, mais plutôt essayer d'améliorer l'école. Beaucoup d'éducateurs qui travaillent avec des enfants provenant de «milieux défavorisés» pensent que *les premières années d'école sont cruciales pour la réussite ou l'échec des enfants.* Je suis parfaitement d'accord avec eux. Cela est vrai *non seulement pour les enfants des milieux défavorisés, mais aussi pour tous les autres enfants.*

Un enfant qui a bien fonctionné pendant les cinq premières années de sa vie est confiant de pouvoir continuer à le faire à l'école. Bien que, selon beaucoup d'intervenants de l'éducation, cette confiance puisse parfois diminuer, elle va tout de même durer encore environ cinq autres années, même dans le cas où l'expérience de l'enfant à l'école ne s'avère guère satisfaisante. Si l'enfant connaît cependant des échecs scolaires au cours de ces cinq années (entre cinq et dix ans), sa confiance en lui, lorsqu'il aura dix ans, sera ébranlée, sa motivation anéantie et il aura commencé à se considérer comme un raté. Convaincu de ne pas être en mesure de combler ses besoins en se servant de la logique dictée par son cerveau, il reviendra à un comportement commandé par ses émotions, comportement qu'auparavant, lorsque tout marchait bien, il avait pourtant appris à éviter. Il va abandonner la voie de l'amour et de l'estime de soi pour aller à l'aveuglette vers ce qui lui semble être la seule voie possible, à savoir la voie de la délinquance et du repli sur soi. Bien que la réussite scolaire soit encore possible, chaque année qui passe la rend plus difficile et plus improbable. Le nombre d'élèves qui font de nouvelles tentatives, à la fin de l'école secondaire, au collège ou aux cours du soir par exemple, n'est pas suffisamment élevé pour changer la situation.

L'école Ventura, avec ses cinq cents élèves, un grand nombre de psychologues hautement qualifiés, un intervenant pour deux élèves et un budget de plusieurs dizaines de millions de dollars, ne parvient à réhabiliter que 60 à 70 % de ses adolescentes. La plupart ont vécu au moins une dizaine d'années d'échecs sérieux; peu parviennent même à se souvenir d'une seule expérience agréable à l'école. Si elles avaient eu à l'école primaire une expérience semblable à celle qu'elles vivent à l'école Ventura, un plus grand nombre d'entre elles auraient réussi; beaucoup de souffrances auraient pu être évitées, et ces adolescentes, qui semblent brillantes et à l'aise, auraient pu contribuer avantageusement à l'avancement de la société plutôt que de représenter un fardeau pour elle.

Les années critiques se situent entre cinq et dix ans. L'échec, que l'on devrait prévenir pendant toute la formation scolaire, serait enrayé plus facilement à cet âge. On peut généralement le contrer, à l'école primaire, en faisant appel à des méthodes d'enseignement et à des formes d'encadrement qui satisfassent les besoins fondamentaux de l'enfant. L'âge au-delà duquel il est difficile de remédier à l'échec scolaire se situe plus ou moins vers dix ans selon les enfants, le milieu d'où ils proviennent, la solidité de leur famille et leur propre bagage génétique; indépendamment de ces variations, il est étonnant de constater que l'âge est à peu près constant. Avant dix ans, une bonne expérience à l'école peut permettre à l'enfant de réussir. Après dix ans, il faut plus que cela. Peu après dix ans, l'enfant entre malheureusement à l'école secondaire, où il a moins de chances de vivre une expérience scolaire qui lui permette de corriger la situation. C'est pourquoi nous devrions orienter nos efforts sur l'école primaire, même s'il est vrai que l'on peut aider un enfant à n'importe quel niveau d'études.

On a beaucoup écrit sur la nécessité de préparer les enfants à l'école, spécialement ceux venant de familles moins favorisées. On dit qu'ils sont moins portés à s'exprimer verbalement, que le milieu d'où ils sortent est peu intellectuel et ne favorise guère le développement de leurs capacités d'apprentissage, qu'il faut leur donner une formation préscolaire qui les amène au niveau des enfants de milieux culturellement plus avantagés quand ils commencent vraiment l'école. Certains programmes préscolaires actuels appliquent avec succès bon nombre de formules que je vais recommander plus loin dans ce livre. Les enfants qui suivent ces programmes entrent effectivement à l'école mieux préparés intellectuellement que les autres enfants d'un même quartier. Comme le montrent plusieurs études sur le sujet, certains enfants pourtant ne réussissent malheureusement pas aussi bien à l'école primaire régulière que ceux qui n'auraient pas reçu de formation préscolaire. Peut-être l'école régulière, qui génère tant d'échecs et si peu de réussites, accuse-t-elle trop de contrastes avec ces programmes de formation préscolaire. De par ses préoccupations concernant l'échec et l'accent mis sur la mémoire irréfléchie et l'apprentissage systématique, peut-être heurte-t-elle davantage ces enfants que ceux qui n'ont pas suivi une *bonne* formation préscolaire. Ces enfants ont été, en fait, préparés à une école qui n'existe pas, contrairement aux autres enfants, qui acceptent l'école telle qu'elle est et qui parviennent à réussir aussi bien sinon mieux. Pour les enfants préscolarisés qui réussissent moins bien, les

42

programmes se comparent à la préparation d'un athlète pour les Jeux olympiques qu'on enverrait en vacances ou au cinéma. Je ne demande pas pour autant que l'on supprime ces programmes; je réclame, au contraire, qu'on modifie l'école de façon à lui permettre de tirer profit de ces excellents programmes préscolaires, plutôt que d'en annuler les effets.

D'où viennent alors la réussite et l'optimisme de l'enfant préscolarisé? Il a réussi parce qu'il s'est servi de sa tête pour résoudre les problèmes de la vie; il était optimiste parce qu'il éprouvait un certain plaisir. Il a découvert que, si la réalité peut s'avérer parfois difficile à vivre, il pouvait toujours trouver des moyens efficaces pour s'en tirer. Plus important encore: lorsqu'il lui arrivait d'échouer, il n'était pas pour autant qualifié de raté; d'une façon ou d'une autre, rudement ou avec amour, on lui montrait une meilleure façon d'agir. Si ses parents ne parvenaient pas toujours à lui expliquer clairement pourquoi ils voulaient le voir se comporter d'une certaine façon, il comprenait la plupart des choses qu'on lui demandait de faire. On lui donnait la possibilité de se rattraper, et il finissait par réussir; jamais on ne lui demandait d'y parvenir dans un laps de temps défini de façon rigide, comme une année scolaire ou un trimestre. Il a appris à se servir de son cerveau et à penser. Il a, bien sûr, pleuré, crié, fait des colères et des grosses bêtises; dans une journée, tout n'allait pas toujours pour le mieux, mais il n'a jamais fait de l'irrationnel son mode de vie (même si ses parents ont pu penser le contraire!). Hors de la maison, il se montrait moins émotif et plus raisonnable, ayant vite appris où les colères pouvaient être utiles et où elles n'avaient aucun effet.

Les enfants découvrent qu'à l'école, ils doivent se servir de leur tête essentiellement pour enregistrer certains faits, plutôt que pour exprimer leurs intérêts ou leurs idées ou pour résoudre des problèmes. Moins à la maternelle, mais dès la première année de l'école primaire, pendant toute l'école secondaire et, progressivement, jusqu'à l'université, *la réflexion est moins valorisée que la mémoire*. Certains programmes de sciences font exception à la règle. La réflexion, du moins celle qui consiste à résoudre des problèmes, est encore la règle et la mémorisation, l'exception. Le changement exigé, qui fait passer les enfants de la réflexion à la mémorisation, provoque un choc chez beaucoup d'entre eux, qui avaient appris à réfléchir. La plupart, surtout dans les milieux plus favorisés, peuvent surmonter ce choc et apprendre à se servir de leur cerveau comme d'une banque de données; leur famille et leurs camarades les y poussent et les y encouragent. Sans cette pression et cet encouragement, comme c'est souvent le cas dans les milieux plus démunis, les enfants se montrent plus fragiles. Lorsqu'on demande à ces enfants moins encouragés par leur famille et leur environnement de mémoriser des faits, ils échouent encore et encore.

Il est déjà terrible pour les enfants d'avoir à apprendre des choses par cœur; le pire est que la plupart des choses qu'on leur demande de mémoriser n'ont aucun rapport avec leur univers; s'il existe un lien très léger, on le fait très mal ressortir ou alors on le passe sous silence. Les enfants sont bouleversés par ce changement si soudain et incompréhensible pour eux. Au cours des cinq premières années de leur vie, ils se sont servi de leur tête pour résoudre avec plaisir leurs propres problèmes, des problèmes qui avaient nécessairement rapport avec leur vie personnelle; à l'école, entre la première année du primaire et la dernière année de l'université, une bonne partie de ce que l'on exige d'eux n'a qu'un rapport ténu, voire même aucun rapport, avec le monde qu'ils observent autour d'eux. Le recours excessif à la mémoire combiné à un manque de pertinence de plus en plus flagrant les amène à s'enfermer dans l'échec ou à y répondre par la délinquance. Les plus «malins» apprennent vite que ce qui est important à l'école est une chose et ce qui est important dans la vie en est une autre; ils s'accommodent de ce mode de vie schizophrénique. Beaucoup n'y parviennent cependant pas. Je ne dis pas que tout, à l'école, doit être directement et instantanément relié à l'élève et à son univers hors de l'école; je dis qu'on ne devrait enseigner à l'école rien qui ne soit d'une façon ou d'une autre lié à sa vie. *Ce lien, cette pertinence doivent être enseignés.* Il ne s'agit pas de demander à l'enfant de réfléchir sur des sujets qui ne le concernent pas ou de lui demander de retenir par cœur des faits utiles; *il faut le former à réfléchir sur des sujets qui le concernent.*

On ne peut présumer que les enfants sachent pourquoi ils vont à l'école, qu'ils comprennent le sens de l'éducation et son utilité. De la maternelle à l'université, nous devons leur enseigner les rapports existant entre ce qu'ils apprennent et leur vie ou les aider à les découvrir d'eux-mêmes. Notre incapacité à le faire est une des causes majeures de l'échec scolaire. Notre société devenant de plus en plus complexe, il devient beaucoup plus difficile pour les enfants de comprendre ces rapports. On leur demande de plus en plus d'être confiants, d'apprendre des choses qui n'ont pas de sens pour eux et, même souvent, pour les enseignants eux-mêmes. De plus en plus d'élèves sont en train de perdre le peu de confiance qu'ils avaient en l'école; n'ayant rien pour la remplacer, la seule voie qui leur reste est l'échec.

Utiliser sa tête pour réfléchir, se montrer créatif, s'adonner à des activités artistiques ou s'amuser est terriblement dévalué à l'école; tout aussi tragique est le fait de ne pas apprendre aux enfants la responsabilité sociale dans une situation qui, pourtant, implique nécessairement une vie de groupe. Apprendre à s'aider mutuellement à résoudre les problèmes de la vie commune, apprendre que l'on n'est pas tout seul à connaître des difficultés d'apprentissage sont des éléments que peu de gens associent à la mission de l'école. La maternelle est souvent le dernier endroit où l'apprentissage de la responsabilité sociale occupe une place dans le programme. Les élèves y apprennent moins que jamais la responsabilité sociale, alors que cette dernière semble être au plus bas dans la société. Quand on ne demande pas aux élèves de réfléchir à leurs propres problèmes et aux types de rapports qu'ils entretiennent avec le reste du monde, quand on les récompense pour avoir mémorisé ce que d'autres considèrent comme nécessaire et important, ils réagissent de deux façons: soit qu'ils pensent qu'une bonne réponse permet de résoudre tous les problèmes, soit qu'ils pensent que, devant des problèmes plus difficiles, il n'existe pas de solution possible avec les outils que fournit l'éducation classique. Dans un monde submergé de problèmes sociaux, économiques et politiques, *l'éducation semble portée à ne pas montrer aux élèves l'existence de ces problèmes ou bien à laisser entendre qu'ils sont résolus, contradiction flagrante avec la réalité criante de notre époque agitée.*

Notre héritage biologique est notre diversité de réflexion, de créativité, de sens artistique, d'émotivité. Notre héritage historique est un système d'éducation fondé sur l'idée que l'individu et la société dans laquelle il vit réussissent mieux lorsque les habiletés et le savoir pertinents à cette société relèvent d'un enseignement dispensé de façon formelle et tenant compte de certaines valeurs traditionnelles. L'éducation semble aller de nos jours à l'encontre des objectifs historiques (apprendre à vivre dans le monde) comme ceux de notre héritage biologique (le cerveau pensant).

Dans les deux prochains chapitres, je traiterai de la mémorisation de faits et du manque de pertinence des matières enseignées, pour montrer à quel point ces méthodes anti-éducatives sont en train de miner notre système d'éducation, de causer un nombre croissant d'échecs et de handicaper la plupart de nos enfants.

# Chapitre 4

## *Réfléchir ou mémoriser*

Les politiciens en sont arrivés à la conclusion que les jeunes étaient trop gâtés, qu'on leur donnait une éducation trop axée sur le superflu et l'intégration sociale, qu'ils n'apprenaient pas assez de faits. On recommanda donc aux enseignants de l'école primaire de se montrer plus fermes, d'enseigner plus de choses aux enfants, de les faire travailler davantage et d'augmenter ainsi le niveau de connaissances de l'élève moyen. L'intelligence et la réussite scolaire furent plus que jamais liées aux faits, à la mémorisation de faits. L'école voyait les enfants comme des cruches vides qu'il fallait gaver d'informations jusqu'à ras bord. Une fois le bord atteint, on forçait encore pour faire entrer plus de faits et d'informations dans la cruche.

Cette attitude s'accentue, encouragée par l'apparition de l'ordinateur, nouvelle idole intellectuelle. Les médias ont en effet fait de l'ordinateur l'arme absolue dans la guerre menée contre nos nombreux problèmes. On a établi, à tort, une analogie entre l'ordinateur et l'enfant: plus l'éducation de nos enfants ressemblerait à la programmation d'un ordinateur, meilleure elle serait. Cette mentalité se reflète dans l'intérêt porté aux jeux-questionnaires télévisés, qui représentent pourtant une véritable caricature de ce qu'est vraiment une personne éduquée. Nous avons tous en nous un peu de l'enfant qui participe aux jeux-questionnaires, probablement parce que la réponse à ce type de questions est tellement facile à voir et à évaluer. La réflexion, au contraire, est intangible, difficile à évaluer rapidement et sommairement.

Comme il est difficile d'évaluer la réflexion, il n'y aura jamais de Jeux olympiques de l'intellect, même s'il existe les prix Nobel. Les prix décernés à l'école et à l'université se rapprochent davantage des jeux-questionnaires télévisés que d'une véritable reconnaissance de l'excellence intellectuelle, parce que celle-ci est terriblement difficile à évaluer, je le démontrerai plus loin. Le système actuel dit encore: «Apprends autant de choses que tu peux, mémorise-les et régurgite-les aux examens.» Si la mémorisation devient trop difficile, personne ne blâmera l'élève de se servir d'antisèches et d'autres moyens du même genre. Personne ne s'attend d'ailleurs à ce que l'on puisse apprendre et retenir tout ce que l'on exige de nos jours des enfants performants; la tricherie aux examens, aussi répréhensible soit-elle, est ainsi tolérée tant qu'elle reste marginale et qu'on ne prend pas trop de coupables. Le système s'effondre pourtant lamentablement lorsque les élèves reçoivent à l'avance les corrigés d'un examen. Qui est en tort dans ce cas, les élèves ou le système? On n'a encore jamais répondu à cette question de façon satisfaisante.

Une bonne partie de ce que nous appelons aujourd'hui l'éducation est en fait de l'emmagasinage et de la mémorisation de connaissances. La résolution de problèmes et la réflexion, qui n'ont jamais été le point fort de notre système éducatif, ont été encore davantage dévaluées dans pratiquement tous les programmes, sauf dans de rares programmes de sciences. Dans beaucoup d'écoles secondaires, ces programmes sont réputés si difficiles que les étudiants qui souhaitent entrer à l'université les boudent souvent, de peur d'obtenir de mauvaises notes. Ils restent dans les programmes sûrs où l'on fait appel à la mémoire, ce qui réduit le potentiel de formation scientifique de notre système d'éducation; on obtient ainsi l'inverse de ce que l'on recherchait. À tous les niveaux, principalement au niveau collégial et à l'université, on s'efforce de programmer les gens en les remplissant d'un savoir prévisible, sensiblement de la même façon qu'on programme un ordinateur.

L'éducation met l'accent sur une fonction inférieure du cerveau humain, la mémoire, et néglige considérablement sa fonction supérieure, la réflexion. Si j'entends insister sur la nécessité, dans les écoles, d'augmenter la part réservée à la réflexion sous toutes ses formes plutôt que d'analyser les diverses formes de réflexion, il m'apparaît nécessaire ici d'examiner brièvement la forme de réflexion spécifiquement applicable à l'éducation. La forme de réflexion la plus usitée dans les écoles est celle qu'exige la résolution de problèmes pour lesquels il existe une solution bien définie. Bien que ce genre de réflexion soit assez bien enseigné dans les classes de mathématiques, de sciences et de grammaire, la réponse ou la forme revêt trop souvent plus d'importance que le cheminement logique effectué pour y arriver, ce qui dévalue le processus de réflexion. Les programmes de la plupart des écoles accordent une place bien moins importante à la forme de réflexion qui conduit à formuler des idées concernant des problèmes pour lesquels il n'existe pas de solutions bien définies, ni même de bonne réponse. Or, nous avons besoin de formes de réflexion qui s'appliquent aux problèmes politiques, sociaux, économiques et même scolaires, problèmes pour lesquels il n'existe, au mieux, qu'une série de solutions possibles dont aucune n'est parfaite, mais dont certaines, nous l'espérons du moins, sont meilleures. La guerre, les droits civiques, la pauvreté et l'abaissement de l'âge du droit de vote sont des exemples de problèmes qui soulèvent beaucoup de discussions, mais pour lesquels il n'existe pas de consensus. L'école a tendance à éviter les discussions de ce genre et exclut ainsi de l'éducation une utilisation importante de la réflexion.

À l'exception de certaines écoles secondaires, on met assez peu l'accent sur la critique artistique, c'est-à-dire cette forme de réflexion qui permet d'évaluer de façon critique la littérature, l'art, la musique, le cinéma ou la télévision. On devrait enseigner la réflexion critique au moyen de discussions, de l'école primaire à l'université. À mesure que les arts pénétreront notre culture, les élèves à qui on aura appris à les apprécier seront davantage en mesure de jouir de l'extrême richesse de la création artistique à laquelle nous aurons accès pendant nos moments de loisirs de plus en plus nombreux. Apprécier véritablement l'art ne consiste pas à savoir qui a fait quoi et à quel moment; c'est pourtant l'approche que retient généralement l'école.

Très proche de la critique artistique, il existe une quatrième forme de réflexion que j'appelle la réflexion créatrice. Les élèves devraient avoir davantage la possibilité de faire de la création artistique, musicale, théâtrale, littéraire, cinématographique et télévisuelle, l'équipement requis dans ces deux derniers cas étant de plus en plus accessible dans les écoles. Actuellement, certaines écoles mettent, il est vrai, davantage d'accent sur ces matières; ces dernières devraient cependant occuper une place bien définie et prépondérante dans tous les programmes scolaires, de l'école primaire à l'université. Les matières qui exigent de la créativité sont généralement dévaluées et considérées comme peu réalistes; elles peuvent, pourtant, souvent susciter la motivation, l'implication et l'intérêt personnels si importants pour la réussite des élèves.

L'éducation ne met pas l'accent sur la réflexion et reste axée sur la mémorisation parce que presque toutes les écoles et les universités sont dominées par *le principe de certitude*. Selon ce principe, pour toute question il existe une bonne et une mauvaise réponse; la fonction de l'éducation est de s'assurer que chaque élève connaît les bonnes réponses à une série de questions importantes aux yeux des éducateurs. En parlant à des enseignants de l'école primaire, je leur ai demandé s'ils autorisaient les discussions libres dans leurs classes. Plusieurs d'entre eux m'ont assuré avec véhémence qu'ils encourageaient la libre discussion. Ils disaient: «Nous discutons de tout... jusqu'à ce que nous parvenions à la bonne réponse.» Bien que cette attitude puisse ne pas être typique, elle illustre bien le problème.

Les enfants qui arrivent à l'école avec l'idée que beaucoup de questions admettent, éventuellement, plus d'une réponse changent très vite d'avis. À l'école primaire, les enfants sont peu à peu amenés à croire que l'école se préoccupe avant tout des bonnes réponses et que les enseignants et les livres en sont les principaux dépositaires. Dans une classe ordinaire, l'enfant qui se distingue et remet en cause le principe de certitude en affirmant qu'il peut ne pas y avoir qu'une seule bonne réponse, et même qu'il peut ne pas y avoir de véritable réponse, à un problème donné se fait vite remettre à sa place. À moins que cet enfant exceptionnel n'ait un professeur exceptionnel, il apprendra vite que, même si sa réflexion peut lui attirer provisoirement une certaine considération, au bout du compte, il aura beau avoir fait preuve de logique, c'est la bonne réponse qui prévaudra.

Le principe de certitude non seulement domine les programmes d'enseignement, mais détermine également les règlements internes de l'école. Les enfants s'aperçoivent qu'ils ne participent pas à la prise de décisions concernant leur comportement ou leur participation à la vie de l'école. Alors que, depuis la maternelle, on leur enseigne le bien-fondé de la démocratie, ils apprennent par l'expérience que le principe fondamental de toute société démocratique (la participation des citoyens à la détermination des règles qui les régissent) ne s'applique pas à eux. Nous nous étonnerons ensuite qu'il y ait tant de confusion dans notre société sur ce qu'est la démocratie! Se pourrait-il que cette confusion vienne du manque d'expérience directe de la démocratie à l'école?

Les enfants devraient avoir voix au chapitre, aussi bien sur le contenu du programme que sur les règlements en vigueur dans leur école. C'est en la vivant qu'on apprend le mieux la démocratie! Les enfants qui fréquentent une école où on leur demande d'assumer certaines responsabilités dans le contenu du programme et les règlements de l'école découvrent ce qu'est la démocratie; ils découvrent aussi que dans une école démocratique, comme dans une société démocratique, beaucoup de problèmes n'ont pas de solution bien tranchée. *Ils apprennent* (je décrirai dans les chapitres suivants les diverses façons dont on peut le faire à l'école) *qu'ils ont la responsabilité de trouver les meilleures solutions possibles aux problèmes difficiles qu'ils contribuent eux-mêmes à créer. Définir le problème, trouver un certain nombre de solutions raisonnables et appliquer celle qui semble la meilleure, voilà ce qu'est l'éducation;* la démarche actuelle consiste à suivre aveuglément des règlements (ou à les enfreindre) et à répéter sans réfléchir les bonnes (ou les mauvaises) réponses à des questions soulevées par d'autres. Tant que le principe de certitude dominera notre système éducatif, nous n'apprendrons pas à nos enfants à réfléchir. La mémoire n'est pas l'éducation, les réponses ne sont pas la connaissance. La certitude et la mémoire sont les ennemies de la réflexion; elles tuent la créativité et l'originalité.

En plus du principe de certitude, notre système éducatif est dominé, comme d'ailleurs une bonne partie de la société, par le *principe d'évaluation.* On pourrait formuler ainsi ce principe: «Seul compte ce qu'on peut évaluer et chiffrer.» Les valeurs numériques sont nécessaires à la comparaison avec une autre valeur ou avec une norme. La quantité de faits qu'un élève est en mesure de retenir comparativement à celle que retiennent les autres élèves, constitue l'épine dorsale de l'évaluation scolaire.

En visitant récemment un musée, j'ai pu observer un effet intéressant des principes de certitude et d'évaluation. Parcourant le musée, j'ai remarqué un groupe de charmantes étudiantes qui s'arrêtaient devant les tableaux les uns après les autres et prenaient de nombreuses notes dans un cahier. Observant moi-même les tableaux, j'étais intrigué par l'activité frénétique de ces jeunes filles. Dans mon ignorance, je ne parvenais pas à imaginer ce qu'on pouvait bien écrire avec tant de détails concernant les tableaux. Ma curiosité augmentant, je me décidai à questionner l'une d'elles. Elle me répondit qu'elle inscrivait dans son cahier non seulement le titre du tableau, le nom de l'artiste et les notes de présentation du tableau (jusque-là, tout était parfaitement compréhensible), mais aussi des notes détaillées sur son encadrement, sur son emplacement dans le musée et sur certaines de ses particularités. Ces notes avaient pour but de l'aider à identifier les œuvres que le professeur allait passer en diapositives en classe. Elle se préparait ainsi à un important examen de «critique d'art». Avec les années, les étudiantes avaient découvert qu'elles pouvaient plus facilement identifier les tableaux en notant certains indices relevés dans la peinture elle-même, son encadrement ou son emplacement dans l'exposition. Leur professeur était un ardent défenseur du principe de certitude et du principe d'évaluation. En regardant ces étudiantes chercher désespérément des indices qui leur permettraient d'identifier les tableaux, je ne parvenais pas à me convaincre que les notes prises avec tant de soin puissent leur permettre d'apprécier l'art, les artistes ou le musée lui-même. Bien qu'elles soient manifestement occupées, elles ne s'impliquaient pas pour autant dans l'art. En appliquant les principes de certitude et d'évaluation, leur professeur diminuait en fait l'intérêt de ses étudiantes pour l'art. Dans l'université où étudient ces jeunes filles, le cours était en fait facultatif et laissé au choix des étudiantes (beaucoup d'entre elles ne le savaient sans doute pas quand elles s'y sont inscrites). Dans nos écoles primaires et secondaires, où la plupart des cours sont obligatoires, on n'a guère le choix.

Voyons maintenant comment les étudiants réagissent émotivement aux principes de certitude et d'évaluation. L'activité de ces étudiantes au musée était-elle pour elles une tâche agréable? Éprouvaient-elles un sentiment de satisfaction émotive, d'un certain accomplissement? Grâce à cette satisfaction émotive, ressentaient-elles le désir d'aller plus loin, d'apprendre davantage sur l'art? Ou n'était-ce pas plutôt le contraire qui se produisait? S'il est agréable d'avoir raison, mais que cette raison se fonde uniquement sur la mémoire, nous n'en retirerons guère qu'une satisfaction passagère. Nous éprouvons au contraire une satisfaction plus durable quand c'est notre réflexion, notre jugement ou notre prise de décisions qui nous ont donné raison. Sans la motivation extérieure de l'argent, les jeux de hasard qui ne font pas appel à la réflexion ne survivraient pas. Les échecs et le bridge, au contraire, se jouent dans une extrême tension et sans le moindre enjeu; ils procurent pourtant une intense satisfaction. Avoir raison procure peu de satisfaction, à moins que ce ne soit le fruit de la réflexion ou du jugement ou à moins que l'on y soit incité par un élément extérieur, généralement de l'argent.

Les étudiantes du musée qui auront donné les bonnes réponses dans leur examen n'éprouveront, au mieux, aucun déplaisir. Il y a peu de chances cependant que mémoriser 175 tableaux puisse leur procurer une grande satisfaction. Une personne qui ne se sert de son cerveau que pour mémoriser des choses n'éprouvera pas, au mieux, de déplaisir. Si, par contre, elle ne réussit pas à se servir de son cerveau pour mémoriser et qu'elle n'a pas la possibilité de s'en servir d'une autre façon (pour réfléchir, par exemple), elle se sentira incontestablement malheureuse. C'est pourquoi l'examen de mémorisation de tableaux, comme la plupart des examens qui portent sur des faits, représente un cul-de-sac pédagogique.

Il n'est donc pas étonnant que la mémorisation, tenue en si haute estime par notre système éducatif actuel, mène ceux qui réussissent à l'ennui et ceux qui échouent à la frustration et à la peine. La mémorisation de faits ne peut apporter de satisfaction profonde; ce sentiment n'est possible qu'en utilisant son cerveau pour penser et parvenir ainsi à une réponse ou à une solution alternative face à un problème lié à sa vie personnelle et à la société dans laquelle on vit. À moins de réduire la domination qu'exerce sur notre système éducatif le principe de certitude, nous ne ferons que perpétuer un système où les étudiants perdront progressivement toute motivation intérieure en éprouvant de moins en moins de satisfaction. Nous dépendons de plus en plus de motivations extérieures (exhortations, notes, menaces, punitions et même renvois) pour ceux qui ne parviennent pas à mémoriser de façon jugée suffisante par leur école, leurs parents ou eux-mêmes. Le principe de certitude et son incapacité totale d'offrir aux étudiants une satisfaction émotive à la hauteur de leurs attentes représente un important facteur d'échec scolaire.

C'est dans les quartiers défavorisés que l'échec est le plus évident. Les enfants n'y comprennent guère pourquoi ils s'efforceraient de trouver les bonnes réponses à des questions passablement difficiles, même s'ils aiment assurément répondre à des questions faciles. Les enseignants qui s'attendent à des réponses justes sont frustrés parce que leurs élèves refusent d'apprendre ce qu'ils leur enseignent dès que cela dépasse le niveau le plus élémentaire. Ces enseignants ne comprennent pas le pouvoir de motivation qu'a la réflexion. Les enfants perdent vite tout intérêt, et, même s'ils sont physiquement présents en classe, leur esprit vagabonde. En dehors des quartiers défavorisés, dans les quartiers où les parents et le milieu exercent une pression suffisamment forte pour que les enfants obtiennent un diplôme avec des notes élevées, beaucoup de ces derniers se contentent de fournir juste les efforts nécessaires afin de trouver les bonnes réponses et de réussir à l'école. L'ennui et la frustration générés par le principe de certitude se reflètent cependant dans la tension familiale liée aux problèmes scolaires; cette tension provoque des comportements perturbateurs, observables dans le haut taux de délinquance qui frappe toutes les couches de la société.

De façon surprenante, les jeunes pré-adolescents des quartiers défavorisés qui échouent à l'école expriment un certain amour de l'école; même s'ils échouent, ils se trouvent dans un endroit tranquille où ils sont bien traités, ce qui, dans bien des cas, est un soulagement comparativement à ce qui se passe à la maison. Les enfants des quartiers plus aisés inscrits dans des écoles où on leur donne toutes les chances de s'éduquer disent, par contre, souvent détester l'école parce qu'elle est ennuyeuse et répétitive et que ce n'est pas mieux qu'à la maison. Lorsque je les rencontre dans leur classe, ils me disent souvent éprouver davantage de plaisir dans leurs maisons confortables, à jouer avec leurs nombreux jouets, avec leurs amis ou même tout seuls. Parmi ceux qui ne disent pas détester l'école, peu vont jusqu'à dire pourtant qu'ils l'aiment. Ils considèrent l'école comme une préparation nécessaire pour gagner sa vie; cette préparation prend fin avec l'obtention d'un diplôme que l'on peut directement échanger contre de l'argent sur le marché du travail. L'éducation qui permet de se livrer à d'utiles et d'agréables activités, comme la résolution de problèmes, la réflexion et la création, est rendue presque impossible par les principes de certitude et d'évaluation.

Quant aux besoins psychologiques de l'individu, décrits au chapitre 2, il est difficile de se forger une identité positive en utilisant son cerveau comme une banque de données. Se contenter d'emmagasiner du savoir, sans s'en servir pour résoudre des problèmes qui concernent l'individu lui-même et la société dans laquelle il vit, empêche d'entretenir de bons rapports avec les autres et le monde en général. Le principe de certitude favorise l'isolement plutôt que la coopération et la solidarité. Chacun dans son coin possède la bonne réponse; cette bonne réponse a de la valeur en elle-même et pour elle-même, et non pas comme moyen de résoudre ses propres problèmes ou ceux des autres. C'est pourquoi l'enfant qui parvient à réussir son parcours scolaire en donnant les bonnes réponses dans les compétitions qui l'opposent à d'autres enfants, qui cherchent eux aussi à donner les bonnes réponses, a tendance à s'isoler davantage et à considérer ces bonnes réponses comme le résultat final de ses efforts. Ces réponses ayant peu de chose à voir avec le monde réel, l'enfant ira chercher l'essentiel de son éducation en dehors de l'école. Je parlerai plus en détail au chapitre suivant de ce rapport au monde réel que j'ai maintes fois lié à la réflexion dans ce chapitre et les chapitres précédents. Si, par souci de clarté, je souhaiterais séparer ces deux questions, elles sont inextricablement liées, et parler de l'une conduit nécessairement à parler de l'autre.

Beaucoup d'enfants parviennent à se forger une identité positive; ils le font cependant en dépit de l'éducation reçue et non grâce à elle. Dépendre de sa mémoire n'aide guère à se donner une identité solide. L'éducation, qui devrait être l'une des pierres d'assise de l'identité, ne contribue guère de façon positive à celle de ceux qui réussissent, mais, c'est triste à dire, elle contribue grandement à l'identité ratée de ceux qui échouent. Le sentiment d'échec frappe bien plus rapidement que le sentiment de réussite. Cet état de fait déplorable m'a toujours étonné. Peut-être est-il dû à la précarité des relations humaines; si peu de nous entretenons des liens positifs de longue date avec des gens responsables qui nous apprécient! D'un autre côté, même si l'échec et la solitude sont douloureux, ils sont du moins faciles; échouer n'exige pas beaucoup d'efforts; réussir, en revanche, en demande beaucoup. C'est pourquoi l'échec nous pousse à abandonner, à devenir plus solitaire, à nous enfermer pour toujours dans l'échec. Comme des prisonniers, nous n'allons nulle part. Pour un raté, la réussite apparaît toujours trop distante et difficile à atteindre. La seule façon d'y parvenir consiste à réfléchir, à travailler et à se lier aux autres, tâche bien plus difficile pour la plupart d'entre nous que de rester assis dans notre cellule imaginaire à nous lamenter sur notre sort. On aura davantage recours aux émotions en période de stress: les ratés qui ne savent pas comment réfléchir efficacement et qui ne trouvent pas à leurs problèmes de solution unique, semblable à celles que propose l'école, donnent libre cours à leur colère ou à leur rancœur. Dans une société dont l'unique espoir est de parvenir à régler rationnellement les problèmes complexes auxquels nous sommes confrontés, un système éducatif qui évite de faire face à ces mêmes problèmes et qui ne prépare pas les gens à traiter efficacement leurs problèmes personnels doit nécessairement être changé.

Les gens qui s'aperçoivent que leurs réactions purement émotives sont plutôt négatives apprennent à éviter les situations nouvelles, génératrices de stress. Ils restreignent ainsi leur vie, ce qui va à l'encontre des objectifs de toute éducation. L'éducation a en effet pour but de fournir aux gens les outils intellectuels et psychologiques nécessaires pour faire face efficacement aux situations nouvelles et pour moins limiter leur vie par peur de rencontrer des problèmes difficiles. Elle vise aussi à leur permettre de traiter les situations nouvelles et les problèmes difficiles de façon rationnelle plutôt qu'émotive. Aucun de ces objectifs ne peut être atteint avec l'insistance mise actuellement sur les principes de certitude et d'évaluation. L'accent mis sur ces deux principes amène certains jeunes à réagir de façon irrationnelle et violente à des situations difficiles pour lesquelles il n'existe pas de bonnes réponses. D'autres jeunes cherchent une consolation dans la drogue et se réfugient dans un univers imaginaire plutôt que d'apprendre à affronter intelligemment leurs problèmes personnels et ceux de la société. L'usage de la drogue et de l'alcool est en hausse chez les jeunes, dans deux grands groupes en particulier: 1) ceux qui échouent à l'école et 2) ceux qui ne voient aucun lien entre le système éducatif et leur vie ou les problèmes du monde. En plus de la drogue, les jeunes que l'école n'a pas amenés à réfléchir et dont les années de formation scolaire ont été dominées par le principe de certitude réagissent; ils s'opposent aux normes sociales en les tournant en dérision lorsque *leur certitude* que leurs aînés ont tort heurte de plein fouet *la certitude de ces derniers* d'avoir raison. Aucun des deux groupes ne semble capable de faire appel à la raison. Beaucoup de fractures sociales et de problèmes personnels sont le fruit amer du conflit des générations et de leur incompréhension réciproque. L'acceptation passive de ce conflit fait trop partie de la société; celle-ci ne pourra pourtant survivre que par l'entraide. La coopération est cependant le résultat d'une évaluation intelligente de sa propre situation sociale, et l'éducation moderne, fondée sur la compétition, ne l'enseigne guère.

Même si le petit nombre d'étudiants qui se lancent dans l'action politique fait l'objet d'une importante couverture médiatique, une étude récente révèle, au contraire, que la

plupart des étudiants n'éprouvent guère d'intérêt pour la politique. Notre système éducatif, avec sa mémorisation de faits et
son absence de réflexion, n'est-il pas responsable de cette
apathie pour la responsabilité civique? Nous avons besoin
d'une gauche sensée et d'une droite logique, mais nous avons
peur de faire entrer la politique dans nos programmes scolaires.
Lorsque les citoyens votent sans trop réfléchir, ils élisent des
politiciens qui promettent le confort de réponses faciles, de
solutions rapides et de belles images, autant de choses
contraires à la démocratie.

Pire, beaucoup de jeunes évitent les questions intellectuelles parce qu'ils ne comprennent pas que ces questions
n'admettent pas de réponse facile. Quand les réponses faciles
ne marchent pas ou ne s'appliquent pas, ils évitent complètement la question. Pour contrer cette démission devant les défis
intellectuels et la responsabilité, nous devons réduire l'emprise
de la certitude sur notre système éducatif. Tant que nous consi-
dérerons les élèves comme des cruches vides qu'il faut remplir
d'informations, tant que nous les formerons à devenir des sortes
d'ordinateurs capables de nous fournir des réponses prévisibles
à des questions sans surprise, nous sèmerons dans la plus fondamentale institution démocratique, le système éducatif, les
germes de sa propre destruction.

# Chapitre 5

## *La pertinence*

Ce chapitre est consacré à la pertinence et à ses liens avec l'échec scolaire. La meilleure façon de présenter le sujet consiste peut-être à décrire une réunion de classe que j'ai animée dans une école primaire, dans mon lieu d'intervention attitré, les quartiers pauvres d'une grande ville. Il s'agissait d'une école de 1 900 élèves située près d'un ghetto noir, avec tous les problèmes que peut connaître une grosse école installée dans des locaux inadéquats. Les élèves à qui je parlais de lecture avaient déjà eu beaucoup d'échanges en classe et étaient tout à fait familiarisés avec cette technique, que je décrirai en détail aux chapitres 10, 11 et 12. Il s'agit principalement d'une méthode qui a pour but d'amener une classe entière à réfléchir sérieusement sur une question importante. Nous avons, dans ce cas précis, amorcé la discussion sur la question: «Qu'est-ce que lire?» Après quelques hésitations au départ, il s'agissait pour les enfants d'un nouveau type de question, ils ont fini par répondre que lire était «ce qu'ils faisaient à l'école». On y lit en silence ou à haute voix dans son livre de lecture; on lit aussi des livres d'histoires en sciences humaines, des livres de sciences, des livres sur la santé et d'autres livres scolaires. On va, à l'occasion, à la bibliothèque de l'école et on lit *en classe* quelques-uns des livres qu'on y emprunte. Si on emporte parfois les livres de la bibliothèque à la maison, il existe toujours un lien avec l'école. La classe a aussi discuté de l'importance de la lecture et a conclu qu'il est essentiel de lire parce que, plus tard, à l'école secondaire, il y aura beaucoup de lectures à faire et que mieux on aura appris à lire, plus on aura de chances de réussir.

Je leur ai ensuite posé la question suivante: «À part à l'école, la lecture sert-elle à autre chose?» J'ai encore insisté: «Que feriez-vous si le professeur ramassait les manuels scolaires de tous les élèves et disait qu'à partir d'aujourd'hui, on ne lirait plus que ce que les élèves apportaient à l'école?» Je leur ai expliqué qu'ils devraient se procurer, en dehors de l'école et de sa bibliothèque, les textes qui leur serviraient de lecture. La deuxième question les a rendus perplexes. Beaucoup ont trouvé que je parlais d'une situation impossible: sans manuels, l'école ne pourrait pas continuer. Suivirent d'autres discussions sur la lecture en dehors de l'école: certains élèves lisaient un peu en dehors de l'école, mais pas beaucoup. J'essayais de savoir s'ils connaissaient ou non l'existence d'importantes sources de lecture à l'extérieur de l'école. Comprenaient-ils que lire pouvait leur servir dans la vie, mis à part à l'école? Après maintes discussions, ils citèrent l'exemple de la bibliothèque municipale, mais reconnurent vite qu'il s'agissait là d'une réponse trop simple; la bibliothèque municipale était encore associée à l'école. Finalement, j'ai réussi à les faire sortir du milieu clos de l'école ou de la bibliothèque municipale en leur demandant: «Si l'on vous donnait de l'argent pour acheter un livre, où iriez-vous le chercher?» Cette question les a mis dans un embarras encore plus grand; personne dans la classe n'avait jamais acheté de livre (ce qui en soi n'a rien d'inhabituel, peu d'enfants achetant eux-mêmes leurs livres). Ils ignoraient pourtant totalement la façon de se procurer des livres et comment il était possible d'utiliser son argent à cette fin. La plupart des enfants savaient bien où l'on vendait des livres, mais un ou deux seulement étaient déjà entrés dans une librairie. Ils n'avaient jamais songé pouvoir le faire plus tard dans leur vie. Une fois de plus, ils associaient les livres uniquement à l'école.

La question sur l'achat de livres amena une discussion sur les sources de lecture dont ils pouvaient disposer à la maison.

D'où venaient-elles? Certaines valaient-elles la peine d'être lues, leur paraissaient-elles importantes? La difficulté venait de ce que la discussion se tenait à l'école; les enfants étaient conditionnés par l'idée trop répandue que ce que l'on aborde en classe doit nécessairement ne concerner que l'école. Il leur était difficile de penser à ce qu'ils pouvaient lire à la maison. Nous en sommes tout de même venus à discuter de ce qu'il y avait à lire chez eux: des magazines, des journaux, des livres de cuisine, des manuels de scoutisme, la Bible et d'autres choses du même genre. Je leur ai demandé ce que lisaient leurs parents, et ils ont répondu: «Le journal.» Quand je leur ai demandé pourquoi leurs parents lisaient le journal, ils n'ont pas su répondre. La plupart des enfants n'éprouvaient aucun intérêt pour les journaux; ils ne comprenaient pas pourquoi leurs parents s'y intéressaient. Un petit nombre d'entre eux jetait à l'occasion un coup d'œil sur les pages sportives, la moitié de la classe lisait les bandes dessinées, mais, pour la majeure partie de la classe, les journaux ne faisaient pas partie de leur vie personnelle.

Un garçon assis à côté de l'enseignante lui a alors chuchoté quelque chose à l'oreille puis a levé la main. Quand je lui ai donné la parole, il a dit lire des bandes dessinées. Je lui ai demandé s'il aimait les bandes dessinées, et il a répondu que oui. Toute la classe lui a fait écho avec enthousiasme: presque tout le monde lisait des bandes dessinées, en échangeait ou en achetait même à l'épicerie du coin. Sans aucun doute, les bandes dessinées intéressaient la classe. Je leur ai ensuite demandé s'ils en apportaient à l'école, puisqu'ils les aimaient tant. Ils ont répondu qu'ils le faisaient de temps en temps, mais qu'ils devaient se montrer prudents; un règlement tacite semblait interdire la lecture de bandes dessinées en classe. Certains enseignants (mais pas la leur) les confisquaient quand ils en trouvaient. Comme les bandes dessinées étaient rares et qu'elles coûtaient de l'argent, ils avaient peur d'en apporter en classe, où elles risquaient d'être confisquées. Je leur ai demandé pourquoi l'école pouvait bien vouloir confisquer les bandes dessinées. Tous m'ont répondu que ce n'était pas bien de lire des bandes dessinées, que ce n'étaient pas des choses à lire à l'école parce qu'elles n'avaient rien à voir avec l'école. Les enfants avaient manifestement adopté des critères moraux *(le bien et le mal)* pour évaluer les divers types de lecture. Les bandes dessinées appartenaient à la catégorie des interdictions. J'ai appris plus tard que le garçon qui avait parlé le premier des bandes dessinées avait reçu au préalable la permission de son enseignante. Il n'aurait jamais osé en parler dans la classe, devant les autres enseignants qui assistaient à l'échange, si son professeur ne l'y avait pas d'abord autorisé. La discussion prit fin peu après ma découverte de cette pratique enthousiaste de la lecture. Ces enfants avaient déjà passé six ans à l'école. Ce qu'ils lisaient avec le plus de plaisir en dehors de l'école n'était pas accepté à l'école et ce qu'ils lisaient à l'école, principale-ment des manuels scolaires, n'avait guère de rapport avec leur univers en dehors de l'école. Ils n'acceptaient et ne compre-naient l'existence des livres, pour le temps présent comme pour l'avenir, qu'en rapport avec l'univers étriqué de l'école.

Cette dichotomie dans l'attitude des enfants soulève pour moi un sérieux problème, révélateur d'un des deux aspects que peut revêtir la pertinence à l'école. On va en principe à l'école pour y acquérir des habiletés nécessaires à la vie en dehors de l'école; le seul rapport avec la vie que voyaient ces enfants face à une compétence qu'ils avaient acquise, la lecture, était pour-tant négatif: ils ne pouvaient pas lire de bandes dessinées. Ils ne faisaient aucun rapport pour le reste. En d'autres termes, leur travail à l'école était complètement étranger à leur univers en dehors de l'école. La lecture, pensaient-ils, n'avait aucun rapport avec leur univers personnel ou, lorsqu'elle en avait un, elle était condamnée.

C'est en examinant les liens entre l'école et la vie que l'on saisit mieux les problèmes de lecture qu'éprouvent les enfants des quartiers pauvres, comme les autres enfants d'ailleurs. Pour beaucoup d'entre eux, l'éducation est devenue une fin en soi.

Pour les élèves de la classe dont je parlais, comme pour bien d'autres je présume, un des objectifs majeurs de l'apprentissage de la lecture, éprouver le plaisir de lire, n'est atteint qu'avec les bandes dessinées. Nous refusons de voir que, pour beaucoup d'enfants des quartiers défavorisés, peut-être même pour la plupart d'entre eux, la lecture ne mène à rien. Comme les manuels scolaires sont en général tristes, ennuyeux et dépourvus de toute émotion, la lecture se maintient à l'école à un niveau nettement inférieur à ce qu'il devrait être pour éprouver le plaisir de lire des livres qui dépassent un peu la bande dessinée. Les enfants ont besoin de la stimulation qu'apporte la lecture en dehors de l'école; comme ils n'établissent cependant pas de liens entre la lecture à l'école et la lecture à l'extérieur de l'école, comme les manuels scolaires sont relativement peu stimulants, beaucoup d'enfants n'apprennent jamais à lire suffisamment bien pour apprécier tout ce qui dépasse le niveau des bandes dessinées. *Ils passent à côté de tout ce qui fait l'intérêt d'apprendre à lire!* Tant que l'on ne parviendra pas à enseigner aux enfants dans des manuels qui ont pour eux le même attrait que les bandes dessinées condamnées, tant que l'on n'aura pas découvert un moyen de faire entrer chez eux des livres qui les attirent, la lecture ne sera jamais plus qu'une activité scolaire parmi d'autres pour beaucoup d'enfants.

Outre la lecture, matière la plus importante à l'école primaire, nous devons nous efforcer de relier toutes les matières enseignées (les mathématiques, les sciences humaines, les sciences, la santé, et même l'orthographe et l'écriture) aux activités qu'ont les enfants en dehors de l'école. *Les enfants ne sont pas motivés à apprendre des matières qui n'ont aucun lien avec leur vie.* Lorsqu'ils rencontrent, un peu plus tard à l'école, des matières plus complexes, que seuls les élèves motivés parviennent à maîtriser, les enfants ne progressent plus et finissent par échouer. On ne peut s'en remettre à la curiosité naturelle des enfants pour combler le fossé qui sépare l'école de leur vie personnelle; trop souvent, on n'y parvient pas, particulièrement chez les enfants dont le milieu social et les intérêts sont différents de ceux de leurs enseignants. Il est bien plus facile pour un enseignant issu de la classe moyenne de faire le lien entre la matière enseignée et la vie pour des enfants eux-mêmes de classe moyenne que pour des enfants des quartiers pauvres, dont il ne comprend guère l'univers. L'enseignant essaie trop souvent de faire rentrer ses élèves dans son moule, plutôt que d'adapter son enseignement à leur univers. Je ne veux pas dire par là que les enseignants devraient provenir du même milieu que leurs élèves, mais ils devraient élargir leur champ d'enseignement et ne pas se contenter d'enseigner seulement ce qui est important à leurs yeux.

Les enseignants ont aussi à surmonter le handicap de devoir uniquement se servir des manuels mis à leur disposition et s'en contenter. À l'école primaire, les textes de lecture sont rédigés pour une petite catégorie d'enfants de la classe moyenne qui proviennent de familles unies sans véritables problèmes, ce qui représente une situation tout à fait irréaliste pour une bonne partie des enfants de la classe moyenne et pour presque tous les enfants des quartiers pauvres. Si certains nouveaux manuels affichent quelques visages de couleur, cela ne représente qu'un changement mineur: ils servent seulement de faire-valoir aux Blancs de la classe moyenne. Une solution consisterait peut-être à éliminer complètement les manuels traditionnels et à laisser chaque école choisir ses livres parmi le large éventail de recueils pertinents et bon marché maintenant offerts en format de poche. Les livres de poche ne sont pas chers; on peut les apporter à la maison, les perdre, en changer à volonté pour s'assurer qu'ils aient constamment un lien avec la vie des élèves. L'usage répandu des livres de poche par les écoles inciterait les éditeurs à publier davantage de livres de bonne qualité à des prix encore plus compétitifs. Quand il s'avérerait absolument nécessaire d'avoir recours à des manuels, ils devraient entretenir un rapport évident avec l'enfant et son univers. Pour résumer le premier volet de la pertinence, je dirai qu'habituellement, les écoles *n'enseignent pas* un programme pertinent et, quand elles le font, *elles oublient de faire le lien entre l'enseignement et la vie de l'enfant en dehors de l'école.*

L'autre aspect de la question, la deuxième forme de pertinence, je l'expliquerai en prenant l'exemple d'une autre réunion de classe, tenue celle-là dans une école primaire d'un quartier aisé. Les parents des enfants exerçaient tous des professions libérales ou étaient des cadres florissants. Les diplômes d'études supérieures étaient monnaie courante chez eux, et la plupart des familles accordaient beaucoup d'importance à l'éducation. Contrairement aux élèves de l'école précédente, qui avaient déjà assisté à des réunions de classe, ces élèves n'avaient encore jamais participé à un échange de ce genre. La discussion se tenait devant un groupe important d'enseignants; il s'agissait d'une démonstration, et, comme elle avait lieu en soirée, beaucoup de parents se trouvaient aussi dans la salle. Dans ce type de réunion, les enfants sont vite absorbés par le sujet, de sorte que la présence du public n'a pas d'effet appréciable.

J'ai ouvert la discussion sur la question: «Qu'est-ce que les enseignants attendent de leurs élèves à l'école?» Après quelques hésitations au départ, le groupe a répondu que les enseignants voulaient que les élèves apprennent, se conduisent bien, obtiennent de bonnes notes et poursuivent leurs études après l'école primaire. Les enfants se contentaient de répéter les clichés entendus depuis longtemps dans la bouche de leurs parents et de leurs enseignants. Comme je formulais mes questions de façon plus précise, en leur demandant ce que les enseignants attendaient chaque jour des élèves, ils ont répondu que les enseignants voulaient des réponses. «Mais des réponses à quoi?» Les enfants ont répondu: «Des réponses, orales et écrites, à toutes sortes de questions posées par les enseignants.» Comme j'avais une stratégie bien définie en tête, j'ai demandé aux enfants de me parler du genre de réponses que voulaient les enseignants. «Attendaient-ils un genre particulier de réponse?» Après quelques hésitations et quelques faux départs, l'un des enfants a répondu: «Oui, ce que veut l'enseignant, ce sont les bonnes réponses.» Quand j'ai relancé le débat, en demandant: «Tu veux dire que les questions posées sont celles qui demandent une bonne réponse?», tous sont tombés d'accord. Je leur ai alors demandé: «Les enseignants peuvent-ils aussi poser des questions pour lesquelles il n'existe pas de bonne ou de mauvaise réponse, mais qui peuvent quand même recevoir des réponses importantes?» Cette question a complètement désarçonné les élèves, qui n'ont pas pu se ressaisir jusqu'à la fin de l'échange. Beaucoup de choses ont été dites, mais aucune réponse satisfaisante n'a émergé. Nous nous trouvions dans une l'école, et les élèves pensaient presque exclusivement en fonction de réponses justes ou fausses. Un garçon a demandé pourtant: «Vous voulez dire des questions sur lesquelles on donne notre opinion?» Quand je lui ai demandé de préciser sa pensée, il a dit: «Est-ce qu'il arrive aux enseignants de poser des questions qui cherchent à connaître l'opinion des élèves de la classe?» Il a réfléchi un certain temps, les autres enfants aussi, avant de répondre qu'en classe, on leur demandait rarement de faire connaître leurs opinions, leurs idées, leurs évaluations ou leurs observations.

Ils comprenaient fort bien que je ne leur demandais pas des réponses du genre de celles auxquelles ils étaient habitués (par exemple, ce qu'ils avaient fait à la maison ou pendant leurs vacances), mais des réponses fondées sur l'expression d'une opinion personnelle. Décontenancés par mon approche, à l'école on ne leur avait presque jamais posé de questions concernant leur opinion, ils se montraient réticents à approfondir le sujet: ils ne croyaient pas que leur opinion puisse faire l'objet d'un échange à l'école. Ma question aurait dû susciter bien plus de discussions qu'il n'y en eut ce soir-là. La réticence des enfants à parler de leurs intérêts, de leurs idées, de leurs sentiments et de leurs opinions était particulièrement évidente: ils se tortillaient sur leurs chaises, s'interrogeaient du regard et montraient, dans l'ensemble, les signes d'un malaise prononcé.

Placés dans une situation à laquelle ils n'étaient pas préparés, ils n'avaient presque rien à dire. Ils ne croyaient pas que leur opinion (ce qu'ils apportaient de leur univers à l'école) ait son importance en matière d'éducation. Ils ne parvenaient pas à voir le rapport entre leurs idées personnelles et un échange tenu à l'intérieur de l'école. Pendant les quatre années qu'ils avaient passées à l'école, on n'avait jamais cherché à obtenir leurs opinions, leurs idées, leurs jugements; ils n'avaient donc aucune raison de croire qu'on les leur demanderait un jour. La directrice de l'école, sentant que les enfants comprenaient finalement ce dont il s'agissait, est allée dans leur classe le jour suivant pour continuer le débat. Elle dit avoir reçu des enfants une avalanche de réponses dès qu'ils eurent compris qu'elle voulait connaître leur véritable opinion sur une question ouverte qui n'admettait pas de réponse unique. Très vite et avec enthousiasme, ils donnèrent leurs opinions sur toutes les questions qu'elle abordait: les parents, les enseignants, les devoirs à la maison, les notes et la situation dans le monde.

On peut voir dans cet exemple l'autre volet de la pertinence; l'école devrait être un endroit où les enfants puissent exprimer leurs idées, fondées sur leurs observations et leurs expériences personnelles, et retirer une certaine satisfaction de savoir que l'école s'intéresse à ce qu'ils ont à dire. Pendant au moins cinq ans, ces enfants intelligents, éveillés et désireux d'apprendre n'avaient pas vraiment envisagé que l'école puisse être un lieu d'expression d'idées et d'opinions générales, particulièrement les leurs. C'était pour eux un endroit où l'on se contentait de mémoriser des faits et d'apprendre les idées admises et non controversées d'autres personnes. Ce qu'ils pouvaient apporter, eux, de leur univers n'avait guère de valeur à l'école.

Il y a donc, nous l'avons vu, deux aspects de la pertinence:

1. Trop de choses enseignées à l'école n'ont aucun rapport avec l'univers des enfants. Quand ce lien existe, trop souvent on ne le montre pas; toute sa valeur, quand elle existe, est perdue.
2. Les enfants ne pensent pas que ce qu'ils apprennent dans leur monde puisse être pertinent à l'école.

La pertinence consiste à fusionner l'univers personnel au nouvel univers découvert à l'école. Cela n'avait guère été le cas pour les élèves de mon deuxième exemple, comme, probablement d'ailleurs, pour la plupart des élèves. Je semblais même déranger un peu la classe en suggérant que leurs opinions pouvaient avoir leur importance à l'école. Ils pensaient vraiment que ce n'était pas approprié, tout comme les élèves de mon premier exemple pensaient que c'était mal de lire des bandes dessinées. Il est assez terrible que l'école ne fasse pas le lien entre ce qu'elle enseigne et ce qui fait partie de l'univers des enfants, que les enfants ne voient pas le rapport entre ce qu'ils apprennent dans la vie et ce qu'ils apprennent à l'école. Le mur qui sépare ces deux univers est rendu encore plus infranchissable par l'idée que ce que les enfants apprennent ou font dans leur univers personnel est, d'une certaine façon, incompatible avec ce qu'ils apprennent ou font à l'école.

Je dérangeais les enfants de la deuxième classe parce que je leur suggérais d'abandonner la voie tranquille, familière et facile des réponses exactes pour emprunter la voie moins connue des idées et des opinions. Le pouvoir de motivation de la pertinence avait été effectivement détruit. Confortablement à l'abri dans le monde de l'école, avec ses bonnes réponses et son travail relativement facile, ils ne voulaient pas établir de liens entre leur vie personnelle et l'école parce que cela aurait pu s'avérer moins facile. Ces enfants intelligents d'une bonne école de quartier huppé étaient bien entendu loin de présenter des problèmes comparables à ceux que connaissent les enseignants dans les écoles de quartiers défavorisés. Pourtant, ces enfants ont eux aussi leurs problèmes, même si ces derniers ne sont pas en général suffisamment sérieux pour pousser beaucoup d'enseignants à sortir de leur routine et à mettre en pratique de nouvelles idées, comme les réunions de classe, par exemple. Les éducateurs blâment souvent les parents des enfants qui réussissent mal à l'école; les parents acceptent le blâme et, dans certains cas même, traînent leurs enfants chez le psychologue; ma longue expérience personnelle me l'a appris.

La plupart de ces élèves intelligents apprennent facilement les bonnes réponses, obtiennent de bonnes notes à leurs examens et passent rapidement dans les classes supérieures. Ces mêmes élèves brillants créent cependant maintenant des problèmes dans la plupart des institutions d'enseignement supérieur en demandant, entre autres, que leur éducation soit plus en rapport avec leur vie. Un sondage, mené récemment dans une grande institution des faubourgs de la ville où je travaille, a montré que les étudiants reprochaient essentiellement à leur programme de ne pas avoir plus de liens avec leur propre vie. Près de 60% d'entre eux ont affirmé ne pas voir de rapport entre ce qu'ils faisaient en classe et ce qu'ils s'attendaient à faire plus tard dans la vie. Ils se plaignaient amèrement de ce manque de pertinence. Si la colère qui prévaut dans nos universités semble disproportionnée avec ce qui semble effectivement être le problème, c'est à mon sens non seulement parce que l'éducation supérieure n'est pas pertinente, mais aussi parce que les étudiants réalisent brusquement que toute leur éducation a souffert, depuis leurs premières années d'école, de ce manque de pertinence. La colère qui éclate régulièrement dans l'enseignement supérieur s'est accumulée au cours de ces nombreuses années de frustration. Les étudiants ont droit à une éducation pertinente. Si nous tentons de leur enseigner trop de sujets qui n'ont aucun rapport avec leur vie, ils vont immanquablement perdre tout intérêt et échouer. Nous nous trompons gravement si nous tenons pour acquis que les étudiants peuvent voir la pertinence de ce que nous leur enseignons simplement parce que nous la voyons, nous. *C'est pourquoi je suggère que l'enseignement de la pertinence fasse elle-même partie de l'éducation.*

La pertinence de certaines matières est évidente. Pour les jeunes enfants, il est extrêmement important d'apprendre à lire et à compter. Ils se révoltent pourtant vite contre la lecture et les mathématiques, qu'ils ne peuvent pas, d'une façon ou d'une autre, relier à leur propre vie. Si nous ne faisons rien d'autre, nous devrions au moins leur expliquer que ce qu'on leur enseigne fait partie d'un savoir général jugé utile; s'ils n'en perçoivent pas l'importance sur le moment, ils doivent nous faire confiance et accepter que ces matières soient importantes pour leur éducation générale. Nous devrions également nous montrer honnêtes envers les élèves et leur dire que certains sujets sont enseignés uniquement pour faire l'objet d'examens ou qu'ils sont obligatoires pour accéder aux études supérieures. Lorsque certains sujets sont au programme pour des raisons que nous, enseignants, ne comprenons pas nous-mêmes, nous devrions le faire savoir aux étudiants et leur dire que nous sommes nous-mêmes obligés de les enseigner. Si nous devons continuer à enseigner des choses non pertinentes, cette explication suffira. La franchise est un excellent moyen de motiver les élèves si le professeur entretient de bonnes relations avec sa classe, si la classe s'efforce de comprendre et se montre sensible, si l'on peut introduire de la matière pertinente par des réunions et des échanges en classe. La franchise ne fonctionnera pas cependant éternellement; elle ne suffira pas non plus si le programme est surchargé de sujets non pertinents. Il nous faut absolument réformer les programmes, sinon nous allons tôt ou tard perdre nos élèves. Ils vont refuser d'apprendre ce qui n'a aucun sens pour eux; si d'ailleurs ils l'apprenaient, ce serait une perte de temps.

Lors d'une rencontre récente avec des élèves d'une douzaine d'années, je leur ai demandé ce qu'ils étudiaient en mathématiques. Je voulais évaluer la pertinence de l'enseignement et voir, en outre, s'ils apprenaient ce que le professeur tentait de leur enseigner. Quand ils m'ont répondu qu'ils apprenaient les chiffres romains, je leur ai demandé à quoi cela servait. Après une longue discussion, nous n'avons rien pu trouver d'autre que la numérotation des chapitres de certains livres. Ils pensaient tout de même qu'il fallait apprendre ce que leur professeur leur enseignait; c'était un excellent professeur auquel ils étaient très attachés. Dans une tentative désespérée pour essayer d'amener les enfants à réfléchir à la pertinence de ce qu'ils apprenaient, je leur ai demandé: «Se sert-on des chiffres romains à Rome?» Ravie, la classe décida que, si les chiffres romains étaient en usage à Rome, ce pourrait être effectivement une bonne idée de les apprendre; ils seraient ainsi prêts si jamais ils devaient aller à Rome. Cette idée, excellente en apparence, ne résista pas longtemps, car l'un des enfants était effectivement allé à Rome l'été précédent. Il dit à la classe que, pendant son séjour à Rome, il n'avait pas vu un seul chiffre romain. La classe fut fort ennuyée de cette information inattendue, même si les professeurs, eux, trouvaient cela très drôle. Je n'entends pas, par cette anecdote, mettre en cause le professeur. Ce n'est pas de sa faute si le programme n'est pas pertinent; il doit enseigner la matière, qu'il le veuille ou non.

Bien qu'apprendre les chiffres romains puisse présenter une certaine utilité, il n'y a aucune raison d'évaluer et de noter les élèves sur ce genre de connaissances. En nous servant des notes pour forcer les élèves à apprendre des choses qui ne sont pas pertinentes, nous n'obtenons des résultats qu'avec ceux qui généralement réussissent. C'est exactement l'inverse qui se produit avec ceux qui échouent. Nous devrions tenter de combler le fossé considérable qui existe entre les matières enseignées à l'école et le monde extérieur. Les enfants sont stimulés par ce qu'ils entendent à la radio ou voient au cinéma, à la télévision et même, à l'occasion, dans les journaux et les magazines. Les gens qui écrivent ces articles n'auraient aucun succès si ces derniers n'étaient pas pertinents. L'école devrait se servir des médias et les intégrer au programme scolaire. On devrait utiliser les magazines, les journaux, le cinéma et les émissions de radio et de télévision comme aide pédagogique et non les condamner ou les ignorer parce qu'on les considère comme contraires à l'éducation.

La plupart des choses enseignées en classe sont vides d'émotion. Or, l'émotion aide l'enfant à voir la pertinence de ce qu'il apprend. Le matériel scolaire n'affiche aucun respect pour la culture des enfants, particulièrement pour son riche contenu émotif. Une grande partie de ce matériel n'est pas réaliste; il est dépourvu d'émotion et ennuyeux. À moins de changer ce matériel, l'échec scolaire ne fera qu'augmenter; les enfants semblent incapables d'apprendre sans liens émotifs qui leur permettent d'établir des rapports avec ce qu'ils apprennent. Non seulement l'émotion est importante dans la vie des enfants, mais elle est aussi nécessaire dans le matériel scolaire et doit avoir sa place dans la classe. Rire, crier, répondre en chœur et même pleurer font partie de tout bon apprentissage; on devrait entendre toutes ces manifestations d'émotion dans la classe. Une classe parfaitement silencieuse, disciplinée, est rarement en train d'apprendre; la tranquillité et l'ordre en tant que vertus absolues n'ont pas leur place en éducation. Poussées au point jusqu'où je les ai vues appliquer, elles font plus de mal que de bien en élargissant encore plus le fossé qui sépare l'école de la vie.

# Chapitre 6

# *Les faits et la mémoire dans l'éducation*

Plusieurs pratiques spécifiques qui font partie intégrante de notre système éducatif, fondé sur la mémoire et manquant souvent de pertinence, sont responsables de la médiocrité de l'éducation. J'ai déjà parlé, aux chapitres 4 et 5, des erreurs générales que sont la mémorisation à outrance et le manque de pertinence des matières enseignées. Dans ce chapitre, je décrirai certaines pratiques spécifiques qui nuisent à la réussite des élèves et augmentent le nombre d'échecs.

Les notes sont probablement l'élément qui cause le plus d'échecs scolaires. S'il est une chose sacrée en éducation, une chose que tous les pays du monde vénèrent et considèrent comme utile et nécessaire, ce sont bien les notes. Comme il s'agit d'une tradition consacrée par le temps, quiconque ose élever la voix contre elle se retrouvera vite au cœur d'une véritable bataille; les inconvénients présentés par les notes sont cependant si évidents que beaucoup de gens influents ont effectivement *osé* élever la voix contre elles. Certaines grandes universités sont en train d'abandonner le système traditionnel d'évaluation pour un autre qui n'admet que deux possibilités: la réussite ou bien l'échec.

À l'école primaire, les notes dressent le cadre de l'échec précoce. Les élèves qui finissent le cours primaire avec un échec (que l'on peut, dans bien des cas, rattacher directement aux notes) ne réussiront souvent jamais plus tard à l'école.

Les notes avaient été conçues, au départ, comme une mesure objective (le fameux principe d'évaluation dont j'ai déjà parlé) des progrès de l'enfant. Un enfant qui rapportait à la maison une bonne note en lecture pouvait être assuré (et ses parents aussi) de savoir bien lire, c'est du moins ce qu'en pensait son enseignant. Un enfant qui, au contraire, rentrait à la maison avec une mauvaise note en lecture pouvait être assuré (et ses parents aussi) de savoir très peu lire, ou même pas du tout. Entre ces deux extrêmes existe une gamme de notes qui permet à l'enseignant d'évaluer la capacité de lecture d'un élève par rapport à celle d'un excellent lecteur ou celle de quelqu'un qui ne sait pas lire. Pour la plupart des enseignants, il s'agit là d'un exercice difficile à faire avec précision. Les élèves, quant à eux, sont souvent consternés d'obtenir une note qui ne justifie pas à leurs yeux leurs capacités de lecture. Les notes sont censées inciter l'enfant à travailler plus fort et à apprendre davantage et servent aussi à montrer à ses parents qu'il travaille et réussit. L'enfant qui obtient de bonnes notes continue de travailler pour les maintenir, toute note inférieure signifierait qu'il néglige son travail. L'enfant qui obtient de mauvaises notes travaille pour apprendre davantage et ne plus échouer. Si les notes motivaient vraiment les élèves aux deux extrémités de l'échelle, on aurait peu de chose à leur reprocher; ce n'est cependant pas le cas à l'heure actuelle, et cela ne risque pas non plus de se produire dans un avenir prévisible.

Aujourd'hui, les notes représentent le fin du fin de l'éducation. Les seules notes acceptables sont les bonnes, et ces bonnes notes servent à séparer ceux qui réussissent de ceux qui échouent. Les notes sont tellement importantes qu'elles ont pris la place de l'éducation elle-même. Demandez à votre enfant quelle est la chose la plus importante à l'école, et il vous répondra: «Les notes.» Si vous le pressez davantage, il vous dira: «Pouvoir aller à l'université.» Il va vous falloir le pousser pas mal pour qu'il vous réponde qu'il va à l'école pour apprendre, et encore, il dira cela uniquement parce qu'il sait qu'il s'agit de la bonne réponse à donner!

Les notes sont devenues l'équivalent d'un jugement moral. Une bonne note équivaut à un comportement adéquat et une mauvaise note, à un mauvais comportement; cette équivalence est malheureusement très fortement ancrée. Poussant encore plus loin le processus d'abstraction, nous avons fait des notes des équivalents du bien et du mal, sans aucune relation avec le comportement véritable. Les notes ont ainsi remplacé l'apprentissage et sont devenues le symbole même du savoir. Le relevé de notes de l'élève est plus important que son éducation. Les universités qui recrutent leurs étudiants essentiellement en fonction de leurs notes sont les principales coupables de ce complot non concerté. Quand on leur en fait le reproche, elles répondent qu'il s'agit du meilleur critère dont elles disposent pour sélectionner les candidats; comme elles veulent des étudiants qui réussissent, elles choisissent ceux qui ont les meilleures notes. Cette façon de procéder est bien entendu une façon de prêcher pour son église, puisque, dans bien des cas, ce sont elles qui ont donné le ton de cette éducation axée sur les faits. Il est naturel pour elles d'accepter dans leurs programmes les étudiants les plus aptes à mémoriser des faits.

Les notes symbolisent l'argent en éducation. À tous les niveaux, les meilleures notes sont celles qui valent le plus en matière de distinctions honorifiques et de droit d'entrée dans les meilleures écoles. Comme elles servent d'abord et avant tout à évaluer la capacité de l'étudiant de retenir certains faits déterminés, plutôt que sa capacité à réfléchir, elles ne parviennent généralement pas à identifier les personnes qui vont réussir le mieux dans la vie. Voici ce qu'écrivait dernièrement un journaliste pour montrer que l'obsession des bonnes notes peut représenter un véritable fléau dans le système éducatif:

Une équipe de professeurs d'université a mené une enquête sur les médecins; les résultats ont été transmis aux facultés de médecine. Leur principale conclusion? «Il n'y a pratiquement aucun rapport entre les notes obtenues par un étudiant durant ses études de médecine et sa compétence ou sa réussite dans sa pratique de la médecine.»

Le responsable de l'équipe de recherche a fait part de sa stupéfaction devant un tel résultat. Il a parlé d'«un résultat choquant pour un professeur comme moi, dont toute la vie professionnelle a été consacrée à sélectionner des candidats à l'admission en médecine.» Il ajoutait que cela l'amenait à remettre en question le pouvoir des notes, non seulement comme critère de sélection pour l'admission en médecine, mais aussi comme moyen d'évaluer les progrès d'un étudiant.

Un autre responsable d'une équipe de recherche, parvenu lui aussi à des résultats sensiblement identiques, s'est montré tout aussi étonné. Son équipe avait étudié un groupe de 342 finissants de l'école secondaire qui avaient mérité des bourses d'entrée dans l'une des universités les plus prestigieuses du pays. Il s'agissait de voir comment ces 342 étudiants avaient réussi dans la vie, quinze ans après la fin de leurs études.

Le résultat fit l'effet d'une bombe: les élèves qui avaient terminé l'école secondaire parmi les premiers de leur classe, qui avaient reçu des bourses d'excellence et mérité toutes sortes de distinctions à l'université, avaient plus de chances de se retrouver parmi les moins performants de leur profession que parmi ses vedettes!

Là encore, les bonnes notes n'étaient pas synonymes de bonne performance, sauf à l'école.

Peut-être est-ce dû au fait que, dans le système éducatif actuel, particulièrement dans l'enseignement supérieur, l'étudiant est placé devant deux choix: ou bien il se concentre sur ses notes et renonce à réfléchir, ou bien, au contraire, il se concentre sur la réflexion et oublie ses notes. S'il néglige totalement ses notes, il n'entrera malheureusement jamais dans les établissements où l'on enseigne les matières vraiment importantes; en revanche, s'il concentre tous ses efforts sur ses notes, il peut fort bien obtenir son diplôme sans trop savoir comment mettre en pratique les connaissances qu'il est censé avoir acquises.

Une autre grande faiblesse du système d'évaluation actuel, c'est son caractère biaisé. Personne ne croit en effet à la définition formelle de ce qu'est une note satisfaisante. Le système dit que la moyenne représente une note satisfaisante ou la note de passage; l'étudiant qui la reçoit a au moins, à défaut d'excellence, démontré sa compétence. Aucun des parents qui lisent ce livre (et fort peu d'enfants) ne croit vraiment que la moyenne représente une note satisfaisante ou la note de passage. Quand les enseignants et les directeurs d'école défendent la moyenne devant moi, il me suffit de leur demander: «Seriez-vous satisfait si votre enfant ne vous ramenait jamais à la maison que la moyenne? Considéreriez-vous qu'il travaille de façon satisfaisante, que son travail mérite la note de passage?» J'attends toujours de rencontrer une seule personne qui affirme être satisfaite de voir son enfant revenir à la maison avec seulement la moyenne. Il existe certes des parents d'enfants en difficulté qui seraient ravis de voir leur enfant revenir avec la moyenne, mais ils ne le resteraient pas longtemps. Ils ne se satisferaient de la moyenne que par rapport à ses notes précédentes. Une fois que l'enfant aurait commencé à obtenir la moyenne, les parents exigeraient de lui de meilleures notes.

Pour avoir discuté des notes avec de nombreux enfants ces dernières années, je sais qu'ils considèrent que, dans notre système d'évaluation, la frontière entre la réussite et l'échec passe bien au-dessus de la moyenne; un enfant qui obtient juste la moyenne est un raté à l'école, les seules véritables notes de passage se situant bien plus haut. Notre système d'évaluation plante ainsi le décor pour l'échec, la frustration et le manque de motivation. On ne peut changer tout cela qu'en mettant en place un système d'évaluation différent qui élimine les notes. Si nous recalions ceux qui obtiennent la moyenne ou moins que la moyenne, nous condamnerions le système, qui serait vite abandonné. Nous ne le faisons pourtant pas; nous nous contentons de mettre les élèves dans une situation où, interprétant correctement notre attitude, ils se considèrent comme des ratés. Après nous être débarrassés de ce système de notes biaisé, il nous faudra ensuite déterminer des niveaux de réussite réalistes; les élèves qui les atteindront considéreront avoir réussi, et la société sera d'accord avec eux. Le chapitre 8 montrera comment y parvenir dans un système éducatif fondé sur la réflexion et sur la pertinence.

Dans notre système actuel, les élèves qui ont des dispositions exceptionnelles pour le sport, la musique ou le théâtre peuvent tout de même réussir à l'école grâce à ces activités, même s'ils n'obtiennent que la moyenne ou moins que la moyenne dans les matières scolaires. Les autres qui obtiennent juste la moyenne ou moins trouvent l'école frustrante et peu gratifiante. Les enfants qui ont du talent ont en général assez peu de chances de l'exprimer, à moins d'avoir de bonnes notes. Ils ne peuvent s'inscrire à certaines activités, comme le sport ou le théâtre, que s'ils obtiennent la moyenne ou plus. Comme je suis persuadé que la réussite dans les matières scolaires passe par une forme quelconque de réussite à l'école, je crois que les activités hors programme et les bienfaits qu'elles présentent devraient être ouvertes à tous. Réussir dans les activités hors programme n'assure peut-être pas de réussir dans les matières scolaires, mais cela peut du moins y contribuer.

Une autre conséquence des notes est qu'elles handicapent et pénalisent pour la vie. Dans un monde qui juge parfois les gens sur leur dossier plutôt que sur leur personnalité, un élève qui a des notes faibles a peu de chances de parvenir à l'enseignement supérieur. Nous incitons les gens à se dépasser, à ne jamais renoncer; avec les notes, nous n'appliquons guère ce que nous prêchons. Les élèves qui obtiennent des notes faibles s'inscrivent rarement aux cours les plus stimulants. Ils savent que, même si leur motivation est plus grande, leur passé va perpétuellement restreindre leurs possibilités. Si nous comprenons que les gens peuvent changer, qu'ils atteignent la maturité à des rythmes différents, que des problèmes personnels ponctuels peuvent les faire échouer sans que l'on puisse attribuer cet échec à leur incapacité d'apprendre ou de réfléchir, les notes, elles, demeurent et sont ineffaçables. J'ai personnellement conseillé à des étudiants, qui avaient mal commencé leurs études universitaires et qui se pensaient sans avenir, de changer d'université, de tout recommencer et de ne jamais parler de leur expérience universitaire précédente. Certaines personnes pourraient penser que cacher son passé (ou le conseiller, comme je l'ai fait) est moralement condamnable; pour moi, c'est la meilleure solution qui existe pour un étudiant décidé à travailler, qui se condamnerait à un avenir médiocre en dévoilant la vérité. Les gens devraient avoir droit à une deuxième, troisième, quatrième et même cinquième chance; il n'y a en effet aucun mal, pour eux comme pour la société, à se donner d'autres chances. Le bénéfice est grand de vouloir se sortir de ses erreurs antérieures. Tant que nous qualifierons certaines personnes de ratés, à un moment ou à un autre de leur vie, et qu'au moyen des notes, nous les condamnerons éternellement pour leur échec, nous perpétuerons la peine, la frustration et la délinquance.

Les notes sont également déconseillées parce qu'elles incitent à tricher. Quand les notes deviennent la seule monnaie d'échange en éducation, ceux qui sont avides de richesses trichent. Les notes obtenues en trichant (bien des notes le sont, c'est de notoriété publique) n'évaluent qu'une seule chose: la capacité de tromper. Pour citer un autre extrait de l'article déjà mentionné:

> Au moins 55 % des étudiants trichent pour obtenir de meilleures notes.
> Je n'avance pas ce chiffre à la légère. C'est le résultat d'une enquête de deux ans financée par le ministère de l'Éducation et portant sur 99 universités.
> Le responsable de l'enquête a interrogé environ 6 000 étudiants et 600 doyens de facultés. La fraude était

répandue dans chacune des 99 universités; elle était trois fois plus importante que ne le pensaient les doyens et deux fois plus importante que ne le pensaient les étudiants eux-mêmes.

Les notes ont, paraît-il, pour objectif de hausser la performance des étudiants; en fait, tout porte à croire que c'est plutôt le contraire qui arrive. Quand les notes tiennent lieu d'apprentissage et deviennent plus importantes que la matière étudiée, elles tendent plutôt à faire baisser le niveau. Aussi longtemps que les notes auront une telle importance, peu d'étudiants prendront la peine d'apprendre une matière qui ne sera pas sanctionnée par un examen et ne conduise donc pas obligatoirement à l'obtention d'une note. À l'école, les enfants apprennent très tôt à demander sur quoi portera l'examen et, comme ce dernier ne peut couvrir toute la matière, ils n'étudieront que la portion concernée. Beaucoup d'enseignants remarquent que, lorsqu'ils sortent un peu de leur sujet, les mains se lèvent pour demander si l'examen portera sur cette partie. Si la réponse est négative, les élèves peuvent fort bien ne plus écouter, ne voulant pas s'encombrer l'esprit de choses qui ne mèneront pas directement à l'obtention d'une note. *L'argument contraire, selon lequel sans les notes ils n'écouteraient pas du tout, représente l'aveu même que nous nous servons des notes pour forcer les élèves à ingurgiter un savoir qui n'a aucune pertinence.* Examen ou pas, les élèves écoutent quand la matière est pertinente. Dans bien des cours actuellement, la seule chose pertinente qui soit survient quand l'enseignant se laisse un peu aller et parle de ce qu'il croit être intéressant pour ses élèves, même si cela ne fait pas vraiment partie de la matière et ne fera jamais l'objet d'un examen. Là où les notes revêtent une importance capitale, les élèves ont tendance à vouloir emmagasiner le plus de choses possible sur la petite portion de matière sur laquelle portera l'examen, ce qui réduit d'autant leur formation.

Un exemple particulièrement frappant de l'effet restrictif des notes sur l'éducation m'a été fourni à l'occasion d'une réunion de classe avec des élèves d'une école primaire. La rencontre avait lieu en soirée devant un important groupe de parents d'une école située dans un quartier de classe moyenne aux aspirations de carrière élevées. Une activité courante de l'enseignement que je dispense aux directeurs d'écoles primaires consiste à aller régulièrement rendre visite à leur école, à la fois pour démontrer la technique de la réunion de classe et pour tenter de vaincre la résistance des parents à l'élimination des notes. J'entame généralement la discussion par ces mots: «Des éducateurs haut placés dans le système scolaire pensent que l'école serait meilleure et que les enfants apprendraient mieux si l'on supprimait toutes les notes et que l'on se bornait à formuler des commentaires constructifs sur les travaux et les examens.» La plupart des classes (celle-ci ne fit pas exception à la règle) commencent par protester vigoureusement contre cette suggestion. Les gens disent que les notes sont indispensables pour faire connaître aux élèves leur cheminement au sein de la classe, que les parents les exigent et que, sans les notes, les élèves ne travailleraient plus, si bien que personne n'apprendrait plus rien. Dans cette classe de trente-cinq élèves, presque tous avaient quelque chose à dire sur la question. Pendant la première partie de l'échange, toutes les interventions se résumèrent à des variantes de ce type de justification sur le bien-fondé des notes.

Je n'arrêtais pas de poser des questions comme: «Sans les notes, vous n'auriez donc aucun moyen de savoir comment cela fonctionne à l'école?» Si certains élèves disaient pouvoir effectivement le savoir sans les notes, ils ajoutaient qu'en tous les cas, les notes rendaient la chose plus certaine. La plupart restaient fermes dans leur opinion: s'en remettre à chaque élève pour évaluer son propre travail était absurde tant qu'on avait quelque chose d'aussi tangible que les notes.

Lors d'échanges précédents sur le même sujet dans d'autres écoles, un ou deux élèves s'étaient montrés intrigués presque dès le début par l'idée qui se cachait derrière ma déclaration initiale. Timidement au début, puis avec plus d'assurance à mesure que d'autres élèves se joignaient à eux, ils développaient l'idée que, sans les notes, les élèves seraient bien plus responsables de leur travail et que ce serait bon d'apprendre pour son bénéfice personnel et pas seulement pour les notes. Dans l'école dont je parle ici cependant, un seul élève souleva ce point; comme personne ne prit la peine de le relever, il s'avéra clair pour moi que, dans cette école, les notes étaient un élément solidement ancré.

Comme lors des discussions précédentes, j'ai posé la question suivante: «À votre avis, qu'avaient donc en tête les éducateurs dont je parle quand ils affirmaient que l'élimination des notes allait mener à de meilleures écoles?» J'ai ajouté aussitôt: «Seriez-vous prêts à tenter l'expérience?» Les classes précédentes avaient bien vu le bien-fondé de cette idée et avaient à grand bruit demandé d'en faire l'expérience, volte-face complète par rapport à leur position initiale, où elles défendaient les notes. Dans cette école-ci pourtant, mes questions ne les faisaient pas changer d'avis. Sans lâcher prise, ils défendaient les notes et le désir de leurs parents de continuer à en obtenir. Plus de la moitié des élèves de la classe disaient refuser de participer à l'expérience si on leur en donnait la possibilité. Quand j'ai demandé combien d'entre eux iraient jusqu'à changer d'école pour éviter d'y participer, environ la moitié ont levé la main. Seuls deux enfants, ayant admis n'être au mieux que des élèves moyens, se montraient désireux d'essayer une nouvelle approche sans notes.

Le comble, ce fut quand j'ai demandé: «Puisque vous pensez que les notes sont tellement utiles et tellement importantes, aimeriez-vous que votre enseignant vous note pour vos interventions de ce soir?» La réponse de la classe fut immédiate et sonore. Toutes les mains se levèrent, y compris celles de deux filles qui n'avaient rien dit de la soirée. La salle grognait et trépignait; dès que j'ai pu leur donner la parole, ils se sont mis à protester. Un garçon, qui s'était montré un défenseur acharné des notes, déclara que, si l'on avait dû noter la discussion, il ne serait tout simplement pas venu. L'un après l'autre, les enfants qui auparavant s'étaient exprimés ouvertement et de façon réfléchie disaient que, si l'échange avait été noté, ils n'auraient pas parlé aussi librement. L'un d'eux déclara même, avec l'assentiment manifeste de la classe, qu'avec des notes, il est impossible d'avoir une discussion libre. Une fille dit que bien qu'elle ait à peine parlé, si les discussions avaient été notées, elle ne serait pas intervenue du tout. «J'ai découvert que, dans un échange, le plus sûr, c'est de ne jamais rien dire», ajouta-t-elle. Les deux filles qui n'avaient rien dit arboraient un air approbateur et même suffisant. Tous furent d'accord pour dire que l'échange avait été une expérience formidable, agréable et ouverte, et qu'avec des notes, de telles discussions n'auraient tout simplement jamais lieu.

Après cette spectaculaire démonstration sur l'effet des notes, il n'y avait pas grand-chose à ajouter. Tout avait été si clairement dit que, dans le peu de temps qui restait, les commentaires du public portèrent sur la façon dont on pourrait obtenir des autorités scolaires la permission de se débarrasser des notes. Pas une voix ne s'éleva pour prendre la défense des notes à l'école primaire.

Beaucoup de gens seraient d'accord pour qu'on supprime les notes à l'école primaire, et même à l'école secondaire, mais n'accepteraient pas qu'on les élimine dans l'enseignement supérieur, plus particulièrement dans les écoles de formation professionnelle; ils croient en effet que les notes garantissent la compétence de l'étudiant. Face à cet argument, je donnerai l'exemple d'une faculté de médecine bien connue qui n'a plus recours aux notes depuis une bonne quarantaine d'années; les responsables se sont rendu compte que les étudiants se souciaient tellement de leurs notes qu'ils ne parvenaient même plus à apprendre. Lorsqu'ils ont supprimé complètement les notes et décidé de faire passer tout le monde sauf ceux qui vraiment ne faisaient aucun effort, ils ont découvert que les étudiants travaillaient plus et apprenaient davantage. Dans la plupart des facultés de médecine, la menace de l'échec plane lourdement sur les étudiants durant la première et la deuxième année, ce qui leur cause une anxiété considérable et diminue leur capacité de questionnement et de réflexion sur les véritables problèmes de la médecine. Débarrassés de ce souci, les étudiants de la faculté dont je parle se montrèrent capables d'élargir leur horizon intellectuel, et les professeurs purent augmenter leurs exigences en conséquence. Résultat: dans les concours tenus à l'échelle nationale, ils réussissent particulièrement bien. Ils se souviennent avec plaisir de leurs années d'études, ce qui contraste fortement avec la majorité des médecins en exercice.

Le dernier argument contre les notes, c'est que la plupart des enseignants détestent en donner. Ils croient qu'elles nuisent à l'éducation parce qu'elles grugent le temps d'enseignement proprement dit, qu'elles sont généralement injustes et qu'elles perturbent le rapport chaleureux et humain que les enseignants peuvent, et même doivent, entretenir avec leurs élèves. Ils continuent à en donner parce qu'ils sont tenus de le faire, mais ils n'y mettent guère d'enthousiasme. Prenant vite conscience de ce manque de conviction de la part des enseignants, les élèves se montrent bientôt fort habiles pour les manipuler psychologiquement et obtenir des notes qu'ils n'ont pas méritées.

Les enseignants, les directeurs d'école et les élèves eux-mêmes ne parviennent pas à défendre rationnellement le système d'évaluation en vigueur actuellement. La plupart de ses défenseurs sont de vieux diplômés qui réussissaient à l'école et réussissent maintenant dans la vie, mais qui ne comprennent toujours pas que leur succès s'est plutôt construit en dépit des notes que grâce à elles. Au chapitre 8, je proposerai une solution de rechange au système de notes.

La deuxième pratique qui contribue à la médiocrité de l'éducation, ce sont les tests objectifs. Parfaitement en accord avec les principes de certitude et d'évaluation, les tests objectifs représentent le cœur d'une éducation axée sur les faits. Sauf dans certains cas très rares, les tests objectifs consistent à mémoriser des faits et à les recracher correctement, processus qui exclut la réflexion en mettant exclusivement l'accent sur la réponse. Lorsqu'on exige des élèves qu'ils donnent les bonnes réponses, on ne les encourage guère à penser par eux-mêmes. On perçoit souvent l'école comme un lieu plein de bonnes réponses à des questions de faits relativement simples. Nous devrions changer cette image en améliorant les questions pour qu'elles exigent des réponses qui fassent appel à la réflexion.

Beaucoup d'enseignants seront d'accord avec cela, pour certaines matières seulement; pour les mathématiques, par exemple, ils insisteront sur la nécessité d'exiger des réponses exactes et, donc, sur l'utilité des tests objectifs. Ceux qui enseignent les mathématiques sont tellement obnubilés par les réponses exactes qu'ils ne voient pas qu'on peut très bien enseigner les mathématiques comme une matière à réflexion. Il est possible d'évaluer les élèves sur des problèmes comme: «À combien d'opérations mathématiques un menuisier a-t-il recours pour construire une bibliothèque avec quatre planches de 2,5 m chacune? Faites vous-même ces opérations en concevant une bibliothèque à vos propres dimensions et montrez comment vous vous serviriez des mathématiques pour vous aider dans ce travail.» L'orthographe est une autre matière que citent les tenants des tests objectifs. La capacité d'épeler correctement des listes de mots ne se traduit cependant pas nécessairement par une bonne orthographe dans une rédaction. On devrait toujours apprendre à épeler pour écrire: c'est la seule façon pour l'élève de se souvenir des mots qu'il a appris.

Les tests objectifs, qui, par définition, évaluent seulement des choses connues, découragent les efforts tentés pour augmenter la part de la réflexion à l'école. Tout l'accent est mis sur les bonnes réponses plutôt que sur la réflexion sur des problèmes importants pour lesquels il n'existe pas de réponse exacte. L'école ne stimulera pas la réflexion poussée au-delà de la résolution de problèmes élémentaires tant que nous nous en remettrons aux tests objectifs; ils encouragent les élèves à réfléchir pour trouver la bonne réponse, chose en principe connue, plutôt que de réfléchir sur l'inconnu ou l'incertain. Il est tout à fait contraire à l'éducation, et même à l'humanité, de ne jamais rien risquer, de ne jamais élargir ses horizons, de ne jamais explorer l'inconnu.

Les tests objectifs découragent la recherche et la lecture approfondie; ils poussent à ne se soucier que des faits. Sous leur emprise, les élèves apprennent à lire leurs livres en mémorisant les mots en italiques, comme si l'auteur n'avait écrit les autres mots que pour le plaisir de gaspiller du papier. Je détesterais, quant à moi, écrire un livre, en peinant sur chaque idée comme je l'ai fait à plusieurs reprises, pour apprendre qu'il sert de base à un test objectif dans lequel seuls les faits font l'objet de questions, alors que le cœur du livre (les idées, les opinions et la préoccupation générale) a été purement et simplement éliminé.

Beaucoup de tests objectifs n'exigent guère plus de l'élève que la simple mémorisation du jargon propre au sujet traité, ce qui met l'accent sur les mots plutôt que sur les idées qui se cachent derrière. Si tous les champs du savoir ont besoin de certains mots spécifiques, on devrait pouvoir faire l'économie de bien des termes de jargon. Les enseignants devraient encourager les élèves à dénoncer et à éliminer ce jargon, plutôt que de lui accorder la place prédominante qu'il occupe actuellement dans bien des disciplines de l'enseignement supérieur. Le jargon s'avère particulièrement nuisible et porteur de confusion dans les sciences sociales, surtout dans ma discipline, la psychologie et la psychiatrie. Les tests objectifs écrits dans un jargon quelconque et demandant encore plus de jargon dans les réponses perpétuent cette pratique nuisible. Des examens sous forme de dissertation dans lesquels on sanctionnerait le recours à ce jargon en feraient vite disparaître l'usage.

La troisième pratique nuisible dans l'éducation est la courbe statistique normale. Les statisticiens qui l'ont découverte et les psychologues qui l'appliquent ont évidemment pensé qu'ils avaient entre leurs mains la trouvaille du siècle en matière d'évaluation. Ils ont découvert que, *dans certaines conditions bien particulières*, une bonne part de l'activité humaine suivait approximativement cette courbe. L'effort humain pouvait être statistiquement évalué de la même façon qu'un lancer de dés. Il se trouvait certes parmi nous quelques as et quelques zéros, mais la plupart d'entre nous étaient des six, des sept et des huit. Si l'on avait cherché un moyen d'évaluation susceptible de réduire la motivation dans le domaine de l'éducation, on n'aurait pu trouver mieux que cette courbe normale. Grâce à elle, les enseignants peuvent se contenter d'une évaluation superficielle de leurs élèves. Ils peuvent se borner à montrer l'endroit où se situe l'élève par rapport à la courbe normale et affirmer que tel ou tel n'a aucune raison de se plaindre puisque sa note est statistiquement correcte. On s'est fondé sur la courbe statistique normale pour justifier l'exactitude et l'objectivité du système d'évaluation, alors qu'en réalité, elle met au contraire en évidence sa déficience. Il n'y a rien à faire contre la courbe statistique, particulièrement quand on l'applique dans des circonstances où elle serait normalement inapplicable statistiquement parlant, chose qui se produit couramment dans le domaine de l'éducation. Un bon enseignant, par exemple, réussit à inciter ses élèves à apprendre; il donne un examen raisonnablement difficile (que tous les élèves réussissent à des degrés divers), et voilà qu'en appliquant la courbe statistique normale, il en vient à donner des notes faibles à certains élèves qui ont pourtant bien réussi. Il n'est pas nécessaire que ce traitement injuste se reproduise très souvent pour qu'il tue le désir d'apprendre de ces élèves. Si les notes se répartissent de façon tout à fait anormale (un enseignement adéquat devrait en fait donner une répartition statistique des notes en forme de voûte), en se fondant sur les pourcentages de la courbe normale, il donne le nombre habituel de notes excellentes, de bonnes notes, de notes moyennes, etc.

Son enseignement adéquat et les effets heureux qu'il a eus sur ses élèves, en se combinant à sa mauvaise connaissance des statistiques, finissent par donner un piètre résultat. Les élèves qui ont plutôt bien réussi et qui obtiennent tout de même une note médiocre ou basse ont désormais le choix entre deux réactions, aussi insatisfaisantes l'une que l'autre: ou bien étudier davantage que ne l'exige le cours ou bien abandonner.

La courbe statistique normale a pour résultat une pratique limitée, mais assez importante tout de même, de la tricherie dans les universités, où la compétition exerce une pression intolérable: les étudiants se soufflent des mauvaises réponses dans l'espoir que celles-ci feront descendre les autres plus bas sur la fameuse courbe et ainsi remonter ceux qui les ont données. Cette pratique déplorable ne pourrait exister hors de l'univers étriqué de la courbe statistique normale. Lorsqu'on aura supprimé le système d'évaluation actuel, la courbe statistique normale disparaîtra automatiquement avec lui.

La quatrième pratique erronée qui sévit en éducation est l'examen sans l'aide de livres; elle se fonde sur *l'idée fausse qu'un savoir dont on se souvient est supérieur à un savoir recherché dans un livre*. La plupart des examens mettent en jeu la mémoire; on ne permet pas le recours aux livres. Je n'aimerais guère, quant à moi, passer sur un pont, travailler dans un immeuble ou prendre un avion dont les constructeurs ne se fieraient qu'à leur mémoire. Les ingénieurs se servent de manuels et de tables pour retrouver des détails importants dont il est difficile de se souvenir. Durant mes études de médecine, j'ai vu des chirurgiens d'expérience demander qu'on leur apporte un manuel de chirurgie en salle d'opération, quand ils faisaient face à une situation qui ne leur était pas familière. J'ai vu cependant d'autres chirurgiens, produits sans doute d'examens sans livres, continuer d'opérer sans avoir clairement identifié ce à quoi ils faisaient face, parfois pour le plus grand malheur de leur patient. La vie nous dit constamment de vérifier, de ne pas nous fier à notre mémoire. L'école nous dit de vérifier, mais de nous fier à notre mémoire chaque fois que c'est vraiment important, ce qui prépare les enfants à un monde qui n'existe pas.

Une bonne façon d'évaluer les examens consiste à vérifier s'ils permettent de mettre en application les divers outils utilisés en éducation. Les examens à livre fermé ne passent pas le test. Confrontés à un problème dans la vie, nous rassemblons tous les faits que nous pouvons trouver; nous ne nous fions pas à nos souvenirs, à moins de devoir le faire. Les examens ne sont pas censés nous préparer à cette situation rarissime. Les examens à livre ouvert apprennent aux enfants à se servir d'ouvrages de référence rapidement et efficacement, à réfléchir à ce qu'ils contiennent et à se servir des faits pour résoudre des problèmes, élaborer des concepts et explorer des situations. Les examens à livre fermé contredisent tous ces objectifs.

Les devoirs à la maison, excessifs, fastidieux et souvent dépourvus de pertinence, contribuent aussi à l'échec scolaire. Si toutes les mauvaises pratiques éducatives décrites précédemment dans ce chapitre sont en usage depuis de nombreuses décennies, les devoirs à la maison en quantité excessive représentent un phénomène qui s'est développé au cours des cinquante dernières années. Dans les villes et les banlieues, des enseignants se plaignent amèrement à moi que, dans l'esprit de la plupart des parents, un bon enseignant donne beaucoup de devoirs à faire à la maison; les parents sont persuadés que l'apprentissage dépend directement de la quantité de devoirs à faire à la maison. Ils en exigent dès l'école primaire, alors qu'à cet âge, les enfants ne peuvent en comprendre les raisons ou l'importance. En essayant de travailler seuls à la maison, les jeunes enfants refont souvent la même erreur, apprenant et retenant des idées erronées qu'il sera difficile de leur ôter de la tête. Les élèves de l'école primaire doivent affronter la désapprobation de leurs parents quand ils ne font pas leurs devoirs. Même quand les enfants tentent effectivement de faire leurs devoirs, les parents interviennent, prenant souvent le devoir complètement en charge, pour essayer de convaincre l'enseignant de la grande intelligence de «leur enfant». Bien qu'ils admettent que l'enfant a amplement le temps d'apprendre à maîtriser les habiletés indispensables, l'argument invoqué par les parents concernant les devoirs à l'école primaire est que les jeunes enfants doivent prendre très tôt l'habitude de faire des devoirs à la maison. Comme pour beaucoup d'habitudes que l'on nous a imposées trop jeunes, le résultat se traduit par une aversion pour les devoirs importants et nécessaires à faire à la maison, devoirs qu'un enfant plus mûr acceptera plus facilement de faire parce qu'il en comprendra les raisons.

On peut facilement défendre la nécessité des devoirs à la maison pour les enfants plus âgés. Les élèves ne peuvent amener leur enseignant à la maison, mais peuvent par contre y apporter des livres à lire, donnant ainsi à l'enseignant plus de temps pour voir une autre partie de la matière ou souligner son importance par des questions et des discussions de classe. L'étude à la maison permet en outre à l'élève de briser la routine en allant à son propre rythme et, parfois même, en utilisant des textes de son choix. Des devoirs bien conçus, que les élèves comprennent et tentent de faire consciencieusement chaque soir, peuvent s'avérer fort valables. Dans les faits cependant, les devoirs à la maison sont souvent excessifs et sans intérêt. Les enseignants ne répartissent généralement pas très bien les devoirs, de sorte que les élèves peuvent fort bien être surchargés de travail un soir et n'avoir rien à faire le lendemain. Comme les enseignants n'ont guère le temps de corriger consciencieusement les devoirs, plutôt que de soigner leur travail, les élèves apprennent à remettre n'importe quoi pour obtenir une note. Constatant que les élèves faibles font rarement leurs devoirs, les enseignants les conçoivent en fonction des meilleurs éléments qui, eux, vont les faire, ce qui agrandit encore le fossé entre ceux qui réussissent et ceux qui échouent à l'école. Des devoirs plus courts et plus pertinents pourraient amener les élèves plus faibles à les faire; en allant à leur propre rythme, chez eux, ils pourraient rattraper leur retard plutôt que de se laisser de plus en plus distancer, comme c'est le cas actuellement. Si les élèves faibles *devraient* eux aussi faire leurs devoirs, ils ne les font généralement pas; ils renoncent. Nous devrions plutôt nous servir des devoirs pour aller chercher les élèves faibles ou, du moins, ne pas leur nuire en cherchant à les rejoindre.

Presque tous les élèves moyens ou en dessous de la moyenne, et même beaucoup de ceux qui réussissent bien, ont tendance à refuser les devoirs excessifs et dépourvus de sens. Ce refus est devenu une préoccupation parentale majeure en ces temps où beaucoup pressent leurs enfants d'aller jusqu'à l'université. Selon mon expérience de travail auprès de nombreux adolescents intelligents, l'école, et particulièrement les devoirs à la maison, est devenue la principale cause de conflit entre les parents et les adolescents. Quand l'enfant voit les adultes se détendre après une dure journée de travail, il lui est difficile de trouver la motivation nécessaire pour faire les longues heures de travail qu'exigent ses devoirs. Les étudiants qui veulent entrer à l'université doivent absolument faire leurs devoirs; s'ils ne les font pas, nous ne pouvons pas nous contenter de les traiter de paresseux et d'irresponsables, il faut faire plus. À moins que les parents n'aient une relation exceptionnellement bonne avec leur enfant, ils sont obligés d'avoir recours aux menaces et aux punitions ou le soudoyer pour lui faire faire ses devoirs. Même ces méthodes échouent si le devoir paraît dépourvu de sens à l'enfant. Il en résulte, dans de nombreux foyers, un surcroît d'amertume et de tension entre parents et enfants. Cela survient à un moment où cette relation parents-enfants est déjà rendue difficile par le processus normal de la croissance. À l'école secondaire de mon fils, un devoir d'histoire consistait à mémoriser les noms des dirigeants du pays dans l'ordre où ils s'étaient succédé. Quand il m'a demandé quel pouvait bien être le sens d'un tel devoir, je n'ai pas pu m'empêcher de rire. Il m'a demandé pourquoi je riais, et je lui ai répondu que, si je prenais ce devoir stupide au sérieux, je serais plutôt porté à pleurer. Quand je raconte cette petite histoire familiale à l'occasion de mes rencontres avec des groupes d'enseignants, je suis submergé d'exemples du même genre rapportés par des enseignants dégoûtés, eux aussi, par ce qu'on fait faire à leurs enfants ou à ceux de leurs collègues. Si eux-mêmes cependant donnent beaucoup de devoirs, ils se justifient en mettant cela sur le compte des parents qui, à les entendre, l'exigeraient.

Trop de devoirs à faire à la maison pénalise les élèves brillants et créatifs; s'ils les font sérieusement, ils n'ont plus guère de temps à consacrer à d'autres activités, comme la musique, la danse, l'art, le théâtre, les sciences ou diverses formes d'artisanat. Dans beaucoup d'écoles, les élèves doivent se livrer à ces activités en dehors de l'école, les écoles ayant généralement réduit les programmes de ce qu'on appelle parfois «le superflu». L'élève faible ne fait pas ses devoirs, mais, du fait de son sentiment d'échec, il éprouve généralement peu d'intérêt pour les activités qui font appel à la créativité. Son refus de faire ses devoirs s'avère ainsi une perte totale. Quant à l'élève brillant qui est intéressé par ces activités, il n'a guère de temps à leur consacrer.

Un autre problème à propos des devoirs est que, dans les quartiers défavorisés, beaucoup d'élèves connaissent à la maison des conditions de travail qui sont loin d'être idéales. Il y a des chances qu'ils vivent dans un appartement surpeuplé, avec la télévision et la radio hurlant à tue-tête et où il y a un va-et-vient continuel. C'est attendre trop d'eux que d'espérer les voir surmonter ces obstacles deux cents soirs par année. Nous devons soit leur fournir des bibliothèques convenables, soit garder les écoles ouvertes en fin de journée. Un élève qui veut étudier, mais qui ne parvient pas à trouver un endroit convenable pour le faire, peut fort bien y renoncer. En un sens, il se trouve ainsi pénalisé non pas pour son travail à l'école, égal à celui des autres, mais pour sa situation familiale, plus difficile que celle des autres et sur laquelle il n'a aucun contrôle.

Lors de discussions avec de nombreux groupes d'enseignants à travers le monde, je reçois toujours des applaudissements spontanés quand je condamne les devoirs excessifs et dépourvus de sens. Les devoirs s'avèrent en effet tout autant un fardeau pour les enseignants que pour les élèves. La plupart des enseignants pensent qu'ils pourraient enseigner de façon bien plus efficace s'ils se sentaient libres de réduire les devoirs à faire à la maison. Les parents doivent arrêter de forcer les enseignants à donner des devoirs excessifs; parents et directeurs d'écoles doivent au contraire encourager les enseignants à ramener les devoirs à un niveau que ces derniers considèrent comme raisonnable.

## Chapitre 7

# *Prévenir l'échec*
## Les étapes préliminaires

## L'importance de la réflexion

Quel potentiel éducatif dégagerions-nous si nous pouvions augmenter la part accordée à la réflexion, ne plus mettre autant l'accent sur la mémorisation et rendre pertinent ce que l'on enseigne? Voyons comment la réflexion, fonction certes la plus importante de notre cerveau, a été progressivement éliminée du cœur de notre système d'éducation.

Bien que les problèmes sociaux et techniques auxquels nous devons faire face exigent beaucoup de réflexion, il est fort probable que nous parviendrons à envoyer quelqu'un sur Mars avant d'avoir résolu la question des tensions raciales. Réfléchir pour savoir comment résoudre des problèmes sociaux s'avère plus difficile que de réfléchir pour savoir comment résoudre des problèmes techniques; cela est, malheureusement, aussi moins enseigné. Des élèves à qui l'on enseigne la responsabilité sociale à l'école, qui apprennent à penser en situation réelle à des façons de s'aider mutuellement et à résoudre des problèmes individuels et collectifs, pourront davantage aider à résoudre, ou du moins à affronter, les problèmes plus généraux de la société. Nous devons les amener à s'impliquer davantage à l'intérieur d'un système éducatif qui leur semble avoir suffisamment d'importance pour qu'ils s'efforcent d'apprendre à penser, à résoudre des problèmes et à devenir socialement responsables.

Personne ne peut apprendre à se sentir socialement responsable, à réfléchir ou à résoudre des problèmes s'il se trouve en situation d'échec. Les écoles doivent offrir à tous leurs élèves une chance raisonnable de réussite. Les problèmes de notre monde instable n'admettent pas de réponses toutes faites; il faut apprendre aux élèves à vivre avec l'incertitude et, dans certains cas même, à être stimulés par elle. Nous devons apprendre aux enfants à réfléchir aux questions troublantes auxquelles nous sommes confrontés et qui nous plongent dans la confusion; il est donc important de réduire considérablement l'importance accordée aux certitudes et à la mémoire. Les directeurs d'écoles doivent admettre que, dès leur entrée à l'école, les enfants doivent apprendre à réfléchir sur des problèmes réels. La démocratie est fondée sur la compréhension qu'a le citoyen des problèmes de l'heure. Il peut acquérir cette compréhension dès l'enfance, en apprenant à réfléchir sur les divers problèmes de l'école, pourvu que ces problèmes aient un lien avec sa vie personnelle et le monde tel qu'il le perçoit. En leur apprenant à résoudre des problèmes, nous devons montrer aux élèves que les questions ont autant d'importance que les réponses. Les réponses purement factuelles, fausse monnaie d'échange de notre système éducatif, n'ont aucune valeur si elles ne sont pas reliées à des idées et à la réflexion.

Nous devons non seulement montrer aux enfants à questionner sans crainte et à s'intéresser à des problèmes qu'ils ne comprennent pas (et que peut-être leurs enseignants eux-mêmes ne comprennent pas), mais également passer à l'étape suivante, qui consiste à leur enseigner à prendre des décisions et à savoir les tenir. Des patients viennent sans cesse me consulter parce qu'ils vivent une situation d'échec et sont incapables de prendre des décisions. Les décisions importantes exigent du courage, un sens des responsabilités et un bon jugement. Le patient semble souvent disposer d'une certaine force, d'une certaine compréhension des faits et même d'un bon jugement, mais ne parvient pourtant pas à prendre de décisions. Je pense que cette incapacité de décider vient d'un manque de formation réelle dans ce domaine. Une fois la décision prise, un individu a besoin d'avoir confiance en lui pour mettre en application ce qu'il a décidé de faire. Cette confiance en soi indispensable n'est pas innée; la réussite scolaire peut aider à l'acquérir. Dépourvus de cette confiance en soi, les enfants qui échouent à l'école ne parviennent pas à prendre la décision d'éviter ces échecs qu'ils croient inévitables, quoi qu'ils fassent. L'école devrait leur fournir l'occasion d'avoir des discussions sérieuses sur des questions qui exigent des décisions de leur part. Décider, par exemple, de partir en voyage et de retarder ses études universitaires; travailler tout en étudiant; déterminer si, pendant ses études, il vaut mieux rester à la maison ou la quitter; discuter même des décisions concernant l'amour, le mariage et la sexualité. L'école, qui devrait être un véritable forum d'échanges sérieux, n'aide malheureusement guère les élèves à répondre à ces questions ou à toutes les autres questions de société sur lesquelles il leur faudra pourtant faire preuve de jugement, sous peine d'en subir les conséquences.

L'école devrait prévoir du temps pour discuter de sujets qui concernent les élèves. Elle a aussi un rôle important à jouer pour les aider à choisir un champ d'études qui leur convienne. Si la plupart des écoles ont des orienteurs dont la tâche consiste expressément à aider les élèves à choisir leur avenir, la décision est souvent prise trop rapidement. Ils trouvent qu'on leur donne trop peu d'informations lors des brèves rencontres avec l'orienteur. Lorsque les élèves regrettent leur choix, ce qui arrive souvent, les orienteurs sont trop occupés pour pouvoir les aider à considérer d'autres choix. Cette mauvaise décision prise à l'école secondaire entraîne souvent une série d'autres mauvaises décisions concernant leurs études et leur carrière, décisions presque toutes prises de la même façon, c'est-à-dire pratiquement au hasard.

L'incapacité de planifier et de prendre des décisions vient en partie d'une éducation qui ne fait guère de place à la réflexion; la planification et la prise de décisions sont des opérations bien plus complexes que de répondre à des questions de faits. Si toute décision implique *une seule* réponse, cela ne veut pas dire pour autant qu'il s'agisse de *la bonne* réponse. Il n'est pas question de certitude, et, généralement, cela ne veut pas dire non plus que cette réponse soit finale. Toute décision suppose un processus pour définir le problème, déterminer diverses solutions possibles et choisir celle qui semble la meilleure, sans pour autant fermer la porte à une éventuelle réévaluation de la situation. Lorsque les circonstances changent (et elles changent effectivement), une décision qui, dans les faits, n'est pas irrévocable, mais qu'on traite comme si elle l'était, ne peut qu'entraîner des difficultés et, parfois même, causer un véritable désastre. Une personne ou une organisation capable de réévaluer ses décisions et d'établir de nouveaux plans à la lumière de faits nouveaux parvient à survivre et à réussir.

Toute décision doit se fonder sur une reconnaissance des faits. C'est la façon intelligente d'y parvenir; c'est ce que fait l'ordinateur. Il traite les faits de façon à ce que son utilisateur évalue bien la situation et prenne ainsi les bonnes décisions. Quand nos écoles commenceront à former les élèves à prendre des décisions et à les appliquer, les faits joueront leur véritable rôle; ils seront un élément important, mais seulement un élément, de la résolution de problèmes et de la prise de décisions.

Les parents et les directeurs d'école sont fermement convaincus de savoir ce qui est bon pour les enfants. Ces convictions inébranlables se traduisent par la façon dont ils s'en tiennent aux faits établis et non controversés qui évitent les questions difficiles, les jugements à poser et les décisions à prendre. À la suite d'une de mes récentes conférences, une enseignante est venue me demander comment elle pourrait bien faire appel à la réflexion quand, par exemple, on ne lui permettait pas de se servir de la comédie musicale *West Side Story* pour faire réfléchir ses élèves; un parent s'était plaint, et la direction l'avait menacée de congédiement. Nous vivons à une époque où il faut aborder des thèmes plus réels que ceux dont il est question dans *Cendrillon*. Si l'on n'appuie pas les enseignants doués d'imagination, comme cette enseignante, l'éducation s'éteindra, non seulement dans l'école où elle enseigne, mais aussi dans toutes les écoles de la région. Que nous le voulions ou non, les écoles ont affaire à des enfants capables de réfléchir. Si on leur offre peu d'occasions de réfléchir aux problèmes qui secouent notre époque et d'en discuter, on s'apercevra que beaucoup d'élèves arrêteront de réfléchir, mèneront leur réflexion en dehors de l'école, se rebelleront ou se désengageront complètement, autant de causes d'échec scolaire.

Dans un système qui voue un culte aux faits, il est difficile de contester un enseignant qui fonde son enseignement sur des certitudes. Une éducation centrée sur les faits et les réponses exactes suscite immanquablement un conflit entre les enseignants et les élèves. Dans cette lutte, les enseignants ont nettement l'avantage puisqu'ils connaissent les réponses aux questions qu'ils posent; l'enfant ne peut pas vraiment contester les questions que les enseignants jugent importantes. L'enfant qui se plaint de questions dénuées de sens ou sans intérêt perd vite pied dans la discussion qui l'oppose à son professeur. Le système achète, de plus, l'élève en lui accordant une bonne note quand il a emmagasiné un certain nombre de faits. S'il remet en cause les faits ou soulève des questions qui ne sont pas celles de l'enseignant, il risque de perdre ses bonnes notes et se trouve devant un dilemme s'il veut poursuivre sa réflexion. Il est plus facile d'empocher une bonne note et de se taire, comme l'expliquaient les élèves de la rencontre évoquée au chapitre 6. Ce genre d'éducation est singulièrement ennuyeux; il n'est guère plus intéressant que ne le serait un championnat sportif où ce serait toujours la même équipe qui gagnerait. Le fait que l'éducation axée sur les faits et non sur la réflexion soit la cause première des problèmes de discipline n'est pas encore entré dans la tête de la plupart des conseillers pédagogiques, ni dans celle du ministère de l'Éducation. Tant qu'ils ne s'inquiéteront pas de l'inefficacité de cette approche traditionnelle, rien ne changera. Beaucoup d'enseignants, qui reconnaissent le problème et aimeraient bien pouvoir changer d'approche, ne disposent d'aucun pouvoir en ce domaine. Si les concepteurs de notre philosophie éducative finissaient par reconnaître le danger que représente l'état de choses actuel, on pourrait mettre fin au traditionnel conflit entre enseignants et élèves. Les enseignants cesseraient, progressivement et d'eux-mêmes, d'utiliser les faits, les réponses exactes et la mémoire comme armes; ils travailleraient avec les élèves pour affronter, avec eux, les problèmes pertinents.

Nous retrouvons ici encore la question de pertinence. Enseigner des *questions sans intérêt*, comme celle de savoir s'il vaut mieux, en cas de conflit, utiliser une arme plutôt qu'une autre, ou des *faits pertinents*, comme celui de connaître le coût total d'un conflit, ne suffit pas. Nous devons enseigner des *questions pertinentes*, comme celle de savoir si on doit ou non faire cette guerre. Sur ce genre de question, nous pouvons traiter de faits pertinents qui viendront appuyer chacune des parties en cause dans le débat. Lorsque l'enseignement traite d'une matière pertinente et exige des élèves qu'ils y réfléchissent, il n'est guère besoin de pression extérieure, comme la menace de l'échec. Les élèves qui se servent de leur cerveau pour réfléchir s'impliquent et s'attachent à des écoles qui leur paraissent sensées. Par cet engagement volontaire et fondé sur une motivation intérieure, l'élève s'attache à son professeur, qui n'est plus alors un adversaire.

Au chapitre 4, nous avons vu qu'un étudiant qui mémorise des faits et les ressort correctement à l'examen n'éprouve, au mieux, aucun déplaisir. La réflexion et l'attachement à l'enseignant, dans un effort réciproque, amènent l'étudiant à se sentir bien. Ce type d'éducation est psychologiquement valorisant, parce qu'il associe à l'école les plaisirs éprouvés à résoudre des problèmes. Ces sentiments agréables poussent l'élève à vouloir résoudre davantage de problèmes. Les élèves, plus impliqués, ne perturbent plus la classe. Ils s'impliquent et se sentent heureux, plutôt que de chercher à défier le système ou ne pas se sentir concernés. L'éducation est devenue une affaire qui les intéresse.

Certaines personnes ne croient guère à une éducation qui intéresse, ni même à une coopération possible entre enseignants et élèves; elles ont peur de voir les élèves s'immiscer dans les problèmes actuels. Si nous permettons à ces mêmes personnes d'imposer leur point de vue, l'éducation ne pourra jamais nous aider à résoudre les nombreux problèmes auxquels nous avons à faire face. Les écoles qui n'offrent pas une éducation fondée sur la pertinence et la réflexion produiront toujours des ratés. Habitués à échouer dès leur jeune âge, les ratés se trouvent vite séparés des élèves qui réussissent. Il ne faut ménager aucun effort pour empêcher ce clivage. Nous ne progresserons pas tant que ceux qui réussissent et ceux qui, pour le moment, réussissent moins bien ne s'impliqueront pas ensemble dans une éducation de qualité.

## Les classes hétérogènes

Même avec une bonne éducation fondée sur la réflexion, certains élèves auront de la difficulté à réussir. Si nous séparons cependant ces élèves de ceux qui réussissent mieux, les groupes les plus faibles éprouveront toujours un sentiment d'échec. C'est pourquoi il faut rassembler et garder les élèves dans des *classes hétérogènes*, c'est-à-dire des groupements fondés exclusivement sur l'âge. Vers la fin de l'école secondaire, le regroupement se fait selon les compétences: les meilleurs élèves choisissent en effet les cours les plus difficiles. Comme ce sont généralement les élèves, et non pas l'école, qui effectuent ce *choix*, le sentiment d'échec et de désespoir éprouvé par les élèves les plus faibles ne se manifeste pas. Beaucoup d'écoles tentent de prévenir l'échec et de faciliter l'enseignement en groupant les enfants selon leurs performances. Elles s'efforcent d'abaisser les exigences pour les élèves les moins aptes; tout le monde ainsi peut passer. Les élèves placés dans les classes plus faibles sont traités malheureusement par l'école comme s'ils échouaient; eux-mêmes se considèrent comme des ratés. Beaucoup d'enseignants manifestent leur dédain pour les classes composées d'élèves démotivés ou perturbés. Les journées d'école sont moroses, et beaucoup d'élèves décrochent. Non seulement ce genre de classes ne fonctionne pas comme prévu, mais il fait même l'effet contraire, en augmentant le nombre d'élèves qui échouent.

Le regroupement des élèves selon leurs performances s'avère un échec non seulement par ses effets sur les élèves, mais aussi par son effet négatif insidieux sur les enseignants. Ces derniers n'apprécient souvent guère les efforts d'un élève faible qui tente de s'améliorer et vont même jusqu'à le lui reprocher. Car, du point de vue de l'enseignant, un élève faible, supposé non motivé, ne doit pas changer de comportement. Cette regrettable attitude a été l'une des révélations d'une enquête menée pendant plusieurs années dans une école primaire d'un quartier défavorisé dont on a changé le nom pour les besoins de l'étude. Les résultats de cette recherche sont rapportés par Robert Rosenthal et Lenore Jacobson dans *Pygmalion dans la classe* (Éditions Casterman).

Les chercheurs ont sélectionné au hasard cinq élèves par classe. Après avoir fait passer à tous les élèves des tests conçus, en principe, pour prédire leur réussite scolaire, ils ont déclaré tout bonnement aux enseignants que, d'après ces tests, les élèves sélectionnés allaient vraisemblablement progresser très rapidement. Les élèves en question n'ont cependant pas enregistré de progrès plus grands que n'importe quel autre élève; seulement les enseignants ne le savaient pas. Les résultats ont été remarquables: les élèves sélectionnés firent des progrès intellectuels immenses, à la fois dans l'absolu, par leurs résultats globaux, et comparativement aux autres élèves (groupe témoin). Comme rien d'autre n'avait été modifié, il faut en conclure que, d'une façon ou d'une autre, l'attitude de l'enseignant à leur endroit avait suffi à confirmer ce pronostic qu'absolument rien n'appuyait. Non seulement les élèves choisis pour l'enquête se sont-ils détachés du groupe, mais l'attitude de l'enseignant, peut-être changée pour le mieux en apprenant qu'il y avait dans sa classe, habituellement peu stimulante, des élèves au potentiel scolaire élevé, a eu également des effets positifs sur les autres enfants, qui firent eux aussi des progrès significatifs. Cette étude révèle, en outre, le besoin d'inclure dans la formation des enseignants une connaissance de l'effet certain qu'a l'attitude des enseignants sur les élèves. Sans aucun doute, le fait, pour les enseignants, de croire que certains élèves avaient un grand potentiel s'avéra, dans ce cas-ci particulièrement, important.

Cette étude, comme d'autres semblables, montre aussi que l'attitude de l'enseignant peut avoir un effet négatif. Le fait, pour un enseignant, de s'attendre à une piètre performance de la part d'un élève et de provoquer, en quelque sorte, cette mauvaise performance prévaut surtout dans les classes où l'on a regroupé les élèves selon leur performance. Dans l'école où l'étude a été réalisée, il existait trois niveaux par degré d'enseignement: une classe lente, une classe moyenne et une classe rapide. L'étude montre à quel point ce système de classes spéciales affecte l'attitude des enseignants et comment, à son tour, cette attitude a pour effet de maintenir les élèves dans les classes les plus faibles. L'effet négatif de ce système est remarquablement mis en lumière dans l'extrait du rapport présenté à la suite de l'étude:

> À la fin de l'année scolaire, on demanda aux enseignants de décrire le comportement de leurs élèves en classe. Les enfants dont on attendait d'importants progrès intellectuels ont été décrits comme ayant plus de chances de réussir dans la vie et d'être heureux; on les disait aussi plus curieux et plus intéressants que les autres élèves. Les enfants

sélectionnés apparaissaient plus attirants, mieux adaptés, plus affectueux et semblaient avoir moins besoin de l'approbation des autres. En résumé, les enfants dont on attendait une croissance intellectuelle plus rapide s'étaient donc montrés plus alertes, plus autonomes sur le plan intellectuel, ou du moins étaient-ils perçus de cette façon par leurs enseignants. Les résultats observés ont été particulièrement frappants dans les classes d'enfants de six, sept et huit ans.

Quand on a demandé aux enseignants d'évaluer les autres enfants, le contraste a été intéressant à observer. Beaucoup de ces enfants avaient également augmenté leur quotient intellectuel pendant l'année. Plus ils l'avaient augmenté cependant, plus ils étaient évalués de façon négative par leurs enseignants.

Selon les résultats, lorsque les enfants dont on attendait des progrès intellectuels y parvenaient effectivement, ils en retiraient d'autres bénéfices. En tant que «personnalités», ils grimpaient dans l'estime de leurs enseignants. Le contraire fut également vrai pour les enfants qui firent des progrès intellectuels alors que l'on ne s'y attendait pas d'eux. Leur comportement fut jugé indésirable et leur croissance intellectuelle imprévue, être le fruit du hasard.

Un examen plus attentif des résultats a révélé que les évaluations les moins favorables étaient attribuées aux enfants des classes les plus faibles qui avaient enregistré les plus grands gains sur le plan intellectuel. Quand ces enfants «lents» avaient été placés dans le groupe moyen, où l'on attendait d'eux que peu de progrès intellectuels, leurs enseignants les évaluaient encore plus mal s'ils affichaient des progrès. Plus ils avaient fait de progrès, plus ils étaient mal évalués. Même quand des enfants «lents» étaient placés dans le groupe expérimental, où l'on attendait d'eux les progrès les plus rapides, ils n'étaient pas évalués d'une façon aussi favorable que ne l'étaient les enfants des autres groupes. Il sera vraisemblablement toujours difficile pour un enfant venant d'un groupe plus faible de réussir à être perçu par son enseignant comme quelqu'un de bien adapté, capable de réussir ses études, même dans le cas de progrès intellectuels évidents.

Rosenthal et Jacobson n'ont pas réellement cherché à répondre à la question critique de savoir comment l'on pourrait améliorer l'attitude des enseignants. Dans mon esprit, le recours à des classes hétérogènes, comme je le recommande dans ce chapitre, ainsi que les autres suggestions majeures que je donne dans ce livre (des réunions de classe sans évaluation et l'abolition du système d'évaluation actuel) ont autant pour objectif de changer l'attitude négative des enseignants que de rendre plus positive celle des élèves. Quand les enseignants appliquent ces suggestions et qu'ils obtiennent de bons résultats, leur attitude s'améliore nécessairement. *Notre action suscite le changement; notre réussite suscite un changement positif.*

Quand on favorise les classes hétérogènes, il faut faire très attention de ne pas indiquer aux enseignants quels enfants se sont montrés les plus performants auparavant. Tout enfant devrait avoir une chance d'être évalué de façon impartiale par tous ses enseignants. Les classes homogènes éliminent cette chance. Même dans des classes hétérogènes, la connaissance des résultats précédents de l'enfant réduit aussi considérablement la capacité d'un enseignant d'adopter une attitude ouverte et dépourvue de tout jugement.

De plus en plus d'enfants présentant de sérieuses difficultés d'apprentissage et des problèmes de comportement proviennent des classes homogènes les plus lentes ou des classes hétérogènes où l'éducation était fondée sur les faits; nous avons été dans l'obligation de créer un autre groupe pour ce type d'enfants, celui des «enfants en difficulté d'apprentissage». On désigne par là des enfants si dérangeants qu'on ne peut les garder dans une classe normale, peu importe le niveau. Quand les fonds le permettent, et parfois par décision administrative, ces enfants sont placés dans des classes spéciales peu nombreuses où l'on consacre beaucoup d'efforts à les aider à s'en sortir et à être en mesure de retourner dans leurs classes d'origine. Non seulement n'obtient-on pas souvent un tel résultat, mais les classes normales contribuent à engendrer un si grand nombre d'enfants en difficulté que cela ne vaut guère la peine de les y renvoyer. Ayant moi-même été consultant dans des écoles qui avaient des classes spéciales semblables, j'ai perdu toute illusion sur ce type de solution. On enregistre certes certains succès quand l'école consacre beaucoup d'efforts à renvoyer les élèves à leur classe d'origine dès qu'ils s'y montrent le moindrement prêts. Ces classes pourtant deviennent souvent une sorte de décharge publique où l'on se débarrasse des cas problèmes, en attendant leur mise au rebut dans les centres de rééducation et les hôpitaux psychiatriques. Les classes spéciales, où l'échec engendre l'échec, où les enfants qui échouent sont séparés de ceux qui réussissent alors que ceux-ci pourraient au contraire les aider, sont un pas dans la mauvaise direction.

Si les défauts des classes spéciales sont évidents, il n'est pas facile de répondre à un enseignant qui vous montre des enfants qui se sont tellement identifiés à l'échec qu'ils n'ont pratiquement aucun contrôle sur leurs impulsions et représentent pour lui un problème difficile à traiter, voire insurmontable. Il a beau essayer d'appliquer consciencieusement les méthodes de la thérapie de la réalité, proposées au chapitre 2, s'il réussit à obtenir des engagements de la part de l'enfant, celui-ci ne les tiendra pas, et l'enseignant se sentira de plus en plus frustré. C'est justement pour aider à résoudre les graves problèmes de comportement que j'ai commencé à travailler comme consultant dans plusieurs écoles primaires des quartiers défavorisés d'une grande ville. Dans ces écoles, si les problèmes de comportement n'étaient pas corrigés, les enfants sérieusement perturbés ne recevraient aucune éducation, et ceux que ce comportement dérangeait en auraient à peine des bribes. Il était évident pour moi qu'on ne parviendrait pas à réduire ces problèmes de comportement par une intervention psychiatrique directe. Je constatais qu'on devait changer et améliorer toutes nos pratiques pédagogiques. L'un de ces premiers changements consistait à abolir les classements particuliers et les classes spéciales.

Pour reprendre le contrôle des écoles, nous avons réparti les élèves perturbateurs d'une façon aussi équitable que possible dans l'école. Nous avons instauré les réunions de classe aussitôt que nous avons pu former les enseignants à cette technique. Nous leur avons, de plus, appris à parler aux enfants et à les conseiller selon les principes de la thérapie de la réalité, expliqués au chapitre 2. Nous avons aboli les punitions corporelles et fortement conseillé aux enseignants d'éviter de se montrer sarcastiques ou de ridiculiser les élèves, pratiques aussi nuisibles que la trique. S'ils ne craignent plus d'être punis, les élèves vont entretenir un dialogue avec nous et il deviendra possible d'appliquer la thérapie de la réalité. Quand ils se montreront trop agités et perturberont la classe, ils accepteront d'en être exclus pendant quelques heures ou une journée pour réfléchir; ils savent bien que la porte demeure ouverte et qu'ils peuvent à tout moment revenir s'ils portent un jugement de valeur sur leurs actes et prennent des engagements.

Nous savons bien aussi que ces méthodes psychologiques ne fonctionneront pas seules. À moins que les enfants n'enregistrent quelques succès scolaires, ils continueront à connaître de sérieux problèmes. Dans les écoles des quartiers défavorisés où je travaille, comme dans la plupart des écoles où les élèves échouent, le principal échec scolaire observable chez ceux-ci (ce qui représente aussi un échec pour les enseignants) concerne la lecture. Peu d'enfants en difficulté lisent bien, beaucoup ne lisent pas du tout. Si les enfants ne réussissent pas à lire, nos approches psychologiques ne marcheront pas. Dans nos rencontres d'équipe, nous nous attaquions sans cesse à ce double problème: aider les enfants en difficulté et enseigner plus efficacement la lecture. Une conclusion s'est imposée: beaucoup d'enfants, et parmi eux presque tous les enfants en difficulté, n'apprenaient pas à lire parce qu'ils accusaient un trop grand retard dans leurs classes hétérogènes. Les enseignants d'un niveau donné essayaient, par exemple, d'enseigner la lecture à une classe présentant différents niveaux de lecture; la moyenne se situait cependant plutôt deux ou trois niveaux au-dessous du niveau attendu de la classe. Beaucoup d'enfants, complètement découragés, s'y objectaient parce qu'on leur demandait de lire au-delà de leurs capacités. Les enseignants pensaient que, si on plaçait ces élèves faibles dans une classe de lecture corrective où la plupart d'entre eux ne présentaient pas de problèmes comportementaux spéciaux, il serait possible de leur apprendre à lire. La lecture corrective, méthode généralement appliquée pour apprendre à lire aux élèves qui n'y parviennent pas dans une classe normale, échoue pourtant souvent. Les enfants que l'on retire de leur classe régulière pour les faire bénéficier de la lecture corrective se considèrent comme des ratés dans leur propre classe. Même s'ils parviennent à lire avec leur professeur de lecture corrective, ils n'arrivent pas à lire avec leur professeur régulier. Ils ne parviennent pas à transférer leur réussite de la classe de lecture corrective dans un lieu où ils ont appris à se considérer comme des ratés, c'est-à-dire dans la classe normale.

En discutant du problème des enfants en difficulté et de celui des lecteurs plus faibles lors de nos rencontres d'équipe, et en entendant les enseignants nous faire part de leur frustration devant tant de niveaux de lecture, nous avons constaté qu'il nous faudrait changer nos façons de faire. Nous ne pouvions plus nous en remettre à la classe normale ou aux classes de lecture corrective pour apprendre à lire à ces enfants. Si nous parvenions d'une façon ou d'une autre à leur apprendre à lire, la classe régulière hétérogène pourrait convenir pour n'importe quelle autre matière. La clé consistait donc à résoudre le problème de la lecture; notre philosophie du *refus de l'échec*, le recours à la thérapie de la réalité par les enseignants et une amélioration de la discipline (et non des punitions) pourraient aider les enfants en sérieuses difficultés à faire suffisamment de progrès pour n'avoir pas besoin d'être envoyés dans des classes spéciales.

Dans nos efforts pour résoudre à la fois les problèmes de comportement et ceux de lecture, nous avons décidé de placer la majorité des enfants dans des classes hétérogènes, sauf pour la classe de lecture, qui resterait homogène. Selon l'expérience acquise, je crois que *cette exception n'est pas nécessaire, sauf lorsque l'on fait face à la fois à beaucoup de problèmes de comportement et à beaucoup de difficultés de lecture.* Quand ces deux situations ne se présentent pas, les groupes de lecture homogènes ne sont ni nécessaires ni souhaitables. Quand il n'y a qu'un petit nombre d'enfants qui éprouvent des difficultés de lecture, on devrait favoriser à leur endroit une approche corrective consistant à faire intervenir le professeur de lecture dans la classe normale même, selon un procédé qui sera décrit au chapitre 15 de ce livre. Dans beaucoup de nos écoles de quartiers défavorisés, le recours à des groupes de lecture homogènes à l'intérieur de classes hétérogènes s'avère à la fois nécessaire et souhaitable. Nos efforts axés sur les regroupements que je viens de décrire ont réussi à réduire les problèmes de comportement, et les élèves commencent à savoir lire. Nous devons reconnaître cependant que, même si ce plan fonctionne bien, il nous faudra redoubler d'efforts pour réussir à éliminer toutes les classes spéciales et n'avoir recours qu'à des classes hétérogènes. Comme les problèmes de comportement et de lecture ne surviennent généralement pas avant la troisième année d'école, les classes de lecture homogènes ne sont pas nécessaires pendant les deux premières années d'école.

La classe hétérogène, regroupant des enfants du même âge, renferme à la fois les conditions de la réussite et celles de l'échec à l'école. Chaque classe possède ses élèves brillants et ceux qui le sont un peu moins, ses élèves qui travaillent fort et ceux qui s'appliquent moins, et même ceux qui sont manifestement en guerre contre l'école. S'il est probablement plus difficile d'enseigner à ces classes au début de l'implantation du système, ces dernières présentent cependant l'avantage d'éliminer la ségrégation précoce qui vient sanctionner divers types d'échecs; elle permet de maintenir ouverte la communication entre les élèves apparemment voués à l'échec et ceux qui

111

réussissent et d'ôter de la tête des enseignants et des élèves l'idée que certaines classes sont des dépotoirs à ratés. Lorsque les classes hétérogènes sont tout à fait implantées, il est plus facile d'y enseigner parce qu'il y a moins d'échecs irrémédiables.

Les réunions décrites aux chapitres 10, 11 et 12 se tiennent dans des classes hétérogènes. J'ai pu observer qu'indépendamment de leurs performances scolaires, les enfants s'y impliquent très sérieusement; tout élève peut y parvenir et puiser dans cette réussite la motivation nécessaire à d'autres réussites. Dans n'importe quelle classe hétérogène, la plupart des enfants se comportent bien, ce qui est un exemple pour les élèves plus agités. La perturbation éventuelle de la classe peut aussi être traitée comme un problème de classe à l'occasion des réunions de classe. Dans les classes spéciales où l'on regroupe les enfants agités, c'est souvent le chaos ou le risque de chaos, que l'on peut traiter de deux façons tout aussi insatisfaisantes l'une que l'autre: par une discipline extrêmement rigide qui maintient les enfants tranquilles mais les empêche d'apprendre, ou par une approche plus permissive qui en prend son parti et où certains élèves peuvent finir par apprendre mais que peu d'enseignants ont la force de supporter.

Dans les pages précédentes, j'ai expliqué les avantages d'une classe hétérogène combinée à des groupes de lecture homogènes en matière de problèmes de comportement. Je voudrais maintenant aborder les raisons pédagogiques de ces suggestions. Je pense, en accord avec la plupart des éducateurs, qu'à l'école primaire, l'acquisition d'habiletés est plus importante que celle des connaissances elles-mêmes. Si, bien entendu, l'acquisition de connaissances va de pair avec la lecture, ce sont les habiletés elles-mêmes, particulièrement les habiletés de communication, de lecture, d'écriture et d'expression orale, qui revêtent le plus d'importance. Je prétends que les huit premières années d'école devraient être consacrées à l'acquisition de ces compétences. J'inclus incidemment les deux premières années de l'école secondaire dans ce programme, car personne ne sait à l'heure actuelle quoi en faire. La meilleure façon de les utiliser consiste à y améliorer ces compétences de base. La lecture représente la compétence la plus importante pour la réussite future des études; pour la réussite dans la vie en général, l'expression orale et écrite est aussi très importante. Les mathématiques ont aussi leur importance dans la vie; les mathématiques supérieures, sur lesquelles la plupart des écoles secondaires et même maintenant beaucoup d'écoles primaires insistent bien trop comparativement à leur importance réelle dans la vie, ne sont importantes que pour l'enseignement supérieur ou les cours techniques. Les élèves qui n'apprennent pas les habiletés essentielles (la lecture, l'expression orale et écrite, les mathématiques) échouent à l'école et ont bien moins de chances de réussir dans la vie.

Même si enseigner dans une classe hétérogène s'avère difficile dans les débuts et chaque fois que l'on implante un nouveau concept, les enfants restent motivés; il y a moins d'échecs, et les élèves qui apprennent plus vite peuvent aider les plus lents, ce qui apporte beaucoup aux deux parties. Voyons maintenant comment chacune des compétences essentielles est enseignée dans une classe hétérogène. La lecture est sans aucun doute plus difficile à enseigner quand la classe est composée d'élèves de différents niveaux de compétence. Si nous formons des sous-groupes à l'intérieur de la classe normale, nous accentuons les différences entre ceux qui apprennent vite et ceux qui apprennent lentement, ce qui décourage immanquablement les plus lents. Les groupes de lecture homogènes, qui ne font pas de séparation à l'intérieur de la classe, sont bien moins décourageants pour les élèves. L'écriture et ses matières connexes, l'orthographe et la grammaire, sont des disciplines qui s'enseignent de façon nettement plus individuelle. Travaillant à leur propre rythme, les enfants ont moins conscience de leur compétence relative et ne se découragent pas. L'enseignant peut facilement évaluer et encourager ses élèves grâce aux nombreux travaux qu'ils lui remettent. Il n'a donc aucunement besoin de former des groupes homogènes. Comme on enseigne plus facilement l'orthographe et la grammaire en tant que composantes de l'écriture, elles se donnent automatiquement avec elle dans des classes hétérogènes. L'expression orale s'enseigne mieux, elle aussi, dans une classe hétérogène.

Les mathématiques semblent également causer peu de problèmes dans une classe hétérogène. Comme elles sont systématiques, elles s'avèrent moins difficiles que l'apprentissage de la lecture. Familiarisés avec l'argent par les achats qu'ils ont déjà sans doute eu l'occasion de faire, les enfants ont déjà reçu une initiation pratique aux nombres et aux opérations mathématiques avant leur entrée à l'école. Ainsi, les différences entre les élèves y sont-elles moins marquées que pour la lecture. Les enfants qui comprennent une opération mathématique sont ravis de travailler seuls pendant que l'enseignant consacre toute son attention aux élèves plus lents. Les mathématiques sont gratifiantes parce que l'on peut donner des réponses exactes. Un enfant peut, de plus, sauter un problème et passer au suivant; si un élève saute trop de mots dans son livre, il perd le sens de ce qu'il lit. Pour ces diverses raisons, il n'est pas difficile d'enseigner les mathématiques dans une classe hétérogène.

Les sciences sont plus difficiles à enseigner à des groupes hétérogènes parce qu'elles reposent beaucoup sur la lecture. Pour aider ceux qui lisent lentement, l'enseignant peut lire à haute voix à l'ensemble de la classe, et les élèves plus avancés peuvent lire à ceux qui sont plus lents, individuellement ou par petits groupes. Après la lecture du texte à l'étude, des discussions de classe ou par petits groupes peuvent donner à ceux qui lisent plus lentement une chance d'apporter de bonnes idées à la classe. Bien qu'il ne soit pas facile de réussir à enseigner de cette façon, il est essentiel d'y avoir recours pour éviter aux élèves les plus lents le stigmate de l'échec qu'ils éprouveront s'ils sont trop souvent séparés de la classe normale.

Les autres matières (les arts plastiques, la musique, l'éducation physique et l'hygiène) s'enseignent facilement à des groupes hétérogènes. On peut donc s'en remettre presque toujours à des classes hétérogènes, sauf quand il existe dans la classe une grande disparité entre les niveaux de compétence en lecture accompagnée de problèmes de comportement, situation fréquente dès la troisième année d'études dans la plupart des écoles des quartiers défavorisés.

Si l'on a recours à des classes homogènes pour la lecture, on vérifiera le niveau des enfants au début de chaque année scolaire pour pouvoir les placer dans le groupe approprié. Réuni chaque jour pendant une heure ou une heure et demie, le groupe se consacre exclusivement à l'amélioration des habiletés de lecture. On donne à lire aux enfants des textes variés, non seulement des manuels scolaires et des livres empruntés à la bibliothèque de l'école, mais aussi des magazines, des journaux, des catalogues et, même, des bandes dessinées. Contrairement à une classe hétérogène qui doit nécessairement rester la même pendant au moins un semestre, et de préférence une année, pour pouvoir créer un sentiment d'appartenance et développer le sens des responsabilités des élèves grâce à des réunions de classe, qui seront décrites aux chapitres 10, 11 et 12, on évaluera le groupe homogène au moins deux fois par semestre pour pouvoir faire passer les élèves qui sont prêts dans un groupe plus avancé.

Les enfants qui commencent à lire sont placés dans des groupes aussi restreints que possible. À mesure qu'ils deviennent plus habiles et qu'ils peuvent travailler davantage par eux-mêmes, on augmentera la taille du groupe de lecture. Dans une école où, par exemple, les classes comptent trente élèves en moyenne, les classes des trois premières années de l'école primaire sont moins nombreuses que la moyenne, soit vingt élèves environ, alors que les élèves des niveaux supérieurs pratiquent la lecture individuelle à la bibliothèque ou dans des groupes plus importants qui réunissent plusieurs classes. Les enfants se voient assigner un groupe de lecture en fonction non seulement de leur niveau, mais aussi de leur âge, de façon à ne pas mettre des enfants plus âgés avec des plus jeunes, du moins dans les premières années. Le mélange des âges aura lieu quand on fera passer les meilleurs des plus jeunes à un niveau supérieur; cela représente donc une source de motivation pour tous. Dans la plupart des écoles où la lecture représente un problème sérieux, les élèves plus âgés mais dont la lecture est quelque peu déficiente sont suffisamment nombreux pour permettre aux groupes homogènes de réunir des enfants sensiblement du même âge.

Bien que les enfants rencontrent différents professeurs de lecture à mesure qu'ils progressent, ils s'identifient avant tout à leur classe hétérogène. Les groupes homogènes de lecture atténuent la gêne que pourrait éprouver un enfant qui lit des livres de niveau nettement inférieur pour son âge pour deux raisons: 1) l'enfant peut passer rapidement dans un groupe plus fort et 2) il s'identifie avant tout à la classe hétérogène, parce qu'il ne passe qu'une heure à une heure et demie par jour en dehors de sa classe. L'ensemble des enseignants, et peut-être même le directeur de l'école et le personnel de soutien, doivent enseigner la lecture de façon à pouvoir maintenir les groupes les plus petits qui soient. L'accent mis sur la capacité de bien lire donne du prestige au programme aux yeux des élèves. Placer les enfants dans une situation où ils n'entrent pas en concurrence avec des élèves nettement plus avancés et qui leur permet de passer fréquemment dans un groupe supérieur donne au programme un côté positif. La lecture est ainsi enseignée dans des circonstances plus favorables, à la fois pour l'élève et pour l'enseignant.

Les enfants qui atteignent le niveau supérieur se retrouvent tous dans la même classe, où ils travaillent individuellement. Tous les élèves, certains en petits groupes, d'autres peut-être de façon individuelle, rencontrent régulièrement l'enseignant pour discuter de leurs lectures. Encouragés à se porter volontaires comme tuteurs pour leurs camarades moins rapides, les élèves avancés peuvent accroître l'efficacité du programme. Il n'y a plus d'échec, à aucun niveau; certains élèves restent seulement plus longtemps que d'autres à un même niveau, jusqu'à ce qu'ils soient jugés capables de monter. On pourrait prétendre que les élèves qui restent plus longtemps à certains niveaux se considèrent comme des ratés; au moins, ils continuent à être en concurrence avec des enfants qui ne sont pas plus avancés qu'eux et constatent qu'en travaillant, ils peuvent passer au niveau supérieur. Il n'existe pas de système capable d'assurer la réussite immédiate de tous les enfants, en toutes circonstances. Le programme recommandé ici élimine l'échec et pave la voie à la réussite dans la plus importante des matières, la lecture.

Après le cours de lecture dispensé à l'intérieur du groupe homogène, les enfants retournent dans leur classe hétérogène régulière qui leur est assignée pour l'année. À l'intérieur de celle-ci, l'accent est mis sur la pertinence de la matière et sur la réflexion. On tient régulièrement des réunions de classe. Ceux qui réussissent moins bien ont pour tuteurs de meilleurs élèves dont l'intervention devient le projet de l'année; ceux-ci se font aider par les classes supérieures, ce qui constitue un projet d'école. Certains élèves sont aussi encouragés à suivre de courtes sessions de rattrapage après l'école avec des enseignants volontaires dont c'est la tâche normale. Le travail à la maison n'est pas obligatoire, mais on le propose aux élèves qui ont besoin d'une aide supplémentaire pour augmenter leurs capacités et améliorer leurs performances. La classe elle-même peut suggérer de meilleures utilisations des diverses possibilités d'aide à l'occasion des discussions de classe, qui constituent l'un des modes de fonctionnement habituels de la classe hétérogène. Les élèves qui éprouvent des difficultés dans leur travail peuvent solliciter l'aide de la classe; pendant la réunion de classe, le groupe peut même leur indiquer comment s'améliorer. Avec la permission de l'élève concerné et celle de l'enseignant, n'importe qui dans la classe peut suggérer, comme sujet de discussion, le cas d'un élève et les problèmes qu'il peut rencontrer avec le groupe. Durant les années où j'ai animé de telles réunions, aucun étudiant ne s'est jamais opposé à ce que l'on discute de son cas. Puisqu'il existe des moyens d'aider les élèves, il n'est pas nécessaire que les périodes de discussion en classe se bornent à être des exercices purement abstraits; elles peuvent aussi prendre la forme de plans dressés pour aider ceux qui ne réussissent pas très bien en classe.

Comme je l'ai déjà mentionné, on conserve entièrement les classes hétérogènes, sauf pour les groupes de lecture, qui sont, eux, homogènes. Bien qu'on puisse changer un enfant de classe pour diverses raisons (par exemple, on peut penser qu'il réussira mieux avec un homme comme enseignant), on ne le transférera pas parce qu'il accuse un retard, à moins que ce ne soit vraiment le cas et qu'il se sente un raté complet. Dans ce cas, il peut sans doute réussir mieux dans une classe où ses capacités sont égales à celles de certains autres enfants. Un élève qui s'aperçoit qu'il ne réussit pas aussi bien que les autres, même si c'est le cas dans beaucoup de domaines (mais pas dans tous), peut se voir dire que certains vont plus vite que d'autres. C'est une explication simple que la plupart des enfants acceptent. Si l'enseignant met l'accent sur ses réussites (au lieu d'insister sur ses échecs, comme c'est trop souvent le cas actuellement), un enfant acceptera le fait que l'apprentissage se fait à divers rythmes. Une telle explication est impossible avec le système d'évaluation habituel: on ne peut en effet lui dire qu'il fait un travail satisfaisant si on lui accorde seulement la moyenne ou une note plus basse encore. Le chapitre suivant décrit un système d'évaluation qui met l'accent sur les réussites et qui réduit l'échec au minimum en éliminant complètement le système d'évaluation actuellement en vigueur.

## Chapitre 8

# *Prévenir l'échec*
## Étapes suivantes

## Abolir le système d'évaluation actuel

Si nous formons des enfants qui réfléchissent, devrions-nous encore avoir à les noter? Si nous pouvions nous assurer qu'ils apprennent à réfléchir et à résoudre des problèmes au mieux de leurs capacités, les notes n'auraient plus aucun sens. Ceux qui défendent les notes soutiennent qu'un tel cas est plutôt rare; sans elles, les élèves ne seraient guère poussés à apprendre. Je pense plutôt que le genre d'éducation offert (fondé sur la pertinence et la réflexion) et la façon de l'offrir (implication de l'élève) sont de bien meilleurs incitatifs que les notes. Lorsqu'une école n'offre que peu de choses pertinentes à ses élèves et exige à peine plus que de la simple mémorisation, les notes peuvent peut-être servir d'incitatifs pour ceux qui en obtiennent des bonnes; pour les autres, elles sont le signal de l'abandon. Ceux qui obtiennent la moyenne ou moins que la moyenne se considèrent comme des ratés et ne travaillent plus. Ils se joignent à l'immense groupe (d'après mes estimations, plus de 50 % des élèves d'une école secondaire moyenne) de ceux qui apprennent peu.

Étant donné que les notes mettent l'accent sur l'échec plutôt que sur la réussite et que l'échec est à la base de presque tous les problèmes de l'école, je recommande un système qui permette d'évaluer les progrès de l'élève en éliminant complètement l'échec. *Je propose qu'en aucune circonstance, on identifie un élève à l'échec ou qu'on l'amène à se percevoir comme un raté par l'utilisation d'un système d'évaluation.* Comme je l'ai déjà dit précédemment, un élève qui se considère comme un raté refuse habituellement de travailler à l'école. L'échec n'étant jamais motivant, son élimination ne fera donc aucun mal à l'enfant qui échoue dans le système d'évaluation actuel. Même s'il ne se met pas à apprendre du jour au lendemain, quand nous cesserons de le qualifier de raté, nous ouvrirons la porte à un changement d'attitude ultérieur. Si on lui colle, ne serait-ce qu'une seule fois, l'étiquette de raté, il y a moins de chances qu'il se mette jamais à apprendre. Pour qu'un enfant travaille à l'école, il faut lui faire savoir, dès l'école maternelle, qu'en ce qui concerne les notes ou les étiquettes, *il est impossible d'échouer.* Qu'il veuille ou non étudier, l'élève se retrouve dans une école où il voit beaucoup d'autres enfants de son âge qui travaillent et aiment apprendre. Gardant le contact, dans la classe hétérogène, avec des élèves qui réussissent, il est poussé à réfléchir pendant les discussions de classe à des sujets pertinents. Dans une telle situation, il lui est plus facile de réussir que d'échouer.

Il n'y a rien de révolutionnaire à s'abstenir d'étiqueter les gens comme des ratés. Dans les sports, dans les arts, dans la plupart des métiers et professions, et même dans l'armée, on a rarement à redouter un échec total. On se soucie plutôt de divers niveaux de réussite; presque tout le monde réussit à un niveau ou à un autre. Il n'y a qu'à l'école qu'on puisse être qualifié de raté d'une façon aussi définitive. Lors d'une discussion sur le sujet avec un groupe d'enseignants du primaire, l'une d'elles leva la main et dit: «M. Glasser, je suis *obligée* de reconnaître un certain nombre d'échecs à chaque semestre.» Je lui ai demandé à quel niveau elle enseignait, et elle m'a répondu: «Dans les petites classes.» Je lui ai alors demandé: «Est-ce que faire échouer un enfant qui commence l'école peut l'aider, vous aider, aider ses parents, l'école ou la société? En d'autres termes, cela profite-t-il à quelqu'un?» Elle a répondu que non. J'ai poursuivi: «Est-ce qu'une personne dont vous vous sentez obligée de suivre l'avis, comme un directeur d'école ou un fonctionnaire du ministère de l'Éducation, vous a dit que vous deviez faire échouer un certain pourcentage d'élèves?» Là encore, elle a répondu que non et a ajouté aussitôt: «Je suis pourtant certaine que c'est ce qu'on attend de moi.»

Il était évident que poursuivre la discussion ne nous mènerait nulle part; l'enseignante était convaincue qu'elle devait absolument reconnaître certains échecs. Cette conviction s'était ancrée en elle au fil de ses années d'études et d'enseignement. Très respectueuse de la tradition, elle voyait l'échec comme un phénomène normal. C'est pourtant cette tradition dépourvue de toute justification rationnelle et que l'on ne peut défendre logiquement, qui est à l'origine des nombreux problèmes auxquels nous devons faire face dans le domaine de l'éducation. Le rabbin du film *Le Violon sur le toit* ne pouvait expliquer pourquoi les hommes et les femmes ne devaient pas danser ensemble autrement qu'en invoquant la tradition (ce qui amenait la merveilleuse séquence accompagnant la chanson *C'est la tradition*). Le monde de l'éducation ne peut s'empêcher d'étiqueter d'innombrables enfants comme des ratés, seulement par «tradition». Cette dernière décourage beaucoup de jeunes élèves qui s'efforcent de trouver un sens à une situation scolaire qu'ils ne comprennent pas. Une fois qu'un enfant a été qualifié de raté, il se perçoit lui-même comme tel et va rarement réussir à l'école. Si, au contraire, nous travaillons patiemment avec lui, il peut fort bien commencer à vouloir apprendre et rattraper son retard en un an ou deux. En mettant de côté l'idée d'échec, nous n'aurons rien perdu mais, au contraire, tout gagné.

Il existe bien sûr d'autres arguments que la tradition pour perpétuer le système d'évaluation actuel; il y a aussi la nécessité d'offrir des incitatifs, de se montrer équitable à l'égard des meilleurs élèves et de contrôler les rebelles. Les parents veulent également maintenir le système actuel, et les universités l'exigent. Je continue pourtant d'affirmer que le prix à payer pour l'échec associé au système actuel récuse même le plus valable de tous ces arguments.

Je n'ai jamais rencontré un seul enfant qui ne se montre pas capable de réfléchir et de participer, à un niveau ou à un autre, à la vie de l'école si on lui fait savoir qu'on apprécie sa participation. En matière de participation intelligente, une des meilleures réunions de classe auxquelles j'ai pu assister a été celle d'un groupe d'enfants handicapés intellectuellement que leur enseignant aidait à réussir. Je n'ai encore jamais rencontré un enfant qui se considère comme un raté complet; j'ai rencontré, par contre, des adolescents et des adultes qui le pensaient. Ayant appris l'échec à l'école, ils ne font plus d'efforts pour réfléchir et n'essaient plus de travailler efficacement. Ils ont été vaincus par l'échec. Pour corriger cette situation trop répandue, il faudrait promettre aux enfants, dès leur entrée à l'école, qu'ils ne pourront jamais échouer; pour que cette promesse soit valable, on ne se servira pas des mauvaises notes pour les étiqueter comme des ratés. Dès leur entrée à l'école, ils doivent penser en matière de réussite et non en matière d'échec. On ne peut atteindre cependant cet objectif avec le système d'évaluation actuel.

Ne pas faire échouer qui que ce soit ne veut pas dire que l'on doive abaisser les exigences ou que l'on cesse de mettre l'accent sur l'apprentissage des habiletés fondamentales. Il faut continuer de mesurer les progrès accomplis par les élèves pour bien comprendre le type d'aide dont ils ont besoin et identifier les points sur lesquels ils doivent travailler davantage. Des devoirs écrits et oraux, axés sur la réflexion, permettront encore de le faire. On évaluera les enfants en fonction d'une norme fixée par l'enseignant et, une fois cette norme atteinte, on leur donnera un travail un peu plus difficile. Si un enfant prend plus de temps qu'un autre pour y parvenir, cela ne fait aucune différence. Rien ne nous oblige à faire échouer un enfant ou à insister pour qu'une classe entière travaille toujours au même rythme.

Même dans des classes hétérogènes, il peut y avoir, à l'occasion, un enfant ou deux dont le niveau est si inférieur à celui du reste de la classe qu'il ne réussit absolument rien. On devra le faire passer dans une autre classe où il pourra réussir de la même façon que certains de ses nouveaux camarades. On pourra changer un enfant de classe à n'importe quel moment de l'année scolaire, le pire moment restant cependant la fin de l'année, où cela équivaut à une sanction d'échec. Ces changements de classe ne laisseront que peu de traces si l'on ajuste, à l'occasion durant l'année, le niveau où l'enfant est placé ou si ces changements ont lieu aussi pour d'autres raisons, comme par exemple des conflits de personnalité.

Certains enseignants soutiennent encore que de ne pas donner de mauvaises notes ou de laisser passer les élèves plus lents est inéquitable pour ceux qui sont plus rapides ou plus intelligents. Cet argument aurait un certain poids si l'on pouvait démontrer que les bons élèves se sentent frustrés lorsqu'on ne donne pas de mauvaises notes ou qu'on ne fait pas échouer des camarades de classe moins brillants. À ma connaissance, cela n'a pas encore été prouvé, et je ne pense pas que les bons élèves considèrent l'éducation de cette façon. S'attendre à un certain nombre d'échecs est purement une réaction d'adulte d'envisager l'école (et peut-être aussi la vie); nous l'enseignons à nos enfants pour leur plus grand malheur. Le bon élève travaille pour apprendre et pour obtenir l'estime de son professeur et de ses parents. Quand il atteint cet objectif, comme c'est le cas lorsqu'il réussit des cours dont les exigences sont raisonnables, il se montre satisfait. Quant au mauvais élève qui ne travaille pas, si on lui donne une chance de continuer et d'éviter de recevoir l'étiquette de raté, il aura le goût d'apprendre davantage. Reconnaissant la valeur d'une éducation solide, le bon élève est prêt à travailler fort, à suivre des cours plus difficiles (à l'université) et à apprendre parce qu'il aime cela. C'est pourquoi je suggère l'utilisation de deux systèmes d'évaluation différents pour rendre compte des progrès de l'élève. Aucun de ces deux systèmes ne fait appel au système de notes traditionnel. Le premier est destiné aux six premières années d'école et le deuxième, aux six années suivantes.

Pendant les six premières années d'école, sous réserve d'un ajustement éventuel pour l'élève dont le niveau est vraiment différent de celui des autres, les élèves passeront systématiquement dans la classe supérieure. On pourra préconiser ou non différents niveaux (l'école sans niveaux, dont je n'ai pas fait l'expérience et dont je ne puis donc parler, n'apporte rien de plus à mes propos). Dans leurs classes hétérogènes, les élèves seront groupés uniquement en fonction de l'âge et passeront chaque année dans la classe supérieure pendant les six premières années, jusqu'à la fin de ce premier cycle d'études. Étant donné qu'il n'y aura pas d'échecs et qu'aucune tentative ne sera faite pour classer les élèves les uns par rapport aux autres ou par rapport à une norme stricte, les bulletins scolaires tels que nous les connaissons actuellement n'auront plus leur place. Pour renseigner les parents sur les progrès accomplis par leurs enfants, on leur adressera un rapport écrit portant essentiellement sur ce que fait l'enfant et sur les points qu'il devra améliorer. Ce rapport formulé de façon positive ressemblera au rapport d'une école primaire que voici:

## POINTS ÉVALUÉS
### Développement des compétences et des connaissances

*Expression écrite*

Suzanne est capable d'écrire des phrases complètes et de comprendre les règles fondamentales de la ponctuation. Ses idées font souvent preuve d'une extraordinaire imagination et d'un grand souci du détail. Elle doit cependant apprendre à organiser ses idées et à donner des détails qui viennent appuyer les idées principales. Elle aborde l'écriture avec enthousiasme et semble aimer écrire des histoires.

### Mathématiques

Suzanne sait faire convenablement des additions, des soustractions et des multiplications. Elle devient plus autonome dans les problèmes de soustraction. Elle doit réviser ses tables de multiplication pour pouvoir maintenir son niveau. Elle a tendance à se désintéresser des questions tant qu'elle n'a pas assimilé un nouveau concept. Elle a énormément besoin de l'aide et des encouragements de son professeur. Elle doit se fixer des objectifs personnels et assumer la responsabilité de son propre apprentissage.

### Lecture

Suzanne semble prendre plaisir à lire de courtes histoires dans son livre de lecture de préférence aux livres de la bibliothèque. Elle lit bien à haute voix. Elle semble aimer la lecture et devrait apprendre à prendre des notes sur ce qu'elle lit pour pouvoir en discuter. Elle doit aussi apprendre à mieux écouter. Elle se désintéresse souvent de ce qu'on lit en classe. Quand elle écoute vraiment, elle parvient cependant à se souvenir des idées principales et des détails.

### Sciences humaines

De façon générale, le comportement de Suzanne est encore inégal. Par moments, elle s'implique dans les activités de la classe et, à d'autres, elle semble s'intéresser davantage à ses bijoux, ses vêtements, etc. Dans les discussions, Suzanne fait parfois des interventions pertinentes. Elle n'articule cependant pas assez et devrait apprendre à parler plus distinctement. Elle travaille dans un petit groupe dont les projets sont courts et précis et où les élèves reçoivent davantage d'attention de la part du professeur. Cela devrait l'aider à se concentrer davantage sur son travail et à s'impliquer dans son apprentissage.

### Sociabilité

Suzanne paraît plutôt solitaire. Elle ne semble pas tellement chercher à se faire des amis, et son amitié n'est pas non plus recherchée par les autres. Elle participe pourtant aux jeux en commun dans la cour de récréation, où elle semble prendre une part plus active qu'au début de l'année. Elle est habituellement joyeuse et amicale, mais semble préférer rester seule.

### Recommandations

Suzanne doit se sentir plus responsable en ce qui concerne ses études. Elle a besoin d'aide et d'encouragement pour ne pas se démotiver. Elle doit réviser ce qu'elle a appris afin de pouvoir continuer à faire des progrès.

L'enseignant envoie aux parents un rapport de ce type au moins deux fois par année. Il n'est pas nécessaire d'envoyer les rapports de tous les élèves en même temps, ce qui représenterait une tâche considérable pour l'enseignant; cet envoi pourra s'échelonner, par exemple, sur les six dernières semaines de chaque semestre. Se penchant de manière plus approfondie sur chacun de leurs élèves, les enseignants découvriront bien plus de choses sur eux qu'ils ne le font actuellement en utilisant un système d'évaluation superficiel. Chaque rapport sera discuté individuellement avec l'élève concerné; les parents seront invités à assister à la rencontre, qui restera centrée sur l'élève et non sur ses parents. Comme les rapports écrits, les rencontres pourront s'échelonner sur les six dernières semaines de chaque semestre.

## La reconnaissance d'un travail de qualité supérieure

Sur le rapport circonstancié en usage de la maternelle cinq ans à la sixième année d'école, de même que sur celui que je décrirai ci-après concernant l'école secondaire, une place spécifique est réservée à la reconnaissance de la qualité exceptionnelle du travail effectué par l'élève. Voici, par exemple, ce que l'on peut y lire, dans un paragraphe distinct:

> Jeanne a, de sa propre initiative, écrit une série d'histoires fort intéressantes qu'elle a lues à la classe; elle s'en est aussi servi pour aider, personnellement, deux enfants quelque peu en retard sur le plan de la lecture et qui, grâce à elle, ont accompli des progrès significatifs. La classe et moi-même pensons que Jeanne mérite une mention spéciale pour cette réalisation exceptionnelle.

Il est important de ne pas confondre cette mention «spéciale» avec les notes supérieures de notre système actuel. Pour expliquer la différence, revenons un peu sur le système actuel. Un élève qui obtient une note exceptionnelle et un autre qui obtient à peine plus que la moyenne montent tous les deux de classe, même si celui qui a obtenu les meilleures notes a retenu (du moins pour un court moment) considérablement plus de choses. Avec le système que je propose, une nouvelle avenue s'ouvre à l'élève qui effectue un travail qui mérite la note de passage. Le choix d'essayer d'obtenir une mention «spéciale» dépend exclusivement de lui. Il décide d'abord s'il veut essayer de le faire et ensuite de la façon dont il veut le faire. Il doit faire preuve de jugement, prendre une décision et réfléchir à la façon d'appliquer cette dernière. Le travail supplémentaire que cela demande doit se faire en plus du travail régulier. Il faut souligner également une chose très importante: on ne décerne qu'une seule mention spéciale par semestre, ce qui empêche cette forme d'évaluation de devenir l'équivalent des bonnes notes actuelles.

Que doit faire l'élève pour obtenir cette mention spéciale? Les principes sont les mêmes pour tous les niveaux d'études: l'élève doit faire, de sa propre initiative, un travail supplémentaire d'une qualité exceptionnelle. Si le temps le permet, il peut présenter son travail à la classe, à la fois comme élément de formation pour elle et pour obtenir ses commentaires. C'est l'enseignant qui fera cependant l'évaluation finale du travail effectué. Le fait de présenter le travail à la classe incitera plus d'élèves à effectuer un travail vraiment personnel. Lorsqu'un élève tente d'obtenir cette reconnaissance particulière, il accepte, de plus, de consacrer chaque semaine un peu de son temps pour aider ceux qui réussissent un peu moins bien. Un élève qui réussit bien en histoire peut, par exemple, à n'importe quel niveau d'études de l'école primaire à l'école secondaire, vouloir approfondir ses connaissances sur une période donnée qui lui semble importante et l'intéresse particulièrement; il présentera et démontrera ensuite son travail à la classe. Si l'enseignant juge ce travail de très haute qualité, il recevra une mention spéciale en histoire. L'élève assume ainsi la responsabilité de son effort scolaire; il se fixe ses propres normes et effectue le travail supplémentaire qu'elles exigent.

Avec ce système, l'effort supplémentaire est récompensé, et l'éducation sort des sentiers battus. Des élèves qui se contenteraient actuellement de mémoriser des faits pour obtenir une bonne note effectueront un travail de qualité supérieure. Dans ce système, la reconnaissance n'est pas purement artificielle: elle sanctionne une compétence de base à laquelle s'ajoute un surcroît d'initiative et de responsabilité. Elle demande suffisamment de travail pour que les élèves ne cherchent à l'obtenir que dans un seul domaine à chaque semestre, ce qui met fin à l'absurde compétition actuelle pour l'obtention d'un nombre incalculable de bonnes notes. Ce système permet de débarrasser l'éducation de la stérilité désincarnée de la mémorisation de détails sans autre utilité que l'obtention de bonnes notes. Les enseignants et les élèves recherchent constamment de nouvelles idées ou de nouvelles variantes d'idées connues. Les bonnes idées affluent et ce, à tous les niveaux d'études; ce système donne une évaluation véritable et motive l'élève. Le système de notes actuel représente, au contraire, un sérieux obstacle à toute amélioration de l'éducation.

## L'évaluation à l'école secondaire

Le système d'évaluation que je viens de décrire s'applique aux six premières années d'école. À l'école secondaire, où les élèves ne rencontrent plus un seul enseignant par jour mais plutôt un professeur par matière, plusieurs modifications doivent être apportées. Le rapport détaillé rempli par l'enseignant unique de la classe hétérogène est remplacé par un rapport écrit par chaque professeur. Bien qu'il puisse ressembler à certains égards au bulletin de notes actuel, il en diffère considérablement par plusieurs détails et par l'accent qu'il met sur certains points. Comme au cours des six premières années d'école, il n'existe pas d'échecs, et les élèves réussissent tous les cours suivis. Les professeurs établissent certaines normes et *ne font passer que ceux qui atteignent ces normes.* Si un professeur fixe des normes trop élevées, les élèves éviteront ses cours ou alors le nombre d'élèves qui ne passeront pas sera tellement élevé que les parents se plaindront. Si un professeur fixe des normes trop basses, les autres professeurs qui recevront les élèves dans les cours plus avancés de la même matière se plaindront. C'est pourquoi des normes plus ou moins semblables finissent par prévaloir dans la même école.

Un élève qui n'atteint pas les normes fixées par le professeur a le droit de recommencer le cours. Jamais on ne lui attribuera officiellement un échec. Une rencontre avec son professeur lui indiquera s'il doit ou non recommencer le cours ou ce qu'il doit faire pour le passer. Son dossier personnel ne portera aucune trace de son incapacité à passer le cours. L'école n'enregistrera que les cours réussis et ceux qui ont valu à l'élève une mention spéciale. On demandera à chaque élève de conserver son bulletin pour le présenter quand il recommencera le cours. Ce bulletin sera la seule preuve qu'il a ou non déjà suivi un cours. S'il ne réussit pas à passer le cours après deux tentatives, il pourra demander à un comité de professeurs le droit de le recommencer une troisième fois. Quand un élève quitte une école, son bulletin est automatiquement déchiré. Si

129

les élèves qui changent d'école peuvent bénéficier de chances supplémentaires, c'est bien peu à payer comparativement au transfert d'un dossier indiquant un «échec».

En utilisant le système que je viens de décrire, on peut éliminer l'effet destructeur du système d'évaluation actuel. Les élèves plus lents, ceux qui ont eu des difficultés familiales ou personnelles, ceux qui ont été malades ou qui, à un moment particulier, ont perdu de l'intérêt, tous ont la chance de manifester une nouvelle motivation en recommençant un cours et en le réussissant à la deuxième ou, même, à la troisième tentative. Une école ne pourra avoir connaissance de ces différentes reprises de cours que si l'élève montre volontairement son bulletin précédent; le bulletin officiel ne fait état que des cours qu'il a réussis, et non pas du nombre de fois qu'il a recommencé un cours. Comme à l'école primaire, l'élève ne peut tenter d'obtenir qu'une seule mention spéciale par semestre et par matière; s'il choisit de s'y essayer, il devra se porter volontaire pour aider ceux qui éprouvent plus de difficultés.

Un système qui exclut l'échec encourage les élèves à suivre des cours difficiles, ce qui enrichit d'autant leur éducation. Un élève n'a pas à abandonner un cours parce qu'il craint d'obtenir une mauvaise note. Même s'il ne réussit pas du premier coup, il peut continuer pendant le reste du semestre à acquérir un certain nombre d'habiletés et de connaissances qui lui permettront peut-être de réussir le cours à la seconde tentative.

Pour instaurer ce système, il faudra au préalable réévaluer les normes utilisées. Notre tentative actuelle pour maintenir des normes élevées se solde souvent par un échec. Les professeurs couvrent trop de matière et demandent aux élèves d'en apprendre plus que ce qu'ils peuvent assimiler. Dans des matières comme la chimie, la physique, les mathématiques, l'économie ou la littérature, quelques élèves particulièrement compétents parviennent à suivre; les autres se laissent pourtant distancer et n'apprennent pratiquement rien. Reconnaissant que la plupart des élèves sont incapables d'atteindre le niveau requis, les professeurs distribuent beaucoup de mauvaises notes et réussissent ainsi à combiner des normes irréalistes avec des notes inadéquates. Plutôt que d'adopter une attitude honnête qui consisterait à faire échouer les élèves qui ne savent rien (presque tous les élèves qui n'obtiennent que la moyenne, ou même moins, dans un cours de n'importe quelle école secondaire ne connaissent rien de la matière), les professeurs gagnent du temps et accordent la moyenne à beaucoup d'élèves, ce qui trompe les deux parties. Les professeurs pensent qu'ils ont donné un bon cours puisque peu d'élèves ont échoué. Les élèves qui obtiennent un peu plus que la moyenne pensent qu'ils ont fait un travail moyen alors qu'en réalité, ils n'ont pratiquement rien appris. Ceux qui ont obtenu les notes les plus basses, sans pour autant connaître un échec mais qui n'ont strictement rien appris ont au moins la satisfaction de ne pas avoir à revivre la souffrance d'un autre semestre dans une classe où ils n'ont pas la moindre idée de ce qui se passe. Le système est sauvé, la seule victime est l'éducation.

Avec le système sans échec que je suggère (avec les mentions «réussi» et «spéciale»), les enseignants ne pourront plus maintenir leurs normes irréalistes actuelles. Les élèves retiennent peu de chose des cours difficiles qu'ils suivent. Beaucoup, se sachant insuffisamment préparés, ne suivent pas ce type de cours parce qu'ils ne veulent pas avoir de note moyenne sur leur bulletin. Nous pouvons continuer de donner des cours difficiles, mais nous devons accorder suffisamment de temps aux élèves pour qu'ils en assimilent le contenu. Cela signifie réduire le contenu à couvrir et leur donner plus de temps pour discuter des idées importantes en classe, pour qu'ils comprennent vraiment la matière au lieu de n'en assimiler que des bribes. À titre d'exemple, le cours de chimie de mon fils à l'école secondaire était plus difficile (exigeait plus de travail à un niveau plus élevé) que le cours que j'ai suivi lors de ma première année d'université. Les élèves d'aujourd'hui ne sont pourtant pas plus intelligents ni plus motivés que nous ne l'étions à l'université. La difficulté du cours combinée à la peur d'obtenir de mauvaises notes détourne beaucoup d'élèves de la chimie. Beaucoup de ceux qui suivent quand même le cours recueillent des notes faibles et ont besoin de leçons particulières pour obtenir une note un peu plus satisfaisante.

Comme mon fils avait réussi à survivre à son cours de chimie grâce à des leçons particulières, je lui ai suggéré de suivre le cours de physique. Il m'a ri au nez, avec raison, la physique à son école étant une matière encore plus difficile que la chimie; il aurait pourtant obtenu probablement la moyenne, mais cela aurait réduit ses chances d'admission à l'université. Avec cette note, il n'aurait pas suffisamment appris de physique pour que cela compense ses efforts, indépendamment de toute question d'admission à l'université. Je le répète, donc: nous devons couvrir moins de matière, *mais nous devons surtout couvrir la matière effectivement présentée plus lentement et plus en profondeur.* Quand les élèves sortiront d'un cours donné, ils seront sûrs de bien posséder ce qui leur a été présenté. Lorsqu'un enseignant fera passer un élève, cela voudra dire que ce dernier connaît la matière. Le contenu du cours de chimie, par exemple, pourrait être considérablement réduit et simplifié; on pourrait supprimer la mémorisation de tout ce qui n'est pas nécessaire. L'élève aurait encore des bases suffisantes pour entrer à l'université. Avec ce système d'évaluation, si un élève a besoin de trois semestres au lieu de deux pour acquérir les bases, il n'échouera pas et n'aura pas non plus de mauvaise note. Il pourrait certes y avoir quelques sections spéciales pour ceux qui voudraient aborder des notions plus difficiles, mais les sections régulières fourniraient une connaissance suffisante de la chimie élémentaire. Les universités apprendraient vite qu'un élève qui sort de l'école possède une bonne connaissance de base de la chimie. Elles n'ont pas à savoir si un élève a pris un peu plus de temps qu'un autre pour maîtriser la matière. En résumé, je citerai un enseignant de l'école secondaire venu me parler après une de mes conférences: «Il n'y a que deux endroits dans la société où le temps l'emporte sur le travail à accomplir: l'école et la prison. Partout ailleurs, le travail à effectuer compte plus que le temps mis pour le faire.»

Un des arguments contre le système que je préconise voudrait que les universités aient de la difficulté à recruter les étudiants parmi les candidats provenant d'écoles où le système d'évaluation conventionnel n'est pas appliqué. À mon sens, cet argument ne tient pas, du moins si on l'applique aussi aux autres suggestions présentées dans ce livre. Les universités qui recherchent des étudiants capables de réfléchir plutôt que de mémoriser ont plus de chances d'en trouver chez les finissants des établissements où l'on applique mon système d'évaluation et une éducation axée sur la réflexion. Les élèves issus des deux types de système vont de toute façon subir les tests ou les examens d'admission requis par les universités. Dans la mesure où ces examens exigent de la réflexion, les étudiants venant d'établissements où l'on applique les idées contenues dans ce livre réussiront mieux. Je suggère que les écoles mettent sur pied des classes spéciales pour les élèves qui songent à entrer à l'université, pour mieux les préparer aux examens d'admission en leur faisant apprendre la matière requise. La plupart des universités montrent, par leurs examens fondés sur la mémorisation de faits, qu'elles sont malheureusement plutôt intéressées à des étudiants doués de mémoire. Certaines universités, toutefois, favorisent des entrevues de sélection; au cours de ces rencontres, les étudiants qui ont appris à participer à des discussions collectives, de la maternelle à la fin de l'école secondaire, bénéficieront d'un avantage marqué sur ceux qui sortent des écoles conventionnelles, où l'on ne participe presque jamais, ou même pas du tout, à des discussions. Les universités demandent souvent dans leurs examens d'admission de savoir disserter sur une question donnée. Là encore, les étudiants qui pendant toutes leurs études ont été habitués à rédiger des essais ou des dissertations plutôt qu'à répondre à des tests objectifs réussiront bien. Les universités exigent aussi des lettres de recommandation de la part des enseignants. Comme il se crée beaucoup de rapports personnels entre les élèves et les enseignants dans les écoles qui appliquent les idées contenues dans ce livre, les comités de sélection sauront vite que les recommandations faites par les enseignants de ces écoles reflètent une bonne connaissance de l'élève et ne sont pas de pures conjectures.

Bien que ce ne soit pas dans mon intention de mettre en corrélation la mention «spéciale» prévue dans mon système avec les meilleures des notes obtenues du système conventionnel, il est sûr que certaines de ces mentions dans le dossier de l'élève indiqueront qu'il est capable d'un travail autonome et responsable. Les universités pourraient aussi exiger de l'école qu'elle joigne au dossier de l'étudiant un des travaux qui lui ont valu cette distinction particulière. Le comité de sélection pourrait ainsi juger de la qualité du travail qui a mérité cette reconnaissance d'excellence. Si un seul travail est soumis, à titre d'échantillon, pour la sélection, les étudiants pourront, eux, au moment de l'entrevue, décrire les autres travaux qui auront pu leur valoir cette mention particulière. Ils auront d'ailleurs beaucoup plus de choses à dire que les étudiants issus d'établissements conventionnels, qui auront eu sans doute fort peu d'occasions de remettre des travaux d'une telle qualité. Compte tenu de tout cela, je crois que les institutions d'enseignement secondaire qui auront adopté les suggestions de ce livre n'auront aucun mal à faire admettre leurs élèves dans n'importe quelle université.

Je n'ai pas encore parlé d'un problème essentiel: que faire des élèves qui ne réussissent que quelques cours à l'école secondaire? Bien que je croie que les pratiques recommandées ici vont pousser bien plus d'élèves à réussir, il y en aura toujours qui se révéleront incapables d'y parvenir à mesure que le travail exigé d'eux deviendra plus difficile. Pour ces derniers, nous devons instaurer un cheminement parallèle composé de cours plus simples qui ne préparent pas à l'entrée à l'université.

Il visera surtout à préparer l'élève à un métier. On pourra conseiller à certains élèves de suivre ce cheminement parallèle pour pouvoir réussir les cours qu'ils entreprennent. Obtenant des diplômes qui préciseront dans quels domaines ils ont été formés, ces élèves seront prêts à recevoir plus tard une formation dans leur lieu de travail. Il existe pour chaque élève un niveau où il peut réussir. L'échec ne sera donc plus la barrière qu'il représente trop souvent; cette barrière empêche de nombreux élèves de recevoir une formation professionnelle en leur demandant de réussir plus qu'ils ne peuvent le faire dans les disciplines scolaires traditionnelles et en les poussant à décrocher. Dans la plupart des écoles, il faudra mettre sur pied des programmes qui donnent à tous les élèves une chance de réussir un cheminement complet dans une discipline donnée: formation professionnelle ou disciplines traditionnelles. S'il sera difficile de maintenir des classes hétérogènes pour les cheminements individuels, nous pourrons au moins le faire pour les cours du tronc commun, où les élèves pourront participer aux discussions de classe décrites aux chapitres suivants.

## Les tests objectifs

L'adoption du système que je préconise accordera aux tests objectifs un rôle plus utile. Dans une éducation axée sur la résolution de problèmes, nous avons besoin de faits pour émettre des jugements qui mènent à des prises de décisions; il importe donc que toute la classe apprenne un certain nombre de faits. Bien que le test objectif soit un bon moyen pour apprendre des faits, on devra écarter de l'évaluation tout test dont les réponses ne concernent que des faits. Si l'on s'en sert uniquement comme instrument d'autoévaluation dans les phases initiales de la réflexion et de la résolution de problèmes, le test objectif représente un bon outil. Quand ils n'ont pas à se préoccuper de leurs notes, les élèves aiment bien ces exercices. Quelle que soit la somme de faits exigée par chaque enseignant, elle sera ramenée à sa juste valeur plutôt que de se voir accorder une importance démesurée, comme c'est le cas dans le système actuel d'évaluation. Si l'on utilise un test objectif dans un examen de passage, on devra donner à l'élève la possibilité d'expliquer ou de développer davantage sa réponse. Un tel test devra être court et permettre à l'élève de se défendre et de s'expliquer, par écrit comme devant la classe. Bien que certains enseignants prétendent ne pas avoir le temps de permettre à leurs élèves de justifier leurs réponses aux questions d'un test, cet argument est difficile à soutenir. Lorsque l'on fera disparaître la notion d'échec du monde de l'éducation, le temps consacré à l'enseignement s'en trouvera grandement accru. Ce sont en effet les élèves en difficulté qui demandent du temps, et ce temps est souvent gaspillé.

Comme pour les tests objectifs, on ne devrait pas se servir des interrogations écrites sans livre pour évaluer les élèves. Si cette méthode amène l'élève à retenir des faits qui l'aideront à former son jugement, une interrogation écrite sans livre non notée peut s'avérer utile. On ne devrait y avoir recours que pour aider l'élève à mémoriser; la modération sera de rigueur, puisque seuls quelques faits méritent d'être retenus. L'élève se souviendra toujours des faits importants en formant son jugement et en prenant des décisions. Dans toutes les discussions ou les tests évalués qui déterminent le passage dans la classe supérieure, les livres, les notes et toutes les sources d'information possibles devraient être autorisés. Les sources de référence étant toujours disponibles dans la vie réelle, il devrait en être de même à l'école. Le recours à des instruments de référence accroît la formation contrairement au système actuel, qui est restrictif parce qu'il confie tout à la mémoire. De même qu'un enseignant ne devrait pas dire à un élève ce qu'il doit apporter pour passer un test, il ne devrait pas non plus lui indiquer ce qu'il *ne doit pas* apporter.

L'application des suggestions présentées dans ce chapitre contribuera à changer l'atmosphère de l'école: la réussite y remplacera l'échec. Le fossé qui sépare les élèves qui réussissent de ceux qui échouent s'en trouvera considérablement réduit. Enseigner deviendra plus facile et plus valorisant, car les enseignants n'auront plus à faire face à l'éternelle controverse concernant les notes.

## La formation des enseignants

Il sera plus facile d'instaurer les changements suggérés dans ce chapitre si les enseignants expérimentent eux-mêmes ce type d'éducation. Si, pendant leurs études et jusqu'à l'université, ils ont été soumis à la mémorisation de faits et à une éducation fondée sur les notes, exigeant peu de réflexion et composée de choses assez peu pertinentes, il seront enclins, qu'ils le veuillent ou non, à utiliser les mêmes méthodes avec leurs élèves. Espérons qu'un jour viendra où les enseignants recevront, de l'école maternelle à l'université, une meilleure éducation que celle qu'ils reçoivent à l'heure actuelle. Mais, d'ici là, que peut-on faire?

Je propose tout d'abord qu'une part importante du programme de formation des maîtres soit consacrée à ce que j'appellerai «l'éducation fondamentale». Tout étudiant désirant enseigner participera à un séminaire ouvert sur l'éducation, de son entrée dans le programme jusqu'au moment où il recevra son diplôme. Animé selon les suggestions présentées dans ce chapitre, le séminaire fera également place aux types de discussions présentées au chapitre 10. Le sujet principal du séminaire sera l'enseignement; les étudiants devront réfléchir à tous les aspects de sa pratique et aux meilleures façons de l'améliorer. Les étudiants iront observer des classes, assisteront à des conférences et à des séminaires, de l'école primaire à l'université, afin d'étudier divers enseignants et leurs méthodes, d'évaluer ce qu'ils auront observé et de rapporter ces observations et ces évaluations à l'intérieur du séminaire. Des professeurs d'université, des enseignants des écoles publiques et, surtout,

137

des étudiants de tous les niveaux d'enseignement seront périodiquement invités à participer au séminaire, dans un effort commun pour découvrir les meilleures façons d'enseigner, à tous les niveaux comme dans toutes les matières. Ces discussions amèneront non pas des solutions définitives, mais beaucoup d'heureuses suggestions que chaque étudiant pourra appliquer en fonction de sa personnalité propre. Le même genre de séminaire devrait se tenir dans chaque école; pendant au moins deux ans, tout nouvel enseignant participera à un groupe de réflexion animé par des enseignants chevronnés et rétribués pour cette tâche. La performance du nouvel enseignant à l'intérieur du groupe ne devra pas faire partie de son évaluation pour l'acquisition de sa permanence. Le séminaire devra mettre l'accent sur l'efficacité de chacun de ses membres dans son métier d'enseignant.

Ma seconde proposition pour améliorer la formation des enseignants serait d'inciter les étudiants à suivre seulement quelques cours théoriques en éducation à l'université, en plus du séminaire d'éducation fondamentale; ils consacreront le reste du temps à suivre des cours de formation pratique. De cette façon, ils pourront recevoir une année entière (plutôt qu'un seul semestre) de formation pratique. Des discussions sur la formation pratique devraient être incluses dans le séminaire d'éducation fondamentale, afin que chacun sache bien quelles sont, parmi toutes les techniques utilisées par les étudiants, celles qui sont efficaces et celles qui ne le sont pas. La plupart des enseignants entrent malheureusement dans cette profession avec trop peu d'expérience acquise sous la supervision d'enseignants chevronnés. Les nouveaux enseignants devraient acquérir beucoup plus d'expérience supervisée, à la fois pendant leur formation et pendant leur période stagiaire. Les notes et l'évaluation devraient être abolies pour qu'ils puissent expérimenter diverses méthodes sans craindre de se faire critiquer. La peur de la critique sanctionnée par des notes pendant les années d'enseignement supervisé est difficile à chasser une fois que l'enseignant a commencé sa carrière professionnelle. Ils géreront souvent leurs classes d'une façon telle que leurs élèves hésiteront à parler de peur d'être notés sur ce qu'ils disent.

Même si les propositions faites ici sont limitées, elles ont surtout pour objectif de souligner la nécessité d'améliorer la formation des enseignants. Si elle n'est pas effectivement améliorée, il sera difficile d'effectuer les nombreux changements qui s'imposent dans le domaine de l'éducation.

# Chapitre 9

# La création de nouveaux programmes

Les chapitres précédents contenaient beaucoup de propositions pour changer les pratiques pédagogiques et diminuer l'échec scolaire. Dans les trois chapitres qui suivent, je vais décrire les réunions de classe mentionnées précédemment, en tant que moyens d'impliquer les élèves dans des discussions sur des sujets pertinents. Quand j'en parle avec des enseignants et des directeurs d'école, ils me disent souvent: «Ce sont d'excellentes suggestions, mais on ne pourra jamais les appliquer ici.» L'attitude générale revient à dire qu'il est pratiquement impossible de changer le *statu quo.*

Comme j'essaie malgré tout d'effectuer ces changements, je vais d'abord essayer de voir pourquoi les nouvelles idées s'implantent si lentement dans les écoles. Un doyen d'une faculté des sciences de l'éducation faisait récemment le commentaire suivant à propos de la façon dont les superviseurs, les spécialistes, les consultants et autres experts passent leur temps à proposer des changements: «Lorsque les enseignants sortent de leurs réunions et referment la porte de leur classe, les choses se passent la plupart du temps comme elles se passaient il y a vingt ans.» Mon expérience, si limitée soit-elle, ne fait que confirmer la pertinence de cette réflexion.

D'après mon expérience d'intervenant dans les écoles, j'aimerais faire quelques suggestions qui, je l'espère, pourront amener les écoles à faire plus que de discourir sur la nécessité de changer leurs méthodes traditionnelles. Un obstacle majeur, pour implanter de nouveaux programmes et avoir recours à de nouvelles méthodes, vient du fait que la majeure partie de la réflexion sur l'éducation émane de facultés des sciences de l'éducation liées, pour leur formation et leur recherche, à des écoles desservant la classe moyenne et les classes fortunées. Ces écoles font en général un assez bon travail; il y a donc peu de raisons de vouloir changer le système. Là où l'éducation est cependant un échec, dans les quartiers défavorisés par exemple, on essaie fort peu de méthodes nouvelles, parce que les innovateurs ne restent pas suffisamment longtemps dans ces écoles pour y effectuer des changements significatifs; les enseignants résistent à l'innovation, craignant qu'elle ne rende leur travail encore plus difficile. Ils disent pouvoir à peine survivre à leur journée de travail et se montrent peu enclins à avoir, en plus, à se soucier des suggestions faites par des gens venant de l'extérieur qui, de toute façon, ne comprennent rien à leurs problèmes. Dans les quartiers aisés, où les enfants mémorisent encore trop souvent des faits, mais ne se plaignent pas trop du manque de pertinence de ce qu'on leur enseigne, les enseignants n'ont guère envie de risquer de faire chavirer le bateau en essayant de nouvelles approches. Là où l'éducation échoue lamentablement, les enseignants sont trop submergés de travail ou découragés pour tenter quoi que ce soit de nouveau. Si l'éducation dans les quartiers aisés était dans un état aussi pitoyable qu'elle ne l'est dans les quartiers défavorisés, les parents feraient crouler les murs sous leurs revendications. Si l'éducation dans les quartiers défavorisés réussissait aussi bien qu'elle semble le faire dans les quartiers aisés, nous serions moins inquiets que nous ne le sommes actuellement. Les parents des quartiers défavorisés ne se plaignent cependant pas pour deux raisons: ils n'ont aucune échelle de comparaison, ayant eux-même échoué dans leurs études; ils n'ont, de plus, ni organisation ni pouvoir politique.

L'état lamentable de l'éducation dans les quartiers défavorisés, davantage dénoncé par les éducateurs que par les parents et les élèves, m'a amené à venir travailler dans ces écoles; de la même façon, c'est le grave problème de la rééducation des jeunes délinquantes qui m'a donné la chance de pouvoir travailler à l'école Ventura. Il est rare d'avoir la possibilité de développer et d'appliquer de nouvelles idées. Le seul point positif de l'échec de l'éducation en milieu défavorisé est qu'il rend le besoin de changement évident aux yeux des enseignants et des directeurs d'école consciencieux; les parents et les élèves commencent, eux aussi, à prendre conscience de ce besoin. Les changements dans l'éducation ont peu de chances de provenir des quartiers aisés, contents de leur sort. Ils viendront des quartiers défavorisés ou ne viendront pas du tout.

Quels sont les problèmes rencontrés par quiconque tente d'amener les enseignants à expérimenter de nouvelles idées et de nouveaux programmes? Bien qu'ils vivent de graves problèmes d'échec dans les quartiers défavorisés et, à un degré moindre, dans les quartiers aisés, les enseignants se sentent malgré tout menacés par quiconque vient leur proposer des changements radicaux dans les méthodes d'enseignement ou dans les programmes. Il est difficile de décrire l'atmosphère qui prévaut lorsque j'entre pour la première fois dans la plupart des écoles. On semble s'être résigné à la situation courante; malgré une insatisfaction visible, une certaine hostilité attend celui qui vient proposer des changements. La résistance se fait sentir non seulement au niveau des méthodes que le corps enseignant juge bonnes, mais aussi au niveau de celles qu'il trouve inadéquates.

Les directeurs d'école affichent la même attitude, à un degré moindre cependant. Ils reprochent aux enseignants et aux parents leur incapacité de changer les choses. De leur côté, les parents blâment les directeurs et les enseignants de ne pas faire de changements. C'est un éternel cercle vicieux: les enseignants blâment les parents et les directeurs, qui, à leur tour, blâment les enseignants et les parents, qui, à leur tour, blâment les enseignants et les directeurs.

Derrière cette résistance au changement se cache une attitude générale négative, à cause probablement de l'importance accordée aux notes et à l'atmosphère d'échec qui règne à la fois sur les élèves et sur les enseignants. J'ai déjà parlé, au chapitre 8, de cette attitude qui bloque le changement et conduit à un enseignement de piètre qualité. Tout le monde dans l'école semble tellement préoccupé par l'échec et les notes; les enseignants craignent que leur directeur, ou un parent qui se plaint auprès des autorités, ne découvre que ce qu'ils font soit évalué ou critiqué comme étant une mauvaise initiative de leur part. Ils évitent d'apporter des changements pour que personne ne puisse les considérer comme des ratés si leur nouveau programme n'est pas parfait.

La peur du changement est moins répandue chez les directeurs d'école que chez les enseignants; elle l'est également moins chez les bons enseignants soutenus par de bons directeurs. Quand il y a, chez les enseignants et les directeurs, un véritable désir de changement, le principal obstacle à l'application de nouvelles idées reste encore le manque de confiance des enseignants dans le soutien que peut leur apporter la direction. Les directeurs doivent préciser l'envergure et le contenu des changements proposés; ils doivent leur apporter un soutien solide et constant. De brèves directives et des discussions rapides ne sauraient suffire.

Bien qu'il soit souhaitable que les changements viennent des besoins exprimés par le personnel enseignant, on ne saurait s'en remettre uniquement à lui. Le programme de groupes de lecture homogènes mentionné au chapitre précédent est un exemple de changement suggéré par les enseignants. Il a été mis sur pied à la suite d'une série de discussions entre enseignants sur les difficultés de l'enseignement de la lecture. Insatisfaits des programmes existants, les enseignants ont rapidement mis en application leur nouveau programme. Il a été, par contre, difficile d'implanter les réunions de classe, dont je parlerai dans les trois prochains chapitres; les enseignants ont généralement du mal à comprendre le bien-fondé de cette nouvelle pratique tant qu'ils ne l'ont pas eux-mêmes essayée.

Comme ils ont personnellement fort peu d'expériences de discussions sérieuses à l'école, ils ne se sentent pas suffisamment préparés pour animer de telles discussions dans leur classe. Craignant d'échouer, ils ont tendance à éviter d'en prendre l'initiative. De façon surprenante, la plus grande résistance s'est manifestée lorsqu'il s'est agi de disposer la classe en cercle, comme l'exige toute bonne discussion. Tous les enseignants qui se plaignent de ne pas réussir à animer une discussion de classe finissent par admettre qu'ils n'ont pas disposé leur classe en cercle pour la discussion. Ils tentent d'imaginer d'autres dispositions spatiales ou se contentent de la disposition en rangées de la classe habituelle, ce qui constitue un obstacle presque insurmontable. Les enseignants résistent à ma suggestion, même si je continue à leur répéter que je n'ai personnellement jamais vu de discussion réussie lorsque la classe n'était pas disposée en cercle. Plusieurs directeurs d'école m'ont avoué carrément que certains enseignants refusaient de le faire. Le refus de se livrer à une opération apparemment inoffensive et qui ne requiert pas plus d'une minute ou deux la première fois, et encore moins par la suite, illustre bien la résistance au changement des enseignants lorsqu'ils hésitent à adopter une nouvelle technique d'enseignement. Pour tenter de vaincre cette résistance, je montre maintenant non seulement comment animer une réunion, mais aussi comment disposer la classe en cercle. La réussite que connaissent les enseignants et la satisfaction qu'ils éprouvent lorsqu'ils suivent mes suggestions sont extrêmement gratifiantes pour moi.

Le changement s'instaure donc mieux quand il est le fruit de réunions entre les enseignants, qui déterminent la façon de résoudre les problèmes. Les enseignants doivent donc être eux-mêmes partie prenante dans le besoin de changement et le désir de nouveaux programmes. Il faut leur apprendre avec patience et cohérence comment implanter tout changement suggéré. Lorsqu'il s'agit d'appliquer leurs propres idées, il faut les réunir en groupes de discussion. Pour que tout nouveau programme réussisse, les enseignants eux-mêmes doivent penser qu'il est nécessaire. Le manque de pertinence à leurs yeux entraîne l'échec de beaucoup de nouvelles approches. Les «nouvelles mathématiques» sont un excellent exemple de nouvelle approche que les enseignants ne comprennent pas et qu'ils enseignent souvent mal parce qu'ils doutent de sa pertinence.

Il me faut ici faire une brève mise au point sur la responsabilité d'initier le changement. Les enseignants devraient, en tant que groupe, avoir la chance de faire connaître leurs propositions aux réunions du personnel enseignant pour les soumettre à la discussion et initier des changements. Ils devraient pouvoir suggérer d'eux-mêmes des changements aussi radicaux que l'abandon de certains livres de lecture et la mise sur pied d'un programme d'apprentissage de la lecture qui mette à profit la maison, la bibliothèque de l'école et toutes les sources de référence que l'on peut trouver à l'école. Les résultats de ces nouvelles méthodes devraient être présentés au personnel enseignant. Ils ne peuvent cependant pas assumer la responsabilité de tous les changements et ne sont pas non plus tenus d'être d'accord sur tous les changements proposés par la direction. Les réunions de classe, pour prendre un exemple, ne seraient jamais implantées si on en laissait l'initiative aux enseignants seuls. Elles se font à la suggestion d'un directeur avec le concours des enseignants, que l'on doit ensuite aider pour les implanter. Pour réussir un tel changement, il est nécessaire d'obtenir le concours des enseignants; aucun directeur ne saurait forcer ses enseignants à tenir des réunions de classe contre leur gré.

Certains changements majeurs, comme l'abandon des bulletins de notes traditionnels, peuvent être instaurés et menés à bien par la direction. J'ai récemment participé à l'élimination ou à la modification des bulletins scolaires dans plusieurs écoles. Dans l'une d'elles, lorsque la décision de ne plus donner de bulletin a été annoncée par le directeur, les enseignants se sont appliqués à mettre sur pied une nouvelle façon de faire malgré tout un rapport aux parents. Ils sont tombés d'accord sur des rencontres avec les parents. Dans une autre école, par contre, quand nous avons demandé au personnel enseignant de suggérer une meilleure façon d'évaluer les élèves que le système de notes actuel, il y a eu tellement de disputes qu'il a été impossible de trouver un autre moyen d'évaluation. À la différence de l'implantation des réunions de classe, le système de notes peut être éliminé par la direction. Bien que la coopération du personnel enseignant puisse favoriser l'implantation de tous les changements, elle n'est essentielle que lorsqu'on présente quelque chose de nouveau. Supprimer de vieilles habitudes, comme celles du bulletin de notes, n'exige qu'une direction déterminée et la possibilité pour les enseignants d'avoir une alternative sur laquelle travailler.

Dans la plupart des écoles, il s'avère difficile d'instaurer des changements parce qu'une des conditions préalables (que les enseignants aient le temps de se réunir) n'est pas remplie. Ils ont besoin de temps pour discuter, mettre au point et accepter de nouvelles approches, pour en voir la démonstration et recevoir sans cesse de nouvelles indications. Au lieu de constituer un ensemble soudé travaillant de concert à résoudre les problèmes, la plupart des enseignants travaillent seuls dans leurs classes, chacun faisant de son mieux sans trop savoir ni vraiment comprendre ce que font ses collègues dans leurs classes respectives. Bien que chacun d'eux garde comme objectif vague mais rarement remis en cause d'amener ses élèves au meilleur niveau qui soit, peu d'entre eux se préoccupent de la façon dont on a enseigné à ces élèves avant leur arrivée dans leur classe ou de la façon dont on va leur enseigner dans la classe suivante. Toutes les écoles ont besoin que leurs enseignants se réunissent régulièrement pour imaginer et planifier un projet éducatif propre à leur école. Une fois que l'on s'est mis d'accord sur ce projet, on devrait le mettre en application grâce à de nouvelles approches et à de nouvelles techniques là où les anciennes n'ont pas réussi. Les écoles diffèrent, non seulement de la plupart des entreprises commerciales, mais aussi de toutes les autres organisations qui ont pour objectif d'améliorer le comportement humain; très peu de temps (ou même parfois pas de temps du tout) est consacré à la réunion des principaux intervenants. À moins que les enseignants ne puissent se rencontrer et former des comités de travail avec la direction et les directeurs de départements pour mettre sur pied des interventions et des programmes destinés à résoudre les problèmes de l'éducation, il ne se produira rien de nouveau. J'avoue avoir hésité à écrire la phrase précédente, car je sais que beaucoup de mes lecteurs diront avoir eu de mauvaises expériences dans les comités, qui sont pour eux une perte de temps et ne font pas grand-chose. Si l'on ne donne cependant pas aux comités d'école le mandat d'appliquer eux-mêmes leurs recommandations, eux aussi n'auront aucune signification.

À l'heure actuelle, le contact entre les enseignants d'une école moyenne est si limité que très peu d'entre eux ont même jamais vu un de leurs collègues enseigner. Aucun enseignant ne se sent à l'aise lorsque le directeur entre dans sa classe. L'esprit d'équipe est pratiquement inexistant; chaque enseignant ne se sent concerné que par ses propres problèmes. Plus nous parviendrons à briser cet isolement, pour permettre aux enseignants de s'observer mutuellement et d'apprendre les uns des autres, meilleure sera l'éducation. Je donnerai un excellent exemple d'une école où les enseignants s'aident les uns les autres au chapitre 15.

Une des façons les plus dérangeantes qui soit d'animer une réunion d'éducateurs consiste à leur demander de discuter de leur conception de l'éducation et d'écrire à mesure au tableau les différents points mis de l'avant. Je me suis servi de cette technique récemment avec un grand groupe de directeurs d'écoles primaires qui, après quelques difficultés au départ, ont fini par dresser une excellente liste des objectifs de toute éducation. Faisaient partie de cette liste la plupart des idées exprimées au chapitre précédent, y compris le souci de la réflexion, l'attention individuelle portée à chaque enfant, la volonté de donner une éducation pertinente et d'assurer la réussite de tous les élèves. Après une heure de discussion, un des participants qui n'avait pas encore pris la parole leva la main et dit que le groupe avait sans conteste produit une excellente liste, mais que rien de ce qui apparaissait au tableau ne se réalisait dans son école à lui. Après quelques rires nerveux, tous tombèrent d'accord pour dire franchement, mais avec une certaine gêne, que, dans leur école, l'éducation était plutôt fondée sur la mémorisation de faits, le manque d'implication et l'échec que sur tous les beaux principes inscrits au tableau. Il fut dès lors facile de les mettre d'accord pour dire qu'il nous faut d'abord découvrir, de nous-mêmes ou grâce à l'aide des autres, les failles de nos programmes et de nos pratiques, puis combler le fossé existant entre ce que nous faisons effectivement et l'idée que nous avons d'une bonne éducation. Ce fossé persiste, non seulement parce que les directeurs et les enseignants n'ont pas le temps de se réunir pour discuter des problèmes d'éducation dans une atmosphère d'honnête questionnement et sans pression, mais aussi parce qu'ils n'ont qu'une vague idée de ce qui doit être fait.

Quand je m'adresse à des éducateurs, des enseignants, des directeurs et des administrateurs scolaires, comme je l'ai encore fait récemment, je m'aperçois qu'ils se montrent très réceptifs aux idées avancées ici. Quand toute une organisation est d'accord, comme ce fut le cas ce jour-là, pour fermer l'école une journée entière afin de permettre à tout le monde d'entendre de nouvelles idées et d'établir des plans précis pour les appliquer et en assurer le suivi, il est possible de faire bien des choses. Non seulement les écoles devraient-elles fermer quelques jours par année pour permettre à de nouvelles idées de germer, mais l'application de ces nouvelles idées se ferait de façon plus efficace si l'on programmait chaque semaine des réunions d'enseignants dans le cadre de l'horaire régulier. Comme ces derniers n'ont aucune envie de faire des heures supplémentaires, la grogne engendrée par la convocation à des réunions après les heures d'école régulières rendra impossible l'application réussie de nouvelles formules. Le temps nécessaire à cette rencontre des enseignants peut être dégagé par l'instauration d'une journée d'école plus courte une fois par semaine. Pour accorder aux écoles les subventions nécessaires, la plupart des pays exigent que les élèves passent au moins quatre heures et demie par jour à l'école. La plupart des écoles exigent, de leur côté, que les enseignants passent au moins sept heures par jour à l'école. La différence peut donc être utilisée pour les réunions des enseignants. On disposera ainsi d'au moins deux heures au cours desquelles les enseignants pourront mettre au point de nouvelles façons d'appliquer le projet éducatif qu'ils seront amenés à se donner. Beaucoup des nouvelles approches mises de l'avant dans les écoles où je travaille, comme par exemple les groupes de lecture homogènes, ont émergé de rencontres du personnel enseignant que j'ai organisées.

La réunion de classe a été la principale innovation que j'ai introduite dans les écoles publiques, à partir de mon expérience à l'école Ventura. Au début, les enseignants pensaient que les réunions de classe n'étaient guère différentes de ce que beaucoup d'entre eux connaissaient déjà. Il a fallu de nombreuses rencontres et de nombreuses démonstrations pour leur faire voir les différences importantes qui existent entre mon approche et la façon habituelle d'animer une classe (ces différences seront clairement expliquées dans les trois chapitres suivants). Des démonstrations répétées, à la fois devant le personnel enseignant au grand complet et devant des groupes plus restreints, m'ont permis de convaincre les enseignants du bien-fondé de ces réunions. Si les enseignants n'avaient pas su trouver le temps de me rencontrer, nous n'aurions jamais pu amorcer de tels changements. Une fois que les enseignants commencent à avoir recours aux réunions de classe, ils ont besoin de recevoir un renforcement constant en discutant des progrès accomplis grâce à cette nouvelle technique. Au début, seul un petit nombre d'entre eux commencera à tenir des réunions de classe à partir de ce qu'ils ont appris dans nos discussions et les démonstrations; d'autres enseignants seront ensuite encouragés à s'y essayer, jusqu'à ce que cette approche finisse par se pratiquer dans presque toute l'école. Les enfants auront ainsi la chance de participer à des réunions de classe pendant toutes leurs années d'études. Les enseignants reconnaissent le bien-fondé des réunions de classe quand ils s'aperçoivent que les enfants apprennent à réfléchir, à écouter les autres, à résoudre des problèmes et à traiter de questions intellectuelles.

Il ne suffit cependant pas de donner aux enseignants le temps de se rencontrer. Si ces rencontres ne sont pas bien planifiées, on peut s'attendre à une réaction négative immédiate de la part des parents au fait que les enseignants tiennent des réunions durant les heures d'école. À moins de présenter des résultats positifs, les enseignants se feront accuser de perdre leur temps. Des cours universitaires dispensés à l'école peuvent toutefois s'avérer positifs. Ces cours impliquent directement les enseignants dans leur travail avec les élèves. Beaucoup d'entre eux ont des certificats d'enseignement provisoires et doivent suivre des cours pour obtenir une autorisation définitive. Certains suivent, dans les universités locales, des cours qui n'ont souvent qu'un rapport lointain avec leurs véritables besoins, c'est-à-dire améliorer leur enseignement en maîtrisant mieux les techniques éprouvées et en en apprenant de nouvelles. Les enseignants qui participent à ces cours à l'école sans avoir besoin de nouveaux diplômes pourraient recevoir des unités en éducation continue en vue d'une augmentation de salaire, procédure déjà en vigueur dans plusieurs organisations scolaires: j'ai moi-même donné de ces cours universitaires dans des écoles; souvent, la moitié du personnel enseignant s'y était inscrite parce que intéressée par le sujet traité: les discussions de classe. Si ces cours se donnaient durant les heures d'école à la fin d'une journée de classe réduite, la fréquentation approcherait probablement les 100 %. Ce cours ne coûte rien à l'école puisque mon salaire est payé par l'université. Celle-ci en tire profit en y envoyant des étudiants en stage, qui apprennent leur métier en travaillant avec des enseignants chevronnés. Les réunions d'enseignants et les cours universitaires dispensés à l'école peuvent même contribuer de façon significative à améliorer l'école.

# Chapitre 10

## Les réunions de classe

Dans ce chapitre et dans les deux chapitres suivants, je vais décrire en détail les réunions de classe dont j'ai parlé précédemment. Il s'agit de rencontres dénuées de toute critique dans lesquelles l'enseignant anime une discussion avec la classe sur des sujets que les élèves considèrent comme importants et qui les concernent. Il existe trois types de réunions: *la réunion visant à résoudre des problèmes à caractère social*, qui concerne le comportement des élèves à l'école; *la réunion à sujet libre*, qui traite de questions importantes d'ordre intellectuel; et *la réunion pédagogique*, qui s'intéresse à la façon dont les élèves assimilent les concepts du programme d'enseignement. Ces trois types de réunions devraient faire partie intégrante du programme régulier de l'école. D'après mon expérience, les enseignants qui partagent ma conception de l'éducation appuient chaleureusement cette formule.

## Les réunions de résolution de problèmes sociaux

Les problèmes à caractère social vécus à l'école, dont certains conduisent à l'application de mesures disciplinaires envers certains élèves, sont mieux abordés s'ils sont discutés par la classe, chaque enseignant agissant comme le meneur du groupe. Les réunions du personnel enseignant poursuivent le même objectif que la réunion de classe: *s'efforcer de résoudre les problèmes d'éducation individuels et collectifs de la classe et de l'école.* Dès l'école maternelle, les élèves devraient découvrir que chaque classe ressemble à une équipe chargée de résoudre ses problèmes; chaque élève a des responsabilités à la fois individuelles et collectives: la responsabilité d'apprendre et celle de se comporter de façon à favoriser l'apprentissage de toute la classe. En discutant des problèmes collectifs et individuels rencontrés, les élèves et leur enseignant parviennent généralement à les résoudre. Si les enfants apprennent à participer à des réunions visant à résoudre des problèmes dès leur entrée à l'école et tout au long des six années de l'école primaire, ils apprendront que le monde n'est pas un endroit mystérieux, parfois hostile et effrayant, où ils ont peu de maîtrise sur ce qui se passe. Ils apprendront que, même s'il peut se présenter des difficultés, ils peuvent réfléchir individuellement ou en groupe *sur la façon de résoudre les problèmes de la vie dans le monde de l'école.* Plus important encore, cela les aidera à réussir leurs études. Voici comment un professeur de psychologie décrit cet avantage sur le plan éducatif:

> En plus des caractéristiques de l'*école* liées à la réussite de l'élève, on observe des caractéristiques propres à l'*élève* lui-même qui semblent avoir plus d'influence encore sur sa réussite que toutes celles de l'école combinées. *C'est la façon dont l'élève sent qu'il a la maîtrise de son destin qui influe le plus sur sa réussite.* Ce sentiment de pouvoir est moins répandu chez les élèves noirs, mais quand ils l'éprouvent, eux aussi, *leur réussite est plus grande que celle des élèves blancs qui ne connaissent pas ce sentiment* (c'est moi qui souligne).

Les enfants font face à de nombreux problèmes à caractère social à l'école; certains peuvent exiger des mesures d'ordre disciplinaire, d'autres non. Dans des conditions normales, où l'on n'essaie pas de leur montrer systématiquement à résoudre des problèmes à caractère social, les élèves trouvent que les problèmes liés à la façon de se comporter avec les autres à l'école sont difficiles à régler. Il n'en faut pas beaucoup pour qu'ils soient portés à fuir le problème, à se désintéresser de la situation, à laisser à d'autres le soin de trouver une solution ou même carrément à abandonner. Aucune de ces attitudes ne constitue une bonne préparation à la vie. Les réunions visant à résoudre les problèmes à caractère social peuvent les aider à acquérir d'autres comportements.

J'ai récemment animé, dans une classe de deuxième année du secondaire, une réunion de résolution de problèmes à caractère social qui pourrait servir d'exemple. Bien que j'anime souvent de telles réunions, la démarche est cependant plus difficile pour une personne étrangère à l'école, comme c'est mon cas, que pour le titulaire de la classe; les élèves trouvent généralement qu'une personne qui ne les connaît pas bien n'a pas à se mêler de leurs problèmes. En fonction de la thérapie de la réalité, cela veut dire qu'avant de pouvoir améliorer un comportement, on doit d'abord créer certains liens. Il est difficile pour une classe et un parfait étranger de se lier suffisamment pour que la réunion soit réussie et serve de démonstration. Les deux autres types de réunions (la réunion à sujet libre et la réunion pédagogique) peuvent très facilement, au contraire, être animées par une personne que la classe ne connaît pas, ces réunions étant loin de représenter la même menace que les réunions visant à résoudre les problèmes à caractère social.

La classe dont je parle avait un sérieux problème d'absentéisme. Certaines belles journées, jusqu'à six ou huit élèves sur une classe de trente-cinq manquaient à l'appel. Ce n'était pas toujours les mêmes enfants qui étaient absents, mais une certaine constance s'était quand même établie. On m'avait demandé de consacrer la réunion de classe à cette question. Si personne ne s'attendait à ce qu'une seule réunion puisse résoudre un problème de cette ampleur, je m'étais fixé pour objectif d'amener chacun des élèves à réfléchir aux motifs qui le poussaient à manquer l'école et de l'inciter à proposer des solutions qui amèneraient la classe entière à faire preuve de plus d'assiduité. J'ai commencé la réunion en demandant si tout le monde était présent cette journée-là. Les enfants ont discuté ferme, d'abord timidement puis peu après plus franchement, pour en arriver à la conclusion que huit élèves étaient absents ce jour-là et que tout le monde savait bien que ce n'était pas pour cause de maladie en cette superbe journée de printemps. Quand j'ai demandé si certains des élèves présents manquaient, eux aussi, souvent l'école, beaucoup ont admis que oui. Ils sentaient que je n'adoptais pas une attitude punitive et que je leur demandais cela uniquement parce que j'étais préoccupé par le fait qu'ils manquent l'école.

Nous avons discuté pendant un certain temps de ce qu'ils gagnaient à manquer l'école ainsi que des problèmes que cela occasionnait. Nous avons aussi discuté de la façon dont l'école traitait l'absentéisme et de la réaction de leurs parents aux méthodes utilisées par l'école. Les élèves n'en démordaient pas; l'école était ennuyeuse, et ils ne comprenaient guère l'intérêt de ce qu'on leur enseignait. Ils donnaient l'impression d'avoir des vies tellement remplies de toutes sortes de choses intéressantes à faire en dehors de l'école qu'ils ne songeaient pas à venir régulièrement en classe. Ils se trouvaient des raisons, disant que cette année était la dernière où ils pouvaient agir de la sorte; l'année suivante, leurs absences feraient partie de leur dossier permanent. Remettant cette idée en question, je leur dis que je doutais fort de les voir suivre la classe plus régulièrement l'année prochaine. J'ai ajouté que je ne croyais pas que les choses dont ils se plaignaient actuellement seraient bien différentes l'année suivante. Plus tard dans la discussion, la majorité des élèves ont admis que la référence à l'année prochaine n'était en fait qu'un prétexte: d'après ce qu'ils en savaient par leurs frères et sœurs ou leurs amis plus âgés, l'absentéisme était tout aussi répandu chez les plus grands.

À ce stade, nous avions fait ce que la thérapie de la réalité appelle l'exposition du problème d'une façon ouverte et franche. Mon attitude chaleureuse et personnalisée avait amené la classe à s'ouvrir à moi. Ne nous souciant que du problème actuel, nous l'avions exposé clairement. En terminer là aurait été probablement suffisant, si nous avions eu d'autres réunions pour pouvoir trouver une véritable solution au problème de l'absentéisme. Comme la réunion servait de démonstration, j'ai voulu pousser plus loin les choses et j'ai insisté pour que la classe propose une solution. Je lui ai demandé si elle se sentait prête à parler aux élèves absents pour essayer de les convaincre de ne plus manquer l'école et de suivre la classe plus régulièrement. Je savais que, si les élèves ne se montraient pas disposés à formuler un jugement de valeur sur l'importance que revêtait pour eux l'école, ils ne se montreraient pas plus assidus en classe. Il était évident que les grandes déclarations qu'ils faisaient sur l'importance de l'école n'étaient que de la frime. À moins de parvenir à les faire changer d'attitude à l'égard de l'école, je faisais face, comme d'ailleurs n'importe qui à ma place, à une tâche insurmontable en essayant de les amener à venir régulièrement en classe. Comme je l'ai déjà signalé au chapitre 5, la pertinence du travail scolaire a besoin d'être enseignée; là où le programme de l'école comprend trop de choses sans intérêt, il faut les remplacer par des choses plus importantes aux yeux des enfants.

J'ai tout de même tenté d'obtenir des élèves présents l'engagement de venir à l'école le lendemain. Leur relative méfiance à mon endroit, comme à l'endroit de tous ceux qui proposent des changements, s'est manifestée par leur refus de prendre cet engagement. Ce refus représentait également un parfait exemple de la difficulté que nous avons à amener les élèves à s'impliquer dans une éducation qui manque de pertinence. Ils m'ont invoqué toutes les raisons possibles pour expliquer pourquoi il se pourrait qu'ils ne soient pas là le lendemain. Pour terminer la réunion et aider les élèves à se rendre compte de l'importance d'un engagement, j'ai utilisé une technique qui donne parfois des résultats, même quand aucun jugement de valeur n'est porté: je leur ai demandé de signer une déclaration leur faisant promettre de venir à l'école le lendemain. Environ un tiers des vingt-neuf élèves présents se sont montrés prêts à signer cette déclaration. Les autres, très méfiants, inventaient toutes sortes de prétextes, comme «je pourrais être malade» ou «et si je me faisais écraser par une voiture en venant à l'école». Ils ne voulaient pas s'engager au point de signer un papier déclarant qu'ils allaient venir à l'école. J'ai dit à ceux qui refusaient de signer: «Si vous ne voulez pas signer un document déclarant que vous allez venir à l'école demain, êtes-vous prêts au moins à signer un papier déclarant que vous ne voulez pas signer?» En d'autres termes: «Accepterez-vous de mettre votre refus d'engagement par écrit?» Après une longue discussion très animée, un autre tiers des élèves environ a déclaré être prêt à signer le second papier. Si signer ce document ne les engageait pas à venir à l'école, cela pouvait du moins aider à leur faire comprendre ce que signifiait prendre un engagement. Un tiers des élèves refusait toujours de signer l'un ou l'autre des papiers. Je leur ai demandé s'ils accepteraient de signer un document déclarant qu'ils ne signeraient rien; ils se montrèrent cependant très malins et refusèrent de le signer. Je leur ai alors dit: «Dans ces conditions, accepterez-vous au moins qu'on inscrive votre nom sur une liste en tant qu'élèves qui refusent de s'engager sur quoi que ce soit en matière d'absentéisme?» J'inscrirais leur nom sur un bout de papier, et ils ne se seraient ainsi engagés à rien. Ils finirent par donner leur accord, et nous nous sommes retrouvés avec trois listes à la fin de la réunion.

Comme je m'y attendais, une seule réunion, n'exigeant que peu d'implication de la part des élèves, sans véritable jugement de valeur et avec un engagement plutôt limité, n'eut aucun effet sur l'absentéisme. Elle suscita cependant beaucoup de discussions, non seulement chez les élèves concernés, mais aussi dans toutes les autres classes. J'avais ainsi planté le décor pour toute une série d'autres réunions qui pourraient s'attaquer au problème de l'absentéisme. Si cette première réunion avait pu être suivie d'autres réunions régulières, plusieurs fois par semaine, les élèves auraient pu discuter de l'importance de se montrer assidus à l'école, et l'on aurait pu les amener à poser des jugements de valeur, à établir des plans et à prendre des engagements. Dans les réunions de classe, les enseignants doivent se montrer attentifs aux raisons invoquées pour justifier l'absentéisme. Quand les élèves donnent des raisons à peu près valables, il faut envisager de changer l'enseignement pour leur rendre l'école intéressante si elle ne semble pas l'être à ce moment précis. Nous devons en outre enseigner le bien-fondé de l'école.

Les réunions visant à résoudre des problèmes à caractère social, telles que celle que je viens de décrire, profitent aux élèves comme à l'école. Je propose que tous les élèves de l'école primaire prêts à faire ce genre d'expérience se rencontrent régulièrement au cours de la semaine; la réunion, d'une durée raisonnable, sera consacrée à discuter des problèmes de la classe dans son ensemble et des problèmes individuels des élèves. Les réunions de classe devraient être considérées comme aussi importantes que la lecture, l'histoire ou les mathématiques. Elles devraient être animées selon les principes qui suivent et qui ont montré leur valeur aussi bien dans les écoles publiques qu'à l'école Ventura, où j'ai utilisé pour la première fois cette technique. Si l'on peut imaginer des procédures encore meilleures en cours de réunion, les règles qui vont suivre devraient fournir un bon point de départ.

*Tous les problèmes de la classe, ceux du groupe comme ceux des individus qui le composent, peuvent faire l'objet de la discussion.* Le problème peut être soulevé par un élève à son propre sujet ou au sujet de quelqu'un d'autre, ou par l'enseignant s'il perçoit un problème. Dans une école où le personnel enseignant est uni, solidaire et se sent concerné par tous les problèmes de l'école, les sujets de discussion peuvent être amenés dans n'importe quelle classe par n'importe quel élève ou n'importe quel enseignant, soit directement par une note adressée au groupe, soit indirectement par un directeur au courant du problème. Outre les problèmes de l'école, les problèmes qu'un enfant peut rencontrer à la maison peuvent également faire l'objet d'une discussion, si l'enfant ou ses parents veulent bien les soumettre au groupe.

Cette suggestion paraîtra peut-être un peu poussée aux adultes qui me lisent. En tant qu'adultes, en effet, nous réglons généralement nos problèmes en privé, sans demander l'aide de nos amis ou de notre famille, ou bien nous essayons de les esquiver, de faire comme s'ils n'existaient pas. On pourra objecter que j'en demande trop à des enfants. J'ai cependant découvert, en animant des réunions avec eux depuis plusieurs années, que les enfants ne trouvent pas aussi difficile que les adultes de discuter ouvertement de leurs problèmes. Ils sont perturbés quand on leur apprend, au contraire, à nier l'existence de ces problèmes. Ils préféreraient infiniment plus essayer de les régler, et l'école peut leur donner une occasion de le faire. Avant d'entrer à l'école, les enfants découvrent qu'il est tout à fait raisonnable de vouloir régler ses problèmes. Nous devons donc faire attention de ne pas projeter sur les enfants nos angoisses et nos incapacités d'adulte, comme nous le faisons trop souvent actuellement; nous leur apprenons à fuir leurs responsabilités au moment où ils sont en train d'accéder à la maturité. D'après mon expérience, une classe d'enfants de six ans peut discuter librement de problèmes difficiles, même d'un problème aussi grave que le vol (qui représente habituellement un sujet très émotif pour les enfants plus âgés et pour les adultes), et s'efforcer de trouver une solution. La solution dans le cas du vol peut exiger plus que de vouloir simplement amener l'enfant à arrêter de voler, même si, bien sûr, il s'agit de l'objectif ultime de l'intervention. La solution peut être de découvrir que l'enfant vole parce qu'il se sent seul, parce qu'il a faim ou parce qu'il est jaloux, comme de trouver des moyens pour agir sur ces causes. Durant les réunions de classe, les enseignants apprennent que les jeunes enfants ne parviennent à résister qu'à de petites tentations. C'est ainsi, par exemple, que l'enseignant qui ne met pas en sûreté l'argent du goûter soumet les enfants à une tentation à laquelle ils n'auront peut-être pas la force de résister. Si les enfants sont capables à six ans de trouver une solution raisonnable à ce problème et d'apprendre la valeur de l'honnêteté, il y a de fortes chances qu'ils ne volent plus jamais par la suite. Si quelqu'un vole dans une école où des discussions régulières font partie du programme, le décor sera planté pour une solution du problème plus tard. Les élèves savent que le but de toute discussion est de résoudre des problèmes et non pas de trouver des coupables ou de punir. L'expérience de la résolution de problèmes, pratiquée dans une atmosphère de confiance et sans la moindre menace de punition, donne aux enfants confiance en eux, en tant que personnes respectables et capables de penser par elles-mêmes.

Nous avons vu que la réunion visant à résoudre des problèmes à caractère social est ouverte à tout sujet qui peut s'avérer important pour un enfant, un enseignant ou un parent lié à la classe ou à l'école. *La discussion devrait toujours être orientée vers la résolution du problème; elle ne devrait jamais comprendre ni punition ni recherche de coupable.* Les enfants et leur enseignant savent, dès la première réunion de la première année d'école, que le but de la réunion n'est pas de trouver le coupable ou de punir les gens qui ont des problèmes ou se comportent mal; il est plutôt d'aider ceux qui ont des problèmes à trouver de meilleures façons de se comporter. La réunion est toujours positive, toujours orientée vers une solution. Quand les réunions sont animées de cette façon, les enfants apprennent à penser en matière de solution, seule façon constructive de traiter n'importe quel problème; elle diffère de la façon typique des adultes, vite retenue par les enfants, qui consiste à trouver des coupables et à les punir. La prétendue résolution du problème par l'identification des coupables représente une des activités les plus dérisoires auxquelles se livrent perpétuellement toutes les couches de la société. Les punitions qui l'accompagnent sont tout aussi inefficaces (de nombreuses recherches ont démontré l'inefficacité des punitions, tant en classe, en famille, qu'en milieu de travail). Elles marchent généralement la première fois, si jamais elles marchent! Après une première fois, elles ne marchent plus qu'avec les gens qui n'ont pas de problèmes et qui n'en ont généralement pas besoin. Les punitions servent le plus souvent d'excuses pour se contenter de ne pas résoudre le problème, plutôt que de chercher à lui trouver une solution.

Il faut aussi savoir que beaucoup de problèmes ne se résolvent pas si facilement, qu'ils n'admettent pas une seule solution qui serait la bonne; que la meilleure façon de les résoudre peut fort bien n'être qu'une solution boiteuse. On peut parfois discuter de ces problèmes plus difficiles pendant des heures sans paraître avancer beaucoup, au grand découragement de la classe et de l'enseignant. Un enfant agressif qui dirige tous les jeux, rudoie et bouscule tout le monde, dans la cour de récréation comme dans la classe, représente souvent ce genre de problème particulièrement difficile à traiter. Il semble que plus on en discute, moins la discussion s'avère efficace; les solutions proposées par la classe ne donnent pas de très bons résultats. Même pour un problème aussi difficile, la force de la réunion de classe peut servir de deux façons. La solution au problème que pose cet enfant réside souvent non pas dans la découverte de la bonne solution, mais dans la discussion elle-même. En parlant de cet enfant, en identifiant ses torts et ses manquements, ses camarades de classe finissent par avoir moins peur de lui et ont moins tendance à se laisser intimider. En permettant au problème d'éclater au grand jour pendant la discussion, on accroît la confiance des autres élèves; graduellement, parfois de façon presque imperceptible, même si le comportement de l'enfant agressif n'a pas changé, il devient moins destructif parce que, maintenant, les autres se sentent plus forts. Après avoir discuté plusieurs fois du problème, on peut également éviter d'y revenir. À moins qu'il ne fasse quelque chose de valable ou de constructif, on ne parlera plus de cet enfant agressif; s'il fait au contraire quelque chose de constructif, on le mentionnera. Cette technique lui retire l'attention qu'il accaparait par son comportement agressif et met plutôt l'accent sur ses actions positives et constructives. L'enseignant pourra déclarer: «Il n'y a aucun intérêt à parler de Jean: il fait encore et toujours les mêmes choses dont tout le monde se plaint. Attendons au contraire de pouvoir parler de lui en bien, lorsqu'il fera quelque chose que la classe apprécie.» En entendant cela, Jean, qui a surtout besoin d'attention, va souvent améliorer son comportement.

Dans ces réunions, s'il importe que l'enseignant ne porte pas de jugement de valeur, il n'en va pas de même pour la classe. Celle-ci émet des jugements et, à partir de ces jugements, s'efforce de trouver des solutions positives. L'enseignant peut refléter l'attitude de la classe, mais ne doit que très rarement faire connaître son opinion, en s'assurant toujours de bien faire comprendre à la classe que ses idées n'ont pas force de loi. Dans les réunions de classe, chaque enfant apprend qu'il est important aux yeux des autres, que ce qu'il dit est entendu par tout le groupe, que ses idées comptent. Quand les enfants tirent une satisfaction de leur réflexion personnelle et de l'écoute des opinions des autres, ils n'ont plus peur d'émettre des idées, de participer à la discussion et de résoudre leurs propres problèmes et ceux de la classe par la réflexion.

Une fois que l'on a réussi à établir une atmosphère de réflexion, de discussion propice à la résolution de problèmes (on peut y parvenir assez vite), les situations qui normalement causeraient de sérieuses perturbations dans la classe ou même entraîneraient l'envoi d'un élève chez le directeur, peuvent se traiter efficacement à l'intérieur même de la classe. Les enfants apprennent que leurs camarades se préoccupent d'eux. Ils apprennent à résoudre les problèmes de leur univers. Il devient ensuite facile pour eux d'accepter d'entendre l'enseignant leur dire, par exemple: «Nous avons un problème; ces deux garçons sont toujours en train de se battre. À notre prochaine réunion de classe, nous allons discuter de ces disputes; pour le moment, voulez-vous bien arrêter de vous battre et attendre jusqu'à la réunion?» Cette simple requête s'est avérée plus d'une fois efficace. Les garçons arrêtent de se battre et attendent la réunion parce qu'ils savent qu'il existe une alternative raisonnable à leur mauvaise conduite, une solution qui émergera sans doute de la réunion. Quand ils sont au contraire convaincus que, même s'ils arrêtent de se battre, ils vont être punis ou exclus de la classe, ils continuent souvent à se battre; l'alternative qu'on leur offre n'est en rien préférable à leur bagarre. Les réunions de classe peuvent servir à faire baisser la tension dans la classe en proposant de meilleures solutions. Le problème aura souvent disparu avant même la rencontre, et les enfants reconnaissent que ce serait une perte de temps d'en parler. La simple possibilité de tenir une réunion sur le sujet aura permis aux enfants d'avoir recours à leur façon habituelle de régler les problèmes.

*Durant les réunions, l'enseignant et les élèves seront assis en cercle.* Cette disposition est nécessaire à la réussite de la réunion.

Les réunions de classe seront courtes (entre 10 et 30 minutes) pour les élèves plus jeunes et, progressivement, plus longues (entre 30 et 45 minutes) à mesure que les enfants grandissent. La durée d'une réunion reste cependant moins importante que sa fréquence régulière et la pertinence des problèmes qu'on y discute.

Les enfants qu'on a dû exclure de la classe parce que l'enseignant ou les autres élèves ne pouvaient plus supporter leur comportement trouveront dans ces réunions une meilleure façon de réintégrer la classe que celle qui leur est offerte habituellement. Selon les procédures courantes, un directeur qui a affaire à un enfant exclu de sa classe doit trouver une forme de punition quelconque. Il lui fait souvent la morale, convoque ses parents, le renvoie de l'école ou le met en retenue pendant les heures de classe ou après la classe. Ces mesures ont tendance à moins bien fonctionner quand il s'agit toujours du même enfant. Lorsque les réunions de classe sont intégrées au programme de l'école, le directeur dispose d'un atout supplémentaire particulièrement important pour son intervention auprès de l'enfant. Il lui demande ce qu'il a bien pu faire pour qu'il soit envoyé à son bureau; il l'aide à comprendre que la raison de son exclusion repose essentiellement *sur ses actes*. Le directeur mène la discussion de façon à pouvoir envoyer l'enfant à une réunion de classe dans laquelle on abordera les mêmes points. Il parle à l'enfant en prenant soin de bien souligner ce que ce dernier a fait. Dans une atmosphère qui cherche à trouver des solutions plutôt qu'à parler de punition, l'enfant acceptera généralement de parler de sa responsabilité dans ce qui s'est passé. Le directeur lui demandera s'il a un plan pour réintégrer la classe et l'aidera à définir ce dernier. S'il ne veut pas revenir en classe, le directeur lui fera savoir que la classe va quand même essayer de *l'aider* du mieux qu'elle peut, mais sans lui. Il demandera alors à l'enfant d'expliquer en détail son plan, ce qui ne prend généralement pas trop de temps. Imaginons, par exemple, que ce garçon se soit tellement battu avec un autre élève que l'enseignant ait été contraint de l'exclure de la classe. Dans une école où aucune menace de punition ne pèse sur lui, l'enfant reconnaîtra devant le directeur qu'il s'est effectivement battu et, après un certain temps, il reconnaîtra même sa responsabilité dans le déclenchement de la bagarre. Le directeur lui demandera de penser à ce qu'il pourrait faire pour arrêter de se battre. Il répondra habituellement qu'il compte éviter l'autre garçon. Cette discussion nécessite parfois un peu plus de temps; peut-être faut-il aussi faire venir l'autre garçon pour qu'ils se mettent tous les deux d'accord sur la meilleure façon de s'éviter pendant un certain temps. Les deux garçons retourneront exposer leur plan à la classe, qui pourra s'engager à les aider en les empêchant de se battre. Dans ces réunions ultérieures, la classe pourra se pencher sur le problème sous-jacent, qui peut fort bien être la jalousie; l'enseignant, quant à lui, pourra s'attarder sur le problème de l'échec scolaire des deux garçons, qui fait généralement partie de tout problème de comportement.

Le directeur intervient auprès de l'enfant pour résoudre le problème par une approche non punitive. Grâce à la réunion de classe, l'enfant a un bon moyen de réintégrer le groupe. À mesure que cette pratique devient courante et que les enfants constatent son efficacité, ils sont heureux d'y avoir recours parce qu'elle leur rend la vie plus facile. Toute la discipline de l'école devrait tourner autour de la réunion de classe. Les discussions individuelles avec les enfants à propos de leurs problèmes devraient être orientées vers la recherche de solutions d'abord individuelles, puis acceptées par le groupe.

Avec le temps, il y aura de moins en moins de problèmes de discipline, si bien que les réunions de classe seront moins souvent consacrées aux difficultés de comportement. Grâce à la résolution de problèmes en groupe, les enfants apprennent à éviter les ennuis à l'école et, parfois aussi, à la maison, même si rares sont les foyers où l'on encourage les enfants à résoudre leurs problèmes par la discussion et l'établissement de plans de conduite. S'ils apprennent à faire cela à l'école, cette pratique leur sera utile toute la vie. Si les réunions visant à résoudre des problèmes à caractère social portent souvent sur des problèmes de comportement, on peut y discuter aussi de bien d'autres sujets: l'amitié, la solitude, le choix de carrière ou le travail à temps partiel, par exemple. Au chapitre 11, la description de plusieurs réunions de classe et au chapitre 12 , la liste de questions proposées à titre d'exemples offrent beaucoup de sujets de discussion autres que les problèmes de comportement.

Si j'en crois mon expérience, acquise en grande partie dans des écoles publiques où la discipline représente un problème majeur, les réunions qui portent directement sur ce sujet ne sont souvent guère efficaces quand il s'agit d'amener les enfants à tisser entre eux des liens chaleureux et positifs. Ils apprennent plus rapidement à s'*entraider* grâce aux réunions où l'on discute d'idées qui concernent leur vie. J'ai déjà déploré, dans les premiers chapitres de ce livre, l'absence de pertinence d'une bonne partie de l'éducation qu'ils reçoivent à l'école. J'ai insisté sur le fait que les problèmes de comportement et l'échec scolaire étaient directement liés à cette absence de liens. J'ajouterai maintenant que les réunions de classe, destinées d'abord à régler des problèmes de discipline, peuvent aussi s'avérer efficaces pour accroître et maintenir la pertinence de l'éducation. Pour comprendre comment, nous allons maintenant examiner deux autres types de réunions de classe qui ne s'adressent pas directement à des problèmes de comportement.

## Les réunions à sujet libre

Ces réunions représentent probablement la pierre angulaire de la pertinence de l'éducation dispensée aux enfants. C'est le type de réunion auquel on devrait avoir le plus souvent recours, même dans les classes où les problèmes de comportement sont monnaie courante. Lorsque les problèmes de comportement et les autres problèmes de la vie en société sont moins nombreux, les réunions visant à résoudre des problèmes à caractère social sont elles aussi moins fréquentes. Les réunions à sujet libre sont, quant à elles, toujours de mise. Plus on y a recours, plus on donne de pertinence à l'éducation. Dans ce type de réunion, on demande aux enfants de discuter de tout sujet digne de réflexion qui ait un lien avec leur vie personnelle ou avec le programme scolaire. Il y a une nette différence entre une réunion à sujet libre et une discussion de classe ordinaire: dans la première, l'enseignant n'attend pas de réponses factuelles précises. Il essaie seulement d'amener les enfants à réfléchir et à relier ce qu'ils connaissent au sujet discuté.

J'ai déjà amené, par exemple, dans l'une de ces réunions, avec des enfants de sept ans, le sujet de la cécité. En réponse à la question: «Qu'est-ce qui vous intéresse?», une classe m'a répondu vouloir parler des yeux et des oreilles. À partir de là, même si les cinq sens ne font pas précisément partie du programme, nous avons eu une réunion à sujet libre qui a eu pour effet d'inciter davantage les élèves à lire et à s'intéresser encore plus au monde qui les entoure. Dans l'école d'un quartier défavorisé où j'ai animé pour la première fois ce genre de discussion, les élèves ne montraient pas dans l'ensemble une grande curiosité intellectuelle. Ce qu'ils ne connaissaient pas du monde ne semblait pas les intéresser; du moins, c'est ce qu'il paraissait. Lorsque je leur ai présenté pourtant une chose inconnue d'une façon qui leur a paru sensée, ils se sont montrés enthousiastes et ont manifesté autant de curiosité et de capacité de réflexion que des enfants de milieux plus stimulants. J'ai demandé à ces enfants ce qu'ils faisaient avec leurs yeux, et ils ont tous répondu: «On voit.» C'est une bonne réponse, simple, factuelle. Dans une discussion avec de jeunes enfants, il est d'ailleurs préférable de les laisser commencer à un niveau facile où ils ont confiance de pouvoir donner une bonne réponse.

Passant à une question plus complexe, je leur ai demandé: «Qu'est-ce que vous voyez avec vos yeux?» Ils ont mentionné beaucoup de choses, y compris «les mots dans nos livres.» Ils avaient donc encore réussi à répondre à ma question; ils aimaient cela et commençaient à s'impliquer. Je parvenais en même temps à les attirer vers les livres et la lecture d'une façon nouvelle pour eux. Les enfants sont tout aussi stimulés par les nouvelles approches que nous le sommes nous-mêmes. Ils éprouvent également autant d'ennui que nous devant la répétition des mêmes choses. Un des avantages de la réunion à sujet libre est qu'elle donne une chance d'introduire de nouvelles approches. Je leur ai parlé ensuite des gens qui ne peuvent pas voir, et ils ont répondu: «Ils sont aveugles.» Suivit une rapide discussion sur ce que voulait dire «être aveugle». Malgré une apparente compréhension du problème, la plupart des enfants pensaient que les aveugles pourraient effectivement voir s'ils essayaient vraiment de le faire. Nous avons dû nous pencher assez longtemps sur la question avant que tout le monde finisse par comprendre que les aveugles ne pouvaient, en fait, rien voir du tout. Les enfants ont fermé les yeux bien fort et les ont tenus fermés. Lentement, par la participation et la discussion, la classe a commencé à prendre vraiment conscience que, lorsqu'on est aveugle, on ne voit rien du tout.

Les enfants étaient tous maintenant impliqués; jusque-là, ils n'avaient pas beaucoup réfléchi, ni cherché à résoudre des problèmes. Il importait d'amener une question qui était liée à leur travail à l'école, un problème qu'ils pourraient résoudre s'ils s'en donnaient la peine. Je leur ai demandé alors: «Est-ce qu'un aveugle peut lire?» Ils ont réagi par le rire, la perplexité et l'incrédulité. Penser qu'un aveugle puisse lire, après avoir fini par admettre qu'il ne pouvait rien voir, était décidément absurde. Je leur ai demandé de continuer à réfléchir pour voir si l'un d'eux ne trouverait pas comment un aveugle pouvait bien arriver à lire. Je laissais bien sûr entendre qu'il y avait bien une façon. Je ne poserais pas à de jeunes enfants une question pour laquelle il n'existe pas de réponse, même si, dans ce cas précis, la réponse n'était pas facile. J'ai insisté pour qu'ils continuent à chercher une solution au problème; leur première réaction, quand les choses devinrent un peu plus difficiles, fut d'abandonner la partie. À l'école, ces enfants avaient rarement réfléchi pour résoudre des problèmes. Habitués à des réponses simples, confiées à la mémoire, ils abandonnaient tout simplement lorsque des réponses toutes faites ne marchaient plus.

Jusqu'à ce point, la discussion avait réussi à piquer l'intérêt des enfants et à réveiller la confiance qu'ils avaient en leurs capacités intellectuelles. Ils continuaient à réfléchir, mais éprouvaient malgré tout certaines difficultés. L'animateur de la réunion doit savoir juger à quel moment apporter de l'aide aux participants; cela ne doit pas se faire trop tôt. J'ai donc décidé d'aider les enfants à ce moment précis, en demandant un volontaire pour participer à une petite expérience. De nombreuses mains se sont levées immédiatement; ils étaient tous prêts à aider, parce qu'ils sentaient que l'expérience était une façon de poursuivre la discussion. J'ai choisi un garçon qui, je le devinais, n'était ni un des leaders, ni un de ceux qui se comportaient le mieux en classe. Il agitait la main dans son désir de se porter volontaire. Je l'ai fait venir et lui ai demandé de fermer les yeux très fort et de tendre les mains. Je lui ai demandé s'il n'essayait pas de voir, et il m'a répondu que non. Mettant une pièce de monnaie dans l'une de ses mains et un billet de banque dans l'autre, je lui ai demandé s'il pouvait me dire ce que je venais de lui mettre entre les mains. La classe entière avait maintenant les yeux rivés sur lui. Certains élèves plus brillants avaient déjà une petite idée de ce que je voulais démontrer. Le garçon réussit à identifier ce qu'il avait dans les mains. Je lui ai demandé comment il avait fait pour le savoir. Même s'il s'exprimait plutôt difficilement, il a fini par répondre que n'importe qui pourrait faire la différence entre une pièce de monnaie et un billet de banque. Lorsque j'ai remplacé le billet de banque par une autre pièce de monnaie plus petite que la première, il a encore su différencier les pièces l'une de l'autre. Je l'ai alors renvoyé s'asseoir. J'ai redemandé à la classe: «Comment un aveugle pourrait-il quand même lire?» Les élèves les plus réfléchis ont commencé à exprimer l'idée que, si un aveugle pouvait toucher les lettres sur la page, il serait capable de lire. Je leur ai demandé: «Mais comment pourrait-il toucher les lettres? La page est lisse...» J'ai promené mon doigt sur une page. Un enfant particulièrement brillant a alors dit: «Si on faisait des trous dans la page avec une aiguille, on pourrait palper les trous avec les doigts.» À partir de cette remarque, la majorité des enfants de la classe, très excités, avaient fini par comprendre que l'on pouvait effectivement toucher les lettres sur une page.

Je n'étais cependant pas encore satisfait. J'ai dit: «Supposons qu'on *puisse* toucher les lettres sur la page; je ne pense pas pour autant qu'on pourrait les distinguer les unes des autres.» Ils ont répondu que si, on le pourrait. J'ai dit que non. J'ai suggéré une autre expérience pour essayer de voir si oui ou non on pouvait reconnaître un mot en écrivant les lettres sans les voir. Je leur ai demandé s'ils pourraient écrire leur nom au tableau, les yeux fermés. Pendant toute cette discussion, j'avais remarqué une petite fille, assise à côté de moi, qui essayait de suivre désespérément ce qui se disait. Elle levait maintenant la main avec beaucoup d'insistance. Toutes les mains étaient d'ailleurs levées, mais c'est elle que j'ai fait venir au tableau. Très lentement, plutôt gauchement mais de façon reconnaissable, elle réussit à écrire son nom. Tandis qu'elle était au tableau, l'enseignante, plutôt inquiète, m'a fait passer une note m'avertissant que la petite fille était handicapée intellectuellement et me prévenait qu'il fallait m'attendre à un échec. Handicapée ou non, la petite fille était entièrement absorbée par l'expérience. Elle avait réussi à griffonner quelque chose au tableau, que la classe et elle pouvaient reconnaître comme son nom. Comme les autres enfants mouraient d'envie d'essayer, j'en ai laissé quelques autres venir écrire leur nom au tableau. La plupart d'entre eux ont très bien réussi. Grâce à cette petite expérience, les enfants furent à même de constater que, s'ils pouvaient écrire leur nom les yeux fermés, un aveugle pourrait lire les lettres d'un livre. Le sourire radieux de la petite fille «handicapée intellectuellement», son impatience d'intervenir, montrait bien qu'elle s'était impliquée dans la conversation tout autant que les autres élèves de la classe. Les enfants m'ont demandé plus tard à quoi pouvaient bien ressembler les livres pour aveugles. Ils ont demandé à leur enseignante de leur en apporter un, ce qu'elle promit de faire.

Dans une rencontre après la classe avec l'enseignante et plusieurs autres de ses collègues qui avaient assisté à la réunion, je leur ai fait remarquer qu'on pourrait se servir d'une telle expérience pour inciter les enfants à apprendre à lire. L'enseignant pourrait leur faire remarquer, ou les amener à lui faire remarquer, l'avantage d'avoir des yeux; aussi difficile que soit la lecture pour beaucoup d'enfants, c'est tout de même beaucoup plus facile pour eux que pour les aveugles. Les enfants s'étaient profondément impliqués dans la discussion et avaient aimé l'expérience; ils avaient réfléchi et résolu un problème qui semblait au départ parfaitement insoluble. Ils avaient fait l'expérience de la réussite, à la fois en tant que groupe et en tant qu'individus. Des réunions de ce genre peuvent servir de motivation pour enseigner beaucoup de sujets au programme. Une classe qui s'implique, réfléchit et éprouve la satisfaction d'avoir réussi connaîtra également moins de problèmes de discipline.

Dans les classes de jeunes enfants, l'enseignant devra peut-être faire lui-même le lien entre le sujet de la réunion et les matières au programme; aux niveaux plus avancés, ce sera la classe, par contre, qui fera ce lien. Tenir une discussion intelligente sur n'importe quel sujet est plus profitable que d'établir artificiellement un lien avec le programme d'enseignement. Si les discussions pertinentes sur des sujets qui ne sont pas au programme sont de plus en plus nombreuses, il serait effectivement bon de se pencher sérieusement sur le programme pour voir ce qu'on devrait y changer.

## Les réunions pédagogiques

Le troisième type de réunion de classe, les réunions pédagogiques, a toujours un rapport avec ce que la classe est en train d'étudier. L'enseignant peut s'en servir pour vérifier rapidement l'efficacité de ses méthodes pédagogiques. Dans une classe d'un autre quartier, j'ai par exemple été déçu de voir que les élèves, après avoir pourtant étudié la Charte des droits pendant un semestre et demi, ne semblaient pas en savoir beaucoup sur le sujet. Bien qu'ils se soient penchés sur divers articles et que beaucoup d'entre eux puissent en réciter certains passages par cœur, ils n'avaient pas pris la peine de vraiment y réfléchir. Même avant la rencontre, je doutais que les élèves aient pu saisir le sens que pouvait avoir la Charte, non seulement pour eux individuellement, mais aussi pour la société. Pour le vérifier, j'ai rencontré une classe particulièrement brillante. Les questions que j'ai posées pourraient peut-être être jugées tendancieuses par certains éducateurs; toujours est-il que la discussion a effectivement eu lieu, et les observateurs ont pu constater que les élèves avaient sur la Charte des droits un point de vue très... irréaliste. Comme je m'étais plaint auparavant au ministre de l'Éducation que les élèves semblaient avoir de la difficulté à manier les concepts, je l'avais invité à venir assister à la rencontre. La réunion que j'avais proposée pourrait en effet bien mettre au jour les difficultés.

Ma première question à la classe fut la suivante: «Qu'est-ce que la Charte des droits?» La classe sembla désarçonnée par cette question; je la répétai pourtant plusieurs fois, ajoutant même: «Je veux juste savoir si l'un de vous peut me dire ce qu'est la Charte des droits.» Cherchant une définition quelconque ou une description pour amorcer la discussion, j'ai tout de suite compris que les élèves éprouvaient de la difficulté. Il ne leur était jamais venu à l'idée qu'on pourrait leur demander ce qu'était la Charte des droits; tenant pour acquis que tout le monde le savait, y compris eux-mêmes, ils ne s'étaient pas donné la peine d'y réfléchir. La meilleure réponse qu'ils ont pu me donner était que la Charte des droits était écrite dans les livres qu'ils devaient étudier. Je leur ai demandé: «Est-ce que la Charte des droits existe? Y a-t-il quelque part un bout de papier appelé "Charte des droits" qui soit cloué sur un mur pour que tout le monde puisse le voir?» La classe doutait que la Charte puisse revêtir la forme que je venais de décrire. Il a fallu finalement que je leur dise que la Charte existait effectivement et qu'on pouvait la voir dans la capitale (je ne donne habituellement pas de réponse, mais, à ce stade, je me sentais considérablement frustré).

À partir de ce simple fait concernant l'existence de la Charte, j'ai poursuivi mon interrogatoire pour voir si les élèves comprenaient les idées contenues dans la Charte. Me fondant sur le fait qu'ils m'assuraient l'avoir étudiée en détail, je leur ai demandé d'identifier certains de ses points essentiels. Je leur ai demandé: «Est-ce que la Charte s'applique à vous?» Il ont mis un certain temps avant de comprendre ce que je voulais dire et encore plus de temps pour admettre que oui, la Charte des droits s'appliquait aussi aux élèves de cette classe. Certains élèves pensaient qu'elle s'appliquait à eux, alors que d'autres pensaient qu'elle ne concernait que les adultes.

La question clé, d'où surgit une discussion qui vint confirmer mes doutes quant à leur compréhension de la Charte, fut la suivante: «Que se passe-t-il si, chez vous, en privé, vous faites quelque chose d'illégal? Pouvez-vous, par exemple, conduire une voiture dans votre cour si vous n'avez pas de permis de conduire parce que vous êtes trop jeune? Ou encore, pouvez-vous prendre une bière chez vous si votre père vous en offre une, même si, légalement, vous êtes trop jeune pour boire de l'alcool?» Je ne connais pas les réponses les plus exactes à ces questions, d'un point de vue juridique, mais ce n'était pas là mon objectif. La discussion fut très animée. Beaucoup d'élèves affirmaient qu'on n'a pas le droit de contrevenir à la loi, même en privé, et que, si on le faisait, on devait être puni. J'ai alors demandé comment diable on pouvait se faire prendre. «Est-ce que la police a le droit de vous espionner chez vous et de venir vous arrêter si elle pense que vous êtes en train de boire une bière avec votre père?» Ils ont répondu qu'à leur avis, la police en avait effectivement le droit et qu'elle devait le faire. Je leur ai alors demandé comment la police pouvait savoir qu'un mineur était en train de boire une bière avec son père. Même s'ils pensaient que cela était difficile, ils en avaient pourtant une petite idée. Que la police, par exemple, devrait avoir des caméras de télévision branchées sur toutes les maisons; dès qu'elle verrait quelqu'un faire quelque chose de mal, elle viendrait l'arrêter! Beaucoup d'élèves dans la classe étaient d'accord avec cette idée; personne n'était vraiment contre. Nous avons interrompu la discussion sur ce point.

Il était clair que la discussion les avait amenés à réfléchir individuellement à la Charte des droits. Mon affirmation selon laquelle on pouvait aller voir la Charte dans la capitale avait représenté le seul moment de la discussion où je les avais repris en leur donnant une réponse juste. L'animateur d'une réunion pédagogique ne devrait normalement pas émettre de jugement de valeur dans la discussion. Les élèves devraient être libres d'exprimer leurs opinions et leurs conclusions comme bon leur semble. L'enseignant découvre en effet dans ces réunions les points faibles qui exigent plus d'attention de sa part et qui requièrent plus d'étude et de discussion de la part de la classe. Dans une éducation axée sur la mémoire, où ont rarement lieu des discussions portant sur la compréhension, les élèves peuvent fort bien avoir les bonnes réponses aux examens sans posséder aucune connaissance effective et vivante sur un sujet aussi important que la Charte des droits, par exemple, et de savoir en quoi elle les concerne. À moins d'adopter une attitude totalement dépourvue de la moindre critique, l'enseignant ne découvrira jamais ces failles. S'en remettant à son jugement à lui, les élèves ne voient aucune raison de discuter de leurs idées et de leurs opinions personnelles.

Il est difficile pour un enseignant d'animer une de ces réunions dans la mesure où il est lui-même en cause et peut donc fort bien ne pas reconnaître les éléments de son enseignement qui ont pu échapper à la classe. Pour savoir plus précisément ce qu'une classe sait et ne sait pas, il devrait parfois échanger sa classe avec un collègue et tenir ce type de réunion. On pourrait ainsi éliminer les zones d'ombre. On ne devrait jamais se servir de la réunion pédagogique pour noter ou évaluer les élèves, mais seulement pour déterminer ce qu'ils savent et ne savent pas.

Je viens de décrire les trois types de réunions de classe auxquelles j'ai fait appel durant les dernières années dans mon intervention dans les écoles. Ces réunions se sont avérées intéressantes à la fois pour les élèves et pour les enseignants. La technique n'est pas facile à apprendre pour les enseignants parce qu'on ne leur montre généralement pas les procédés d'animation nécessaires. Peu d'enseignants sont capables de diriger des réunions semblables sans avoir reçu au préalable des indications précises sur la façon de procéder, sans pouvoir observer un groupe en action et sans bénéficier du soutien et des encouragements répétés de leur directeur et des conseillers pédagogiques. La réussite de ces réunions ne s'obtient que par la pratique, par l'évaluation de ce qui s'y passe et par les façons de procéder identifiées plus haut dans ce chapitre. Les réunions ne réussiront que si on y évite totalement la critique et qu'on laisse les enfants y exprimer leur point de vue.

Il y a désormais suffisamment d'enseignants qui animent des réunions de classe pour qu'on puisse avoir certaines données sur le sujet. Beaucoup d'entre eux commencent même à se servir de certaines des techniques employées, particulièrement la disposition de la classe en cercle et les questions libres, dans leur enseignement régulier. En partant de questions libres pour arriver à certains faits, ils encouragent leurs élèves à se servir de leur jugement et à exprimer leurs opinions. La plupart des enseignants des écoles où je travaille n'ont cependant pas encore fait des réunions de classe une partie intégrante de leur enseignement. Elles ne sont encore pratiquées malheureusement encore qu'en dehors de l'enseignement régulier. La plupart de ces enseignants tiennent des réunions de classe une, deux ou trois fois par semaine; certains font état de réunions réussies tous les jours. Si certains enseignants, après avoir obtenu l'accord de leurs directeurs, se sentent encore coupables, lorsqu'ils animent des réunions de classe, de «perdre du temps» ou de «faire jouer les élèves», on peut affirmer que la réussite de cette pratique est en voie de les convaincre tranquillement. Les élèves ont réagi très favorablement dans toutes les classes. Quand une réunion est prévue, ils la rappellent à leur enseignant et s'impliquent très vite dans son déroulement. Ne sachant pas qu'il n'est pas facile d'avoir une bonne réunion, ils parviennent très tôt à réussir cette pratique, particulièrement dans les classes de jeunes enfants. Ils sont très avides de discussions qui touchent de près à leur vie personnelle.

Quand on demande à des enfants si le travail qu'ils font à l'école a un rapport quelconque avec leur vie en dehors de l'école, la plupart se montrent incrédules: «Bien sûr que non!» assurent-ils. Vers la fin de l'école secondaire, les élèves sont fermement convaincus que l'école représente une expérience totalement différente de celle de la vie. On apprend à vivre et, de façon complètement séparée, on étudie à l'école. Les trois types de réunions de classe décrites dans ce chapitre peuvent contribuer à créer un pont entre l'école et la vie.

Pour que ces réunions soient le plus profitables, il faudrait que la majorité des enseignants y fassent appel. Les enfants ont besoin de savoir résoudre des problèmes et ils doivent pouvoir rattacher l'éducation à la vie dès l'école primaire. L'apprentissage de la réflexion se bâtit d'année en année; les enfants acquièrent la conviction qu'ils peuvent maîtriser leur destin et qu'ils représentent eux-mêmes une part essentielle du monde dans lequel ils vivent. Il est rare actuellement qu'ils possèdent cette conviction. Quand j'ai demandé à des élèves si leurs idées ou leurs intérêts personnels avaient de l'importance à l'école, je me suis fait répondre avec véhémence, réunion après réunion: «Nos intérêts personnels n'ont pas la moindre valeur à l'école.»

Les réunions de classe assurent la cohésion du groupe; les élèves les plus avancés et ceux qui le sont moins peuvent s'aider mutuellement, la réussite est ainsi à leur portée. Dans une réunion, personne ne peut parler d'échec. L'opinion d'une personne est aussi valable que celle d'une autre; il n'y a plus de vrai ou de faux, de bien ou de mal. La seule chose négative, peut-être, serait de ne pas participer du tout; cela a toujours représenté un problème mineur dans les écoles où l'on a tenu des réunions avec régularité et enthousiasme. Ce qui est beaucoup plus répandu, c'est au contraire un trop grand désir de participer, de parler quand ce n'est pas son tour. Lorsque, dans les réunions à sujet libre et, dans une moindre mesure, dans les réunions pédagogiques, l'enfant accède à la réussite aux yeux de ses camarades et de l'enseignant, il y trouve une plus grande motivation pour aller chercher les faits nécessaires à l'acquisition de jugements et de prises de décisions pouvant découler de ces réunions. Si les réunions deviennent importantes à ses yeux et que la connaissance de certains faits devienne nécessaire, il sera alors intéressant pour lui d'apprendre des faits. Les réunions fournissent ainsi le stimulus interne indispensable qui fait tellement défaut dans une éducation où, trop souvent, tout commence et s'achève avec des faits.

Si je propose que les réunions de classe se tiennent à des heures régulières, au moins une fois par jour à l'école primaire et peut-être deux ou trois fois par semaine à l'école secondaire, il n'y a aucune raison pour que les enseignants n'utilisent pas aussi cette technique pour les mathématiques, l'histoire, les sciences et les autres matières. Un enseignement qui s'adresse à toute la classe réduit l'isolement et l'échec. Nous formons des groupes axés sur la coopération dans la plupart des activités parascolaires. L'équipe, par exemple, est à la base de la pratique de nombreux sports. Dans l'enseignement des matières scolaires, où cette pratique pourrait s'avérer tout aussi efficace, on s'en sert cependant fort peu. Si l'on traite pourtant la classe comme une unité, on pourrait faire surgir le même esprit de coopération que celui qui règne dans les équipes sportives. En éliminant l'échec, en acceptant les idées de chaque enfant (du moins, le temps que dure la réunion) et en se servant de ses erreurs comme base de l'enseignement qu'on va lui donner, nous traitons l'enfant d'une façon qui est stimulante. Le système actuel insiste au contraire sur les erreurs, décourageant l'enfant et le rendant incapable de réfléchir ou lui enlevant même le goût de le faire.

Un autre avantage de la réunion de classe est la confiance qu'en retire un enfant qui donne son opinion devant un groupe. Dans la vie, il y a beaucoup d'occasions où l'on doit parler et s'affirmer. Plus nous apprendrons aux enfants à s'exprimer clairement et de façon réfléchie, mieux nous les préparerons à la vie. Quand un enfant réussit à exprimer ses idées personnelles, il acquiert une confiance inébranlable par la suite.

## Chapitre 11

# *Implanter la pratique des réunions*

Le chapitre 9 était consacré à la mise sur pied de nouveaux programmes. Celui-ci traitera des étapes spécifiques de l'implantation des réunions de classe. Il est malheureux que les écoles ne soient pas conçues de façon à pouvoir introduire facilement de nouvelles approches; de leur présentation dépendra pourtant leur réussite. C'est au directeur et au conseiller pédagogique que revient la responsabilité d'instaurer les réunions de classe dans une école. Si le conseiller ne travaille qu'à temps partiel, comme c'est généralement le cas dans les écoles primaires, il devrait consacrer une partie de ce temps à faciliter l'implantation de cette nouvelle technique. Au chapitre 9, j'ai parlé de la nécessité pour le directeur de réunir ses enseignants en groupe de travail pour se pencher sur les problèmes rencontrés. Il peut de la même façon faire appel à l'aide et aux compétences du conseiller pédagogique. Ensemble, ils pourront préparer les réunions du personnel enseignant pour les rendre constructives.

Le rôle du directeur d'école est généralement bien compris; celui du conseiller pédagogique est, en revanche, beaucoup plus vague pour les parents, les enseignants et les enfants. On le perçoit habituellement comme une personne qui, de façon individuelle, intervient auprès des enfants en difficulté et les aide à résoudre leurs problèmes, tout comme un psychologue ou un psychiatre peut s'occuper d'un client dans son cabinet. Le conseiller peut s'avérer efficace en pratiquant la consultation individuelle; le temps qui serait cependant requis par les nombreux enfants en difficulté excède largement le temps dont il dispose habituellement. Le conseiller pédagogique travaille aussi avec les enseignants et les parents pour les aider à mieux s'occuper des enfants. Ce travail varie naturellement d'une école à l'autre et d'un conseiller à l'autre. Dans la plupart des écoles, les contacts entre les enseignants et les conseillers pédagogiques sont rares et pourraient pourtant être bénéfiques. Une partie du problème vient de l'organisation de l'école: travaillant aux mêmes heures avec les élèves, ils ont peu de chances de pouvoir se parler.

Le rôle joué par le conseiller pédagogique est aussi la principale cause des mauvaises relations qui existent entre l'enseignant et lui. Le conseiller reçoit un élève qui a été référé par un enseignant; il lui fait passer une série de tests, rédige un rapport à partir de ces tests et soumet ce rapport à l'enseignant. Le conseiller et l'enseignant sont tous deux insatisfaits de cette procédure souvent dénuée de sens parce qu'elle se fonde sur l'idée discutable que les tests seront capables de déceler les points sur lesquels aider l'enfant. Les tests ne font cependant que traduire les observations de l'enseignant concernant les difficultés éprouvées par l'enfant dans le jargon du diagnostic psychologique. Si, par exemple, l'enseignant dit que l'élève semble timide et renfermé, le conseiller traduira, après lui avoir fait passer des tests, qu'il a tendance à se replier sur lui-même, qu'il souffre de narcissisme. Ce diagnostic n'aide en rien l'enseignant. Cela l'effraie, au contraire, et lui donne l'impression qu'il est aux prises avec un sérieux problème psychologique pour lequel il n'a reçu aucune formation. Quand, comme c'est souvent le cas, le conseiller pédagogique ne peut offrir aucune aide à l'enfant, soit parce qu'il est trop occupé ou que l'enfant est un cas extrêmement difficile, l'enseignant commence à douter de la valeur de cette approche. Comme il s'agit d'une procédure courante, très peu de gens osent sérieusement la remettre en cause.

Les conseillers pédagogiques, sauf ceux qui ont une perception des choses plutôt traditionnelle, sont malheureux dans leur rôle, qui consiste seulement à poser des diagnostics psychométriques. Les enseignants, eux, sont malheureux parce qu'ils ne peuvent pas utiliser les données recueillies par les conseillers. Les directeurs d'école se tiennent souvent au-dessus de la mêlée en n'accordant à cette procédure qu'une attention distraite, voire aucune attention. Plutôt que de continuer cette pratique inefficace, il vaudrait mieux laisser tomber les tests, sauf en de rares cas bien définis. Le conseiller devrait apprendre davantage à animer des groupes pour pouvoir travailler ensuite directement dans les classes et montrer aux enseignants à résoudre les problèmes. Bien qu'actuellement, la plupart des conseillers n'aient pas les compétences requises pour le faire, ils disposent d'un bagage professionnel et d'une formation de base suffisants pour suivre des cours d'animation de groupe et apprendre à diriger des réunions de classe. Les conseillers sont généralement plus intéressés que le directeur d'école à ce genre d'activité et disposent aussi de plus de temps qu'eux. Cela ne les empêcherait pas de se pencher encore sur des problèmes individuels en cas d'urgence. Ils cesseraient de consacrer la majeure partie de leur temps à faire passer leurs sempiternels tests et à écrire des rapports, pour se rendre plutôt dans les classes aider les enseignants à apprendre à animer efficacement des réunions de classe.

Avant qu'un conseiller puisse consacrer une partie de son temps à aller dans les classes aider les enseignants, il lui faudra obtenir l'autorisation du directeur de l'école où il travaille. Il va sans dire qu'on ne peut pas implanter un nouveau programme ou une nouvelle technique sans avoir auparavant obtenu l'appui de la direction. C'est en grande partie pour cela que j'écris ce livre. Travaillant dans les écoles comme psychologue consultant, un rôle semblable à celui du conseiller pédagogique, j'ai réussi, avec l'appui des directions, à implanter les réunions de classe de la façon que je vais décrire un peu plus loin. Rien de ce que j'ai fait ne sort du cadre traditionnel de l'organisation scolaire. Tout peut être aussi accompli pendant les heures normales d'une journée de classe.

Comme je l'ai déjà mentionné au chapitre 9, il faut d'abord tenir une réunion du personnel enseignant où le directeur, avec mon aide ou celle du conseiller pédagogique, explique aux enseignants les objectifs du programme. Au cours de cette réunion, on pourra faire référence à d'autres formes de travail de groupe en usage dans les écoles. On alloue aussi du temps pour les questions et pour la discussion. Une fois que l'intérêt des enseignants est éveillé, on les invite à se joindre volontairement à un projet-pilote. Rien ne sert d'aller trop vite ou d'essayer de forcer les enseignants à adopter une pratique dont ils peuvent mettre en cause le bien-fondé. En guise d'introduction, la démonstration d'une réunion de classe dans une classe ou dans un auditorium est donnée devant le personnel enseignant. Les démonstrations que j'ai animées ont toujours suscité beaucoup d'intérêt. Les enseignants doivent voir comment des classes entières s'impliquent dans la discussion pour en connaître la technique et comprendre la façon dont elle fonctionne. Quand les enseignants voient de quoi sont capables leurs élèves dans une réunion de démonstration, ils se montrent fortement inté-ressés. Quand, par contre, ils essaient eux-mêmes d'animer des réunions de classe, ils trouvent cela souvent difficile.

Il est d'ailleurs important d'insister sur la difficulté de ce qui paraît si simple aux yeux des enseignants lorsque la démonstra-tion est exécutée par une personne d'expérience; il est bon de leur expliquer de ne pas se laisser aller au découragement s'ils ne réussissent pas à animer de bonnes réunions du premier coup. Dans mon travail dans les écoles, je donne de trois à quatre démonstrations par jour, devant des groupes différents d'ensei-gnants chaque fois. Il vaut mieux faire ces démonstrations chaque semaine avec les mêmes classes, semaine après semaine, pendant cinq à dix semaines, pour que les enseignants puissent se rendre compte des progrès. Les réunions donnent souvent d'excellents résultats; parfois aussi, elles tombent à plat. J'étais très nerveux quand j'ai commencé à faire ces démonstrations; je craignais que, si les réunions se passaient plutôt mal, les enseignants ne pensent qu'elles n'en valaient pas la peine. Aussi ai-je été très surpris quand, après une réunion qui n'avait pas très bien tourné, plusieurs enseignants sont venus me dire: «Formidable! C'est justement ce qui m'arrive à moi.» Au lieu de les amener à perdre tout intérêt pour les réunions de classe, mon piètre résultat les rassurait en leur montrant à quel point animer une réunion de classe peut s'avérer difficile, puisque même des animateurs chevronnés pouvaient éprouver des difficultés. Ma conviction que toute démonstration se devait d'être absolument parfaite peut avoir eu, sur beaucoup d'enseignants, exactement l'effet contraire: ma réussite persuadait les enseignants qui n'obtenaient pas d'aussi bons résultats que l'exercice était trop difficile. Apprendre à animer des réunions de classe exige de la pratique, tout comme n'importe quel autre apprentissage. L'enseignant apprend tout autant que sa classe. Il existe de bonnes réunions comme il en existe de mauvaises. Les enseignants ne devraient pas se décourager ou abandonner la partie si les résultats ne sont pas, dès le début, à la hauteur de leurs attentes. Je n'insisterai jamais assez sur ce point. L'échec n'encourage pas plus les ensei-gnants que leurs élèves. Si nous voulons que nos élèves s'effor-cent de comprendre et d'appliquer de nouvelles idées, nous ne devons pas nous-mêmes craindre de le faire.

Une fois que l'enseignant a assisté à des réunions de démonstration et a exprimé son intérêt pour ces dernières, le directeur ou le conseiller ira travailler avec lui dans sa classe pour implanter les réunions. Pour que l'aide apportée par le directeur à l'enseignant soit bénéfique, il faut que tous deux se sentent à l'aise, ce qui, dans la plupart des écoles, est plutôt rare. Les rencontres du personnel enseignant suggérées au chapitre 9 peuvent aider le directeur et les enseignants à travailler ensemble sans tension. Un enseignant ne doit pas se sentir mal à l'aise quand le directeur entre dans sa classe pour l'aider à préparer une réunion de classe; l'animation de réunions ne fait pas partie des compétences attendues d'un enseignant. Le directeur peut avouer qu'il n'a pas, lui non plus,

beaucoup d'expérience dans le domaine; les voilà donc maintenant tous les deux sur un terrain commun, mais qui ne leur est
pas du tout familier, à l'un comme à l'autre; dans un certain
sens, ils se retrouvent partenaires en terre inconnue. Apprendre
à animer des réunions peut servir à les mettre à l'aise quand ils
ont à travailler ensemble. La barrière artificielle qui existe entre
l'enseignant et le directeur tombe en ce qui concerne la performance de l'enseignant dans sa classe.

Voici le résumé d'une série de réunions visant à résoudre
des problèmes à caractère social. Le directeur a d'abord dirigé
les réunions pendant que l'enseignante le regardait faire. Plus
tard, l'enseignante a pris les choses en main et a animé elle-
même les réunions.

Nous nous sommes rencontrés pour la première fois dans la
classe, le 23 février de 11 h 20 à midi, puis tous les jeudis
à la même heure jusqu'à la fin du semestre. Il y a donc eu
environ 17 réunions de classe. J'en ai, pour ma part (c'est
le directeur qui parle), animé environ 10 ou 11, et l'enseignante s'est chargée des autres.

Nous trouvons tous deux que les changements d'attitude
et de comportement des élèves ont été remarquables. Nous
avions un groupe de 37 élèves (19 garçons et 18 filles) de
9 et 10 ans. Même si la classe était composée d'enfants
merveilleux, tout à fait compétents sur le plan individuel,
l'atmosphère de la classe était à couteaux tirés. Les enfants
avaient développé un talent certain pour s'abaisser les uns
les autres, et les chefs qu'ils respectaient exerçaient une
domination plutôt tyrannique. Le courant m'a semblé
s'inverser quand la classe a communiqué ses réactions à
Jean, son leader. Il s'est montré étonné et consterné que les
autres enfants se sentent blessés et se disent malheureux de
la façon dont il les traitait. Jean et moi avons alors eu une
série de tête-à-tête où il s'est montré tout à fait prêt à
employer son leadership de façon constructive. Dans les
réunions, son rôle s'avéra capital pour créer un climat de
franchise. Il ne laissait pas les autres s'en tirer avec des
prétextes. Comme il se montrait sérieux et même passionné
dans l'expression de ses opinions, les réunions sont devenues animées et excitantes.

J'espère que les réunions de classe vont vraiment s'implanter dans toutes les écoles en septembre prochain. Je trouve, en effet, qu'elles constituent un moyen particulièrement efficace de changer le comportement d'un groupe; l'absence de punitions (y compris les remarques désobligeantes) a rendu possibles l'ouverture et le maintien d'un dialogue fascinant et crée une relation nettement plus agréable et ouverte entre les enfants et l'enseignant.

Le directeur a demandé à l'enseignante de faire ses propres commentaires sur ce qui s'est passé dans sa classe. Voici son rapport:

### ÉVALUATION DE LA CLASSE
### AU DÉBUT DU SEMESTRE

Enfants très brillants, avides d'apprendre et présentant une grande variété d'expériences personnelles. Beaucoup de tensions cependant dans les relations de groupe; très peu de volonté de «donner» ou de «céder», beaucoup d'égoïsme et désir constant de «dépasser» les autres. Beaucoup de commérages et un certain plaisir à mettre les autres dans l'eau bouillante. Semble un groupe difficilement capable de travailler ensemble.

### DESCRIPTIONS BRÈVES
### DE CERTAINES RÉUNIONS DE CLASSE

On a posé la question: «Combien d'entre vous pensent que nous nous montrons aimables en classe?» Huit garçons environ ont levé la main. Il s'agissait essentiellement (à l'exception de deux d'entre eux) de garçons qui se montraient les plus désagréables. La classe a émis l'opinion que ces garçons n'étaient pas aimables. C'est vrai que Jean (le leader des minoritaires) et Bernard (son adjoint) ennuyaient souvent les autres. Ils prenaient un malin plaisir à tendre des embuscades à Michel pour le battre, faisaient des remarques blessantes à la plupart des autres enfants et cachaient leurs effets personnels, volaient leur argent, quittaient l'école plus tôt qu'il le fallait et n'arrêtaient pas d'émettre des opinions négatives en classe (ce dernier méfait était plutôt le problème de Jean que celui de Bernard). Les garçons concernés ont été choqués de l'opinion que l'on avait d'eux et se sont montrés un peu remués. L'image qu'ils avaient de leur personne était plutôt différente de celle qu'avaient donnée leurs camarades. La classe a discuté ensuite de la différence entre l'humour, qui est amusant, et les sarcasmes, qui sont cruels. Les enfants ont décrit la façon dont on se sent intérieurement quand une personne rit à vos dépens; ils ont dit comment cela faisait mal. Cela nous a amenés à un autre sujet: ce qui est agréable dans une relation personnelle et ce qui est désagréable, sujet que nous avons repris plus en détail la fois suivante. Juste avant la fin de la réunion, David a voulu savoir pourquoi la classe ne lui avait pas dit si elle le considérait comme une personne aimable. On lui a expliqué que lui-même n'avait pas pris la peine de dire qu'il pensait que la classe était aimable. Il insista tout de même pour obtenir une réponse; lorsqu'on lui a répondu qu'on le considérait comme une personne aimable, il a été agréablement touché. Il s'était souvent demandé si les autres l'aimaient ou non; il rayonnait donc en recevant un vote de confiance. Il a avoué que, jusqu'alors, il avait toujours cru que personne ne l'aimait et qu'il se sentait rejeté.

Johanne a ouvert une autre réunion en amenant le sujet de l'amitié. Elle était nouvelle dans l'école et trouvait qu'elle n'avait pas d'amis dans la classe. Les enfants ont alors parlé de ce qu'ils avaient éprouvé quand eux aussi étaient nouveaux et comment ils avaient fini par se sentir bien. Isabelle et Anne ont raconté comment elles étaient allées toutes deux trouver Carole quand celle-ci était arrivée à l'école; Carole a expliqué le plaisir qu'elle avait éprouvé par leur proposition d'amitié. Les enfants ont ensuite discuté de ce qui parfois leur causait de la peine. Ils semblaient tous d'accord pour dire qu'il était extrêmement important d'expliquer à un nouveau les règles et les habitudes du groupe, plutôt que de se fâcher contre lui. Ils ont aussi parlé de ce qui caractérise un ami. Olivier pensait que c'était quelqu'un qui n'allait pas vous dénoncer quand vous faisiez quelque chose de mal. Les autres enfants lui ont alors fait savoir qu'à la longue, si cet ami a besoin d'être guidé, cela pouvait lui nuire plutôt que lui rendre service. (L'exemple donné était celui d'un enfant qui avait menacé, avec sa carabine à plombs, le conducteur d'un camion qui passait, qu'un autre enfant avait vu faire mais n'était pas allé dénoncer.) Il s'est avéré que Johanne était elle-même la cause de ses problèmes: les autres la qualifiaient de «gâtée» et trouvaient qu'elle n'essayait guère de s'adapter ou de se conformer à leurs normes de comportement ou à leurs règles. Hélène lui a patiemment expliqué que les autres essayaient d'être aimables avec elle, mais qu'il fallait que, des deux côtés, chacun y mette du sien, qu'elle n'essayait pas vraiment, elle, de se montrer aimable. Rachel, qui, elle aussi, était exaspérée par Johanne, s'est montrée moins patiente. Les filles ont accepté de redoubler d'efforts, conscientes qu'elles étaient maintenant des problèmes et des sentiments éprouvés par Johanne. Au cours du semestre, elles en ont eu pourtant assez de Johanne, qui apparemment ne se montrait pas du tout coopérative; elles songeaient à la laisser tomber.

À une autre réunion, c'est Michel qui a fait l'objet de la discussion. Il souffrait d'embonpoint, n'avait pas l'air très propre et, avec ses cheveux dans les yeux, sa voix très forte, agressive et ses gilets pleins de trous à force d'avoir été mordillés, tortillés, mâchouillés, il n'était pas très agréable à regarder! Michel a dit ne pas aimer la classe parce que celle-ci ne l'aimait pas non plus. Quand on lui a demandé pour quelle raison, à son avis, les autres ne l'aimaient pas, il a répondu que c'était parce qu'il était gros. Les enfants ont exprimé bruyamment leur désaccord. Ils ont dit que là n'était pas le problème. Michel a voulu savoir quel était alors le problème. On lui donna la chance de demander aux autres de lui expliquer ce qu'ils trouvaient rebutant chez lui. Quelqu'un indiqua que c'était ses coiffures bizarres, comme le casque de pilote qu'il portait la veille (soit dit en passant, il ne l'a plus jamais reporté). Un autre dit qu'il s'habillait très mal. Martin dit que c'était parce qu'il disait des choses blessantes. Lorsque, par exemple, Martin, de retour d'un voyage à l'étranger, avait montré à la classe plusieurs trésors qu'il avait ramenés pour eux, Michel lui avait dit qu'il ne croyait pas que ces objets venaient de cet endroit, qu'on pouvait acheter les mêmes choses sur place. Martin a dit que cela l'avait blessé. David a dit que Michel lui avait fait les mêmes remarques désobligeantes devant la classe dans une occasion similaire (Michel ne s'est toujours pas guéri de cette mauvaise habitude). Jean, devenu plus réfléchi et se montrant nettement plus perspicace, dit que c'était parce que Michel n'arrêtait pas de faire des grimaces et qu'il regardait au plafond d'un air dégoûté quand on lui adressait la parole. Au moment où Jean avait dit cela, Michel réagissait précisément de cette façon. Jean lui dit: «Tu vois, Michel, c'est justement ce que tu fais maintenant, et tu ne t'en aperçois même pas!» On a demandé à Michel si, à son avis, quelqu'un avait déjà fait l'effort de se montrer aimable envers lui. Il a répondu seulement «Alice» et a dit qu'il aimait bien cette dernière. Tout le monde a ricané. Alice a dit que ça lui était égal si on riait d'elle, mais qu'elle, elle aimait bien Michel et n'avait pas honte d'être son amie. Elle aimait bien se montrer aimable avec lui. Nous avons alors discuté tous ensemble de l'importance d'avoir au moins un ami. Les autres enfants pensèrent que personne n'avait vraiment essayé de devenir l'ami de Michel; tous essaieraient de faire au moins un geste en ce sens dans la semaine qui suivait. Sur le coup, ils étaient tous enthousiastes, mais ont vite oublié leurs résolutions et sont redevenus apathiques comme à l'accoutumée. Au moins, personne ne semblait faire un effort particulier pour se montrer désagréable, c'était là un changement appréciable. Alice a continué à se montrer aimable avec Michel, et les enfants ont arrêté de la taquiner à ce sujet. Isabelle, une de celles qui taquinaient Alice, s'en est excusée au cours d'une réunion subséquente; elle a ajouté que l'on s'était déjà aussi moqué d'elle parce qu'elle s'était montrée amicale avec une seule personne; il lui avait fallu encore plus de courage pour rester l'amie de cette personne, mais elle l'avait voulu. Isabelle a dit à Alice que, même si elle s'était sentie blessée quand les autres s'étaient moqués d'elle, elle avait oublié et s'était elle-même à son tour moquée d'Alice. Elle s'en excusait, car elle savait bien ce qu'Alice pouvait ressentir.

Il y a eu un grand changement chez Michel au cours du semestre: il n'est plus aussi négligé dans ses travaux et dans son apparence physique, parle plus calmement, se maîtrise mieux, sait se montrer beau joueur dans la cour, s'entend mieux avec les autres et a plus d'amis (quelques-uns du moins).

À une autre réunion, on a discuté du cas de Georges, qui reste toujours dans les jupons des dames de la cantine au lieu de jouer. Il a répondu qu'il n'aimait pas les jeux qu'on pratiquait à l'école, qui étaient très différents de ceux de son ancienne école. Son équipe a expliqué que, même s'il n'était pas un très bon joueur, ils avaient tout de même besoin de lui parce que, sans lui, les équipes n'étaient pas égales. Les enfants ont accepté de lui expliquer gentiment les règles de leurs jeux, et il a promis de faire un effort pour être présent à l'avenir. Cela a réglé le problème.

Voyant qu'elle parvenait tranquillement à régler ses problèmes individuels et collectifs, la classe s'est attaquée ensuite à des problèmes plus sérieux. Les élèves ont dit que, dans la cour de récréation, au lieu de renvoyer la balle aux joueurs qui l'avaient perdue, ils l'envoyaient au contraire à l'autre bout, ce qui retardait le jeu et le rendait moins intéressant. Les filles ont dit qu'un service en attirait un autre et que, si une balle arrivait dans leur coin et qu'elles la rendaient à son propriétaire, elles s'en souviendraient, la fois suivante, lorsque leur balle à elles tomberait dans le terrain de jeu d'un autre groupe, qu'on la leur rendrait au lieu de l'envoyer au loin. Les garçons ont répondu que cela ne marcherait jamais, que les plus grands prendraient toujours plaisir à envoyer la balle à l'autre bout de la cour, même si on leur rendait leur balle à eux des centaines et des centaines de fois. Ils ont plutôt suggéré que j'en parle aux autres enseignants et qu'on établisse une règle pour dire qu'il ne faut plus faire cela. Les plus grands qui continueraient à envoyer promener la balle des plus jeunes seraient exclus de cette partie de la cour tant qu'ils ne se conformeraient pas à la règle. C'est ce qui s'est effectivement passé, et les jeux sont maintenant plus agréables, du moins à cet égard.

Au cours d'une des dernières réunions, on a parlé de la peine que causaient certains capitaines d'équipe par leurs injustices. On a discuté de ce que devait être un capitaine et on a évoqué les garçons qui avaient été des exemples de bons capitaines. Les enfants qui n'étaient pas parmi les meilleurs joueurs pensaient qu'on devait quand même leur donner une bonne position de temps en temps, plutôt que de les faire jouer à des postes où il ne se passait jamais rien. Ils disaient que la seule chance pour eux de devenir de meilleurs joueurs était de pouvoir s'essayer à des bonnes positions et d'apprendre à les tenir. Bernard a dit qu'il essayait de donner à chacun sa chance, parfois même aux meilleures positions, et les autres ont dit qu'effectivement, il était juste et que c'était un bon capitaine. Les bons joueurs ont cependant objecté que, si l'on plaçait les moins bons joueurs aux positions clés, l'équipe ne gagnerait jamais; un bon capitaine ne devait pas l'oublier. Ils pensaient, eux, que Samuel faisait du bon travail comme capitaine parce qu'il ne perdait pas cela de vue, sans pour autant toujours donner les meilleurs postes aux meilleurs joueurs. L'équipe de Suzanne trouvait qu'elle était une bonne capitaine parce qu'elle ne donnait jamais une position à celle qui la réclamait. Les autres ont dit à Paul, un bon joueur, que, quand l'arbitre dit quelque chose, même s'il n'est pas d'accord, il doit savoir se maîtriser et ne pas protester. Quand il était capitaine, il avait une certaine autorité et, maintenant qu'il ne l'est plus, il devrait respecter l'autorité du capitaine que l'équipe a élu.

### ÉVALUATION DE LA CLASSE
### À LA FIN DU SEMESTRE

Grosse amélioration dans leur capacité d'analyser ce qui les préoccupe et dans la façon d'exprimer leur hostilité et leur colère, en communiquant avec leurs camarades et en recherchant ensemble une solution, plutôt que de rapporter ou de préparer une revanche chaque fois qu'on leur a fait du tort. Attitude beaucoup plus compréhensive les uns envers les autres. Se montrent très affectés par l'attitude et les sentiments de leurs camarades à leur endroit, beaucoup plus que par ceux des adultes en position d'autorité. Quand ils avouent une mauvaise action, le fait qu'on ne les punisse pas clarifie l'atmosphère et soulage les consciences. La réaction de leurs camarades semble avoir influencé, sur ce point, leur comportement ultérieur. Certains d'entre eux, qui avaient exercé auparavant un leadership négatif, se sont avérés un atout pour le groupe quand ce leadership a commencé à être exercé de façon positive. De façon générale, les enfants sont devenus plus attentifs les uns envers les autres et se montrent maintenant prêts à s'entraider.

Dans d'autres écoles où les directeurs participent à ma classe, on obtient des résultats semblables dès la première année d'implantation des réunions de classe. Les enseignants de ces écoles sont venus observer mes démonstrations, le jour dans une école secondaire et le soir (pendant leur temps libre) dans diverses autres écoles. L'enthousiasme qu'éprouvent les directeurs que j'initie aux réunions de classe est peut-être à la fois la cause et l'effet des excellents résultats qu'obtiennent beaucoup de leurs enseignants qui y ont recours. Dans une école primaire de 1 800 élèves située tout près de celle où je donne mes séances de formation, les enseignants ont organisé eux-mêmes un groupe d'étude dirigé par une enseignante qui participe à mon cours. Son directeur a d'ailleurs pu lui obtenir une reconnaissance salariale pour son travail dans cette classe. Beaucoup de gens y assistent. Dans cette école, de nombreux enseignants ont implanté les réunions dans leur propre classe à partir de quelques démonstrations et de la ferme conviction qu'elles sont efficaces. Les directeurs des écoles où j'interviens ont apporté leur soutien à ce programme, et je crois que celui-ci est appelé à s'étendre considérablement au cours des quatre ou cinq prochaines années.

Résumons ici les diverses étapes requises pour le démarrage et le maintien des réunions de classe:

*1.* Le personnel enseignant discute des principes d'éducation énoncés dans les premiers chapitres de ce livre. D'après mon expérience, les enseignants, les directeurs et les conseillers pédagogiques conviennent généralement que les réunions de classe représentent une solution possible à quelques-uns des problèmes les plus répandus de nos écoles.

*2.* Si la chose s'avère possible, un enseignant, un conseiller ou un directeur d'école qui a déjà fait l'expérience d'animer une réunion de classe en fait la démonstration à tout le personnel enseignant. Si personne dans l'école n'a eu d'expérience directe, le directeur ou le conseiller doit tenter d'apprendre par lui-même à diriger les réunions et à en assumer la responsabilité initiale. Pour y parvenir, le directeur ou le conseiller travaille avec les classes d'un ou deux enseignants intéressés, puis se sert de ces classes pour ses démonstrations. Un enseignant rompu à cette technique et prêt à en faire la démonstration à d'autres enseignants aidera le programme à s'implanter de façon beaucoup plus rapide que si toutes les démonstrations sont faites par le directeur ou le conseiller.

*3.* Pour ces réunions, j'ai essayé toutes les dispositions des sièges possibles dans la classe. La disposition en un grand cercle qui réunit l'enseignant et les élèves est de loin la plus appropriée. Avec toute autre disposition, certains enfants ne peuvent pas voir ou entendre les autres, ce qui rend la communication presque impossible et compromet la réussite de la réunion. Lorsqu'ils ont fait l'expérience des réunions de classe réussies, beaucoup d'enseignants modifient la disposition de leur classe et abandonnent les rangées traditionnelles pour le cercle. Ils trouvent qu'en cercle, les enfants réagissent si bien qu'ils essaient d'en venir à cette solution pour tous leurs cours en disposant les pupitres et les chaises en U. Ils n'ont plus qu'à boucher l'ouverture du U pour former le cercle nécessaire à la réunion de classe. Le passage de la disposition de classe habituelle à la disposition de la classe pour la réunion s'effectue avec un minimum de désordre. Les enseignants ont également constaté qu'il y a moins de confusion dans la classe si l'on place les sièges en cercle pendant que les enfants sont en récréation ou à la cantine. Beaucoup d'enseignants ont des appariteurs à leur disposition qui viennent les aider à déplacer les sièges. Ce petit travail s'avère aussi excellent pour un élève qui ne participe pas beaucoup aux réunions: il peut se sentir un rouage important du processus.

*4.* L'enseignant s'assied chaque fois à un endroit différent du cercle. Il essaie de placer les enfants avec soin de façon à rendre la réunion la plus productive possible. On peut ainsi séparer les garçons qui bougent et se donnent des coups de coude. On prend soin également d'alterner garçons et filles, les enfants qui parlent fort et ceux qui restent tranquilles. L'enseignant s'assied parfois à côté des enfants qui ont tendance à perturber la classe pour pouvoir avoir une influence sur eux. Parfois, il se place à côté des enfants qui ont tendance à ne pas beaucoup communiquer: sa présence les encourage souvent à parler. Certains élèves, au contraire, ne parleront pas s'ils sont assis à côté de l'enseignant; celui-ci doit alors changer de place assez souvent pour être certain de ne pas inhiber ces enfants.

Les enfants aiment bien recevoir des visiteurs à leurs réunions de classe. Ils stimulent en général les discussions, les rendent plus efficaces; ils doivent toujours s'asseoir dans le cercle avec eux et sont encouragés à participer en tant que membres réguliers du groupe. Le nombre et le type de visiteurs invités restent à la discrétion de l'enseignant. Au fil des réunions, on encourage les enseignants et les élèves d'autres classes à venir se joindre au groupe en tant que visiteurs. Le directeur vient régulièrement en tant que visiteur dans diverses réunions tout au long de l'année scolaire.

5.    Il est bon que les enseignants fassent équipe quand ils apprennent à diriger une réunion. Un enseignant sera dégagé de son temps d'enseignement pour lui permettre d'assister à une réunion tenue dans la classe de son collègue. Les deux équipiers devraient avoir les mêmes chances d'assister à la réunion de classe de l'autre. Cela leur donnera l'occasion de discuter de leurs progrès, à la fois dans les réunions régulières du personnel après les classes et de façon informelle lorsque le temps le leur permet. Pendant les réunions de classe, l'autre enseignant peut agir soit comme observateur, en prenant des notes qui serviront de base à de prochaines discussions, soit comme co-animateur. Les équipes sont formées de façon volontaire; habituellement, les bons amis font les bonnes équipes. Les équipes seront cependant changées régulièrement pour permettre aux enseignants intéressés d'avoir une chance de travailler avec plusieurs autres collègues.

*6.* Les sujets des réunions à sujet libre peuvent être choisis par l'enseignant à son gré ou être proposés par la classe. L'enseignant encouragera la classe à choisir des sujets pertinents. Il peut parfois permettre aux élèves d'ouvrir la réunion sur un sujet, puis d'en changer ensuite pour passer à un sujet dont il aimerait qu'ils discutent. Un important sujet à discuter à l'école est celui de la démocratie. L'enseignant peut commencer par demander de quoi les élèves aimeraient parler. S'ils parlent d'un parc d'attractions des environs ou d'un spectacle à la mode, comme ils le font souvent, l'enseignant peut traduire la question en un problème sur la démocratie en demandant: «Qui aimerait y aller avec moi?» Presque tous voudront y aller. L'enseignant peut alors dire: «Supposez que l'on m'ait donné deux billets gratuits à distribuer à deux élèves de ma classe. À qui devrais-je les donner?»

Les nombreuses fois que j'ai employé cette question comme base de réflexion à l'école primaire, les discussions se sont toujours avérées particulièrement animées. Les enfants sont terriblement préoccupés de prendre des décisions justes et démocratiques. Les solutions retenues en fin de compte pour le problème des billets gratuits allaient de la classe qui se mobilisait pour trouver l'argent de façon à ce que tout le monde puisse aller au spectacle (et pas seulement deux élèves) au renoncement aux billets parce que la classe ne parvenait pas à prendre de décision sensée et démocratique. Cette dernière décision est cependant plutôt rare. La solution la plus fréquente consiste à sélectionner deux élèves, l'un bon, l'autre plus faible, qui ont rarement l'occasion de pouvoir s'offrir des sorties. Le raisonnement des élèves révèle que l'effort devrait être payant, mais qu'à l'école, il paie trop. Ceux qui ne réussissent pas très bien n'ont rien, et cela ne les encourage guère à mieux faire. Les enfants pensent qu'une petite sortie incitera l'élève qui ne réussit guère à mieux s'appliquer à l'école. Ils ajoutent que les bons élèves et ceux qui le sont moins ne se côtoient pas souvent; passer ensemble un après-midi ou une soirée agréable

195

leur ferait du bien à tous les deux. Peu de groupes d'adultes sont capables d'appliquer aussi sagement la démocratie. Une fois qu'un enseignant a réussi à prendre le pouls de la réunion, il devient particulièrement habile à tourner le sujet choisi par la classe en question ouverte et propice à la réflexion.

**7.** On ne devrait pas multiplier à outrance les réunions portant sur la discipline. Discuter jour après jour le problème d'un enfant peut causer plus de mal que de bien. Des questions libres à incidence pédagogique, suffisamment intéressantes pour susciter la participation des enfants en difficulté, amènent généralement une amélioration de leur comportement. Quand surgissent par contre d'importants problèmes de discipline, on ne devrait pas hésiter à citer des noms et à amener le problème en pleine lumière dans une réunion de classe. Une réunion en amène une autre; souvent, des problèmes soulevés le lundi et à peine effleurés peuvent constituer la base des discussions pendant le reste de la semaine.

**8.** La durée de la réunion dépendra de l'âge des participants et de leur expérience des réunions de classe. Les enfants ont du mal à rester attentifs pendant plus de 10 ou 15 minutes. On peut généralement finir par étendre la durée de la réunion jusqu'à 30 minutes, ce qui représente une bonne moyenne. Des enfants plus âgés peuvent participer à des réunions de 30 minutes ou plus en gardant un intérêt dans la discussion. D'après mon expérience, il est préférable de donner aux réunions une durée déterminée plutôt que de les laisser varier en longueur, selon les jours. C'est pourquoi les enseignants devraient se sentir libres de mettre fin à une réunion, même en plein milieu d'une discussion animée, et de dire aux élèves qu'ils sont parvenus au bon endroit pour débuter la réunion suivante. On ne devrait pas laisser les réunions dépasser trop le temps prévu et servir d'excuses aux enfants pour oublier leurs autres responsabilités de la journée. Il est parfois nécessaire, particulièrement pour les réunions consacrées à des problèmes de discipline, de prolonger un peu la réunion pour permettre au groupe d'arriver à trouver un début de solution.

Avec les plus jeunes enfants, les réunions sont plus efficaces juste avant la récréation, avant le repas ou avant la fin de la journée d'école. Ces moments fournissent en effet un espace de temps naturel et permettent d'occuper à des réunions intéressantes un moment où normalement l'attention des enfants diminue.

Je crois qu'on devrait tenir des réunions tous les jours, à une heure régulière. Une réunion par semaine est un minimum; des rencontres moins fréquentes ne donnent pas assez de continuité aux discussions. Le nombre minimal de réunions pour que le programme soit réellement efficace variera entre une et cinq par semaine.

**9.** Les enfants semblent réagir mieux si on leur donne la possibilité de lever la main. Certains enseignants parviennent pourtant à animer des réunions où les enfants attendent poliment une occasion de prendre la parole sans avoir besoin de lever la main. Cet objectif tout à fait désirable est cependant difficile à atteindre. Comme je n'ai, pour ma part, jamais pu travailler assez longtemps avec un groupe pour y parvenir, je m'en remets à la pratique traditionnelle et leur demande de lever la main. Quand il faut choisir parmi toutes les mains levées, il n'est pas nécessaire de se montrer absolument démocrate. Certains enfants vont en effet apporter quelque chose à la discussion, la relancer, et d'autres non. L'art d'animer les réunions tient en partie à la capacité de déterminer quand donner ou ne pas donner la parole à tel ou tel enfant. Cela s'apprend.

Beaucoup d'enfants, qui semblent ne jamais vouloir lever la main ou qui n'osent pas, écoutent cependant attentivement et ont beaucoup de choses à dire. Il est bon que l'animateur leur donne la parole, avec une remarque comme: «Tu es très attentif à tout ce qui se dit; je me demande si tu n'aurais pas quelque chose à ajouter, toi, à tout cela?» ou bien: «Je suis sûr que tu as ta petite idée sur la question et j'aimerais bien la connaître.» Des remarques positives et encourageantes comme celles-là amènent souvent un enfant qui, de lui-même, ne lèverait pas la main à vouloir participer. Sans insister, si l'enfant décline d'abord l'invitation, l'enseignant devrait ajouter: «Je suis sûr que tu auras quelque chose à dire tout à l'heure. Je reviendrai à toi à ce moment-là.» Très souvent, à peine ai-je dit cela que la main de l'enfant s'agite en l'air. Aussitôt que possible, j'essaie de lui donner la chance de s'exprimer. La participation des enfants n'est habituellement pas un problème une fois qu'ils sont habitués aux réunions.

Certains enseignants de l'école où je travaille ont réussi à animer des réunions où les enfants parlent sans avoir besoin de lever la main. Ils attendent poliment leur tour et se parlent les uns aux autres plutôt que de parler à l'enseignant. Travailler avec leurs classes à l'occasion de réunions de démonstration a été très stimulant pour moi. Ces enseignants sont allés plus loin que ce que j'ai pu faire dans mes démonstrations. Leur réussite montre bien tout ce que l'on peut accomplir dans des réunions de classe où les enseignants se montrent intéressés et les élèves, impliqués.

*10.* Un enseignant n'interrompt jamais un enfant pour corriger sa grammaire, son vocabulaire ou d'éventuels gros mots; de telles interruptions s'avèrent extrêmement destructives. Un enfant que l'on reprend quand il essaie désespérément d'exprimer une idée ou de réfléchir pour résoudre un problème se trouve si dépité qu'il peut fort bien ne jamais plus lever la main pour parler. Il peut aussi perdre tout intérêt pour les réunions et même les perturber.

Parfois, un enfant ne finit plus de parler d'un sujet qui l'intéresse, mais qui ennuie la classe. Pour régler ce problème, l'enseignant intervient, après un laps de temps raisonnable, en disant: «J'aimerais passer la parole à quelqu'un d'autre; je reviendrai à toi un peu plus tard» ou quelque chose de semblable. Si cela se fait dans les règles, l'enfant ne se sentira pas frustré.

*11.* Souvent, les enfants personnalisent beaucoup et abordent des sujets généralement considérés comme privés. Il peut s'agir d'événements qui se passent chez eux ou dans leur voisinage. Dans une telle situation, l'enseignant devrait garder à l'esprit que, dans les réunions de classe, la discussion la plus libre semble s'avérer la plus bénéfique et que les craintes des adultes à ce sujet sont souvent excessives. Un enfant qui entreprend cependant de parler de querelles d'ivrognes dans sa famille peut se faire suggérer gentiment de parler de choses plus en rapport avec l'école. Changer toutefois de sujet peut parfois ne pas être très avisé, car les problèmes d'alcoolisme dans la famille ont peut-être justement le plus grand rapport avec les progrès scolaires de l'enfant.

D'après mon expérience, si l'on suit les étapes suggérées ici pour les réunions de classe, les enfants vont rarement tomber dans la fantaisie débridée ou le mensonge. Quand la fantaisie prend cependant le dessus, l'enseignant n'aura qu'à donner la parole à quelqu'un d'autre. Quand il suspecte un enfant de mentir, il pourra demander à la classe si oui ou non elle croit que l'enfant dit la vérité. C'est la classe, et non l'enseignant, qui devra juger. Si l'on tient suffisamment de réunions, la vérité finira par faire surface; la meilleure façon de combattre le mensonge, c'est de tenir des réunions régulières et fréquentes.

Les réunions de classe fonctionnent au gré de l'imagination, de la franchise et de la conviction de ceux qui les animent. Elles ne pourront jamais cependant remplacer les autres changements nécessaires, identifiés aux chapitres 3 à 8.

# Chapitre 12

## *Poursuivre les réunions*

Dans les écoles, on lance davantage de programmes que l'on en maintient par la suite. Les raisons pour les laisser tomber sont variées; la plus invoquée est que les enseignants ne croient pas en leur valeur. S'ils y croient, ils ne savent pas trop comment les utiliser, ne réussissent à rien et les mettent de côté. Les enseignants ne supportent pas mieux l'échec que les élèves. S'ils n'obtiennent pas une satisfaction rapide avec une nouvelle méthode, ils l'abandonnent. Les réunions de classe, pour lesquelles peu d'enseignants ont été préparés, par leur expérience personnelle d'étudiant ou par leur formation, se heurtent souvent à leur résistance.

Les enseignants qui, par contre, parviennent à réussir leurs réunions en sont enchantés. Les réunions sont agréables pour tous, et les élèves ne tardent pas à partager cet enthousiasme. Beaucoup d'enseignants en tiennent souvent, certains même tous les jours. À l'école où je travaille, dans les classes où elles ont lieu régulièrement, les enfants sont parvenus à s'impliquer remarquablement et font preuve de tolérance, de maturité et de réflexion. Ils ont appris à se préoccuper les uns des autres. Les enseignants ont appris peu à peu à se sentir à l'aise. Ils constatent que les questions soulevées au départ ne sont pas capitales pour la réussite de la réunion, les élèves, une fois habitués à la procédure, prenant en charge son déroulement. Les enseignants ne se découragent pas non plus si les réunions ne sont pas aussi réussies tous les jours. Convaincus de la valeur de la formule, même s'il est difficile d'en mesurer les résultats objectivement, ils aiment voir les élèves les plus faibles réagir pour la première fois de leur vie. Comme les réunions contribuent à régler les problèmes de comportement, accroissent la motivation des élèves jusqu'alors peu intéressés aux études et rendent l'éducation plus pertinente, ils les intégrent à leur enseignement quotidien.

Pour chaque enseignant qui tient régulièrement des réunions de classe, il y en a au moins un autre qui croit en la méthode, l'a essayée et voudrait bien continuer l'expérience, mais ne le fait pas, faute de trouver des sujets de discussion intéressants. Les enseignants qui comptent trop sur la classe pour leur suggérer, dans les débuts, des sujets de discussion se découragent souvent quand ils s'aperçoivent que la classe ne peut pas les aider sur ce plan. À court d'idées, l'enseignant réduit le nombre de réunions en les espaçant. En perdant de leur régularité, elles deviennent de ce fait moins valables.

J'entends montrer dans ce chapitre comment un animateur parvient à formuler des questions qui susciteront des réunions intéressantes et comment il en évalue la pertinence. Réfléchir à de bons sujets fait partie de tout enseignement de qualité; l'incapacité de trouver de bonnes questions est symptomatique d'une éducation axée principalement sur les faits, que nous devons absolument changer. Tenir des discussions de classe devrait être à la portée de tout enseignant qui essaie de comprendre les intérêts de ses élèves. À partir de simples questions, il est possible de développer un flot ininterrompu de nouvelles interrogations pertinentes et stimulantes. J'ai découvert que la plupart des enseignants peuvent apprendre à animer des réunions; la technique étant nouvelle pour eux, ils ont surtout besoin d'aide pour penser à des questions susceptibles de faire démarrer la réunion.

Lorsqu'un enseignant pense avoir trouvé un bon sujet de départ, il découvre souvent, à son grand découragement, que la classe ne réagit pas comme il s'y attendait. Ce qui lui paraît, à lui, captivant n'intéresse pas du tout la classe. Il ne doit pas pour autant se décourager. S'il pose une bonne question, une question qui semble intéresser et stimuler la classe, il peut ne pas savoir également comment la développer pour permettre aux élèves d'entrer dans le jeu. Il n'est donc pas suffisant de trouver une question intéressante pour ouvrir le débat, il faut aussi penser à une série de questions supplémentaires pour l'étoffer. En développant le sujet, l'enseignant doit se montrer flexible, sentir l'état d'esprit ou le niveau d'intérêt qui prévaut dans la classe et s'adapter en conséquence. S'il n'y parvient pas chaque fois, ce n'est pas grave. Il réessaiera le lendemain ou le jour suivant. Les élèves font preuve d'une grande tolérance à l'égard des enseignants qui tentent d'implanter les réunions de classe, parce que les enfants en reconnaissent le bien-fondé. Aucun enseignant ne devrait se sentir mal à l'aise s'il ne parvient pas du premier coup à bien poser ses questions. S'il croit suffisamment en la valeur des réunions pour poursuivre l'exercice pendant un semestre, en dépit de quelques tentatives moins fructueuses, il parviendra rapidement à animer des réunions réussies. Si, par contre, après trois ou quatre réunions, il est à court de bonnes questions, se décourage, réduit la fréquence des réunions, il n'aura pas consacré suffisamment de temps pour apprendre; les réunions vont peu à peu s'espacer et échouer.

Il est important que les enseignants comprennent que, lorsqu'on demande aux élèves de réfléchir et de participer à des discussions, il s'agit d'une nouvelle expérience pour la plupart d'entre eux; ils n'y sont pas préparés et hésitent donc à dire franchement ce qu'ils pensent. Dans les débuts, le petit nombre de prétendus bons élèves, qui préféreraient l'apprentissage par la mémorisation des faits de l'éducation traditionnelle, vont parfois résister. Bien qu'ils soient toujours prêts à intervenir dans une classe régulière quand ils connaissent la réponse à la question posée, ils hésiteront à répondre dans les réunions à sujet libre. Les élèves plus faibles, quant à eux, découvrent vite que, s'ils n'arrivent pas à répondre aux questions posées dans une classe régulière, le professeur cessera de leur donner la parole. Ils abandonneront la partie et laisseront les maniaques de la mémoire assurer le contrôle de la classe. Les questions posées dans les réunions de classe demandent souvent de la réflexion et incitent les élèves plus faibles à y répondre; ceux qui, par contre, ont renoncé depuis déjà longtemps à réfléchir ne participeront toujours pas. Devant une classe qui ne veut pas se servir de son intelligence, même le meilleur animateur peut se trouver dans l'impossibilité d'amorcer une discussion sérieuse. C'est une situation classique à l'école secondaire. Certains enseignants des premiers niveaux du secondaire se sont plaints que leurs élèves refusaient de participer à la discussion, même dans des groupes spécifiquement constitués à cet effet et comptant de 15 à 25 élèves. Les élèves demandent si les sujets de discussion vont faire partie de l'examen et, si ce n'est pas le cas (on leur fait généralement passer des tests objectifs), s'en désintéressent complètement. Ils veulent seulement mémoriser les réponses que l'on attendra d'eux aux examens; l'accent actuellement étant mis principalement sur les notes, il est difficile de les en blâmer. Discuter d'un sujet d'une façon intelligente, soulever des questions intéressantes ne présente guère d'intérêt pour les élèves. Leur refus de participer à des discussions témoigne d'une sorte d'atrophie intellectuelle, comparable à celle qui survient à un bras ou à une jambe immobilisés dans un plâtre à la suite d'une fracture. L'intelligence, comme le bras ou la jambe, doit faire de l'exercice pour ne pas s'atrophier; les réunions de classe au long des années d'études peuvent offrir cet exercice.

Comme beaucoup d'enseignants le savent et peuvent facilement le démontrer, la majorité des enfants sont prêts à participer à des discussions intellectuelles dès les premières années d'école. Les jeunes enfants réfléchissent et parlent. Nous devons les encourager à le faire en les écoutant et en leur apprenant à écouter, eux aussi. Il est plus facile et plus bénéfique de commencer ces discussions dès la maternelle que d'attendre plus tard dans les études pour le faire. Quand les enfants apprennent à s'exprimer sans crainte et de façon réfléchie, quand ils apprennent à écouter et à trouver de l'intérêt à ce que les autres ont à dire, cette expérience leur servira plus dans la vie que tout ce qu'ils pourront apprendre d'autre.

En travaillant avec des élèves de tous les âges, j'ai toujours constaté que les questions trop générales ne stimulent pas les enfants. Il faut beaucoup de temps et de nombreuses réunions avant que les élèves soient prêts à aborder ce type de question. La question «pourquoi va-t-on à l'école?» peut sembler à première vue être une bonne question. Au lieu d'être stimulés par cette question, les élèves y répondent cependant par des clichés. La discussion devient un exercice impersonnel de récitation où ils donnent les réponses que, selon eux, l'enseignant veut entendre, par exemple:

«Une bonne éducation permet de se trouver un bon travail.»

«L'éducation est importante pour entrer à l'université.»

«L'éducation est importante dans la vie.»

Ils continuent à débiter des clichés et n'entrent jamais dans le vif du sujet. Il est cependant possible de donner à la question une autre tournure, de suggérer une question plus précise, comme:

«Si chacun d'entre vous recevez sur-le-champ un million de dollars, somme qui vous suffirait amplement pour le reste de votre vie, continueriez-vous à aller à l'école?»

Cette question plus précise a donné beaucoup de matière à réflexion. Beaucoup d'élèves ont répondu qu'ils n'iraient plus à l'école; d'autres ont dit qu'ils continueraient d'y aller. J'ai demandé à ceux qui arrêteraient l'école:

«Que feriez-vous alors de votre vie?»

Je leur demande précisément quels seraient leurs objectifs, s'ils pensent que réaliser leurs plans s'avérerait agréable et productif. J'essaie de les amener plus loin que les réponses à la blague, comme:

«Je mangerais des bonbons toute la journée.»

«Je regarderais la télévision.»

«J'irais voir des matchs de foot.»

Ces réponses à la va-vite sont des défenses contre l'anxiété ressentie; ils sont suffisamment intelligents pour comprendre qu'ils doivent aller à l'école. Je demande ensuite à ceux qui continueraient d'aller à l'école comme à ceux qui n'iraient plus:

«Pourquoi iriez-vous encore à l'école? Il y a juste un instant, vous disiez que le but de l'éducation, c'est de se trouver un bon travail. Vous dites maintenant que vous continueriez d'aller à l'école même si vous n'aviez pas besoin de l'argent que procure un travail.»

Pour développer une série de questions sur le rapport entre l'éducation et le travail, on peut discuter de la valeur d'un emploi au-delà de l'intérêt financier qu'il représente, avec des questions comme:

«Si vous voulez toujours aller à l'école pour pouvoir obtenir un bon travail, même si vous aviez suffisamment d'argent, c'est que le travail doit être important pour vous. Pourquoi le travail est-il si important? Si le travail est important, quels rapports l'éducation entretient-elle avec lui? Est-ce qu'il est important pour vous d'avoir des activités plutôt que de rester assis chez vous toute la journée ou de chercher à vous amuser le reste de votre vie?»

Je peux aussi essayer de susciter une discussion entre les deux groupes, ceux qui quitteraient l'école immédiatement parce qu'ils auraient un million de dollars et ceux qui continueraient d'aller à l'école et qui, plus tard, travailleraient. J'épice la discussion avec des questions comme:

«Tous les enfants de riches ne travaillent-ils pas?»

«Pourquoi, dans bien des cas, les riches travaillent-ils plus que les pauvres?»

La discussion peut par la suite nous conduire de la richesse à la pauvreté lorsque je pose la question sur les démunis qui ne travaillent pas très fort. Les questions suivantes peuvent pousser le sujet encore plus loin:

«Certains pauvres travaillent-ils autant, et même plus, que les riches?»

«Quelles sont les différences entre les pauvres et les riches?»

«Est-ce que ce sont de grandes différences?»

«Ces différences sont-elles importantes?»

«En quoi est-ce que les riches et les pauvres se ressemblent?»

«Quelqu'un parmi vous a-t-il déjà connu une personne pauvre?»

«De quoi avait-elle l'air?»

«Quelqu'un parmi vous a-t-il déjà connu une personne riche?»

«De quoi avait-elle l'air?»

On peut ensuite enchaîner avec d'autres questions, comme:

«Comment le gouvernement s'assure-t-il que les pauvres aient assez d'argent pour vivre?»

«Savez-vous ce qu'est un programme de sécurité sociale?»

«Comprenez-vous pourquoi on a besoin de tels programmes?»

«Existe-t-il de meilleurs moyens d'aider les gens qui ne gagnent pas suffisamment d'argent pour vivre que de les faire dépendre des programmes d'aide de l'État?»

«Les gens souhaitent-ils vraiment mener ce genre de vie?»

«Comment les gens doivent-ils s'y prendre pour réclamer l'aide de l'État?»

«Comment font les gens qui ne peuvent pas recevoir cette aide?»

À partir de notre premier sujet, «Pourquoi va-t-on à l'école?», nous en sommes venus à discuter du travail, de la pauvreté et de l'aide sociale. C'est un bon exemple de toute l'extension que l'on peut donner à une question générale, de la façon dont on peut la rendre plus précise et la conduire vers d'autres sujets qui lui sont rattachés. Des discussions comme celle-ci peuvent être poursuivies pendant plusieurs séances, et même des semaines entières, si la classe semble intéressée. Quand les enfants viennent de foyers où l'on trouve des journaux, des magazines et des livres, on peut les encourager à lire pour pouvoir apporter d'autres idées à la discussion. Les enfants de famille à faible revenu peuvent poser toutes ces questions à leurs parents, qui sont souvent parfaitement qualifiés pour y répondre, étant donné les circonstances. Les parents s'impliqueront ainsi avec leur enfant dans un sujet qu'ils peuvent comprendre, qui est pertinent et important pour toute la famille.

Nous avons déjà vu que la plupart des enfants continueraient d'aller à l'école, même s'ils avaient suffisamment d'argent pour ne pas avoir à travailler. Nous n'avons pas encore parlé de ce qu'ils pourraient apprendre à l'école dans ces conditions:

«Si vous aviez suffisamment d'argent pour n'avoir pas besoin d'aller à l'école et de vous préparer à travailler, qu'aimeriez-vous apprendre? L'histoire? La géographie? Le français? Les mathématiques? Apprendriez-vous les matières qu'on enseigne actuellement à l'école?»

«Aimeriez-vous apprendre d'autres matières? Quels sujets suggéreriez-vous?»

«Pensez-vous que cela changerait votre attitude à l'égard de l'école?»

«Pour vous, l'école serait-elle meilleure ou pire?»

Si l'on se sert de ces questions comme points de départ, on pourrait bien découvrir, comme je l'ai fait moi-même à plusieurs occasions, que beaucoup d'élèves ne savent pas pourquoi on les oblige à apprendre l'histoire. Ils disent que, s'ils n'avaient pas besoin de leur diplôme pour gagner leur vie, ils ne se fatigueraient pas à apprendre l'histoire. L'enseignant apprend ainsi qu'une bonne partie de ce qu'on fait faire aux élèves à l'école n'a pas beaucoup de sens pour eux. Il est intéressant de prendre une matière scolaire, *l'histoire* par exemple, et de s'en servir comme sujet de discussion avec les questions suivantes:

«Avez-vous déjà entendu parler d'une école où l'on n'enseignait pas l'histoire?»

«Pourquoi l'histoire est-elle si importante que toutes les écoles l'enseignent?»

Si les élèves ne savent pas pourquoi on enseigne l'histoire, l'enseignant pourrait demander:

«Avez-vous déjà feuilleté un vieil album de famille? Avez-vous trouvé intéressant de voir les photos des membres de votre famille qui ont vécu il y a bien longtemps? Avez-vous déjà trouvé que les objets présentés dans les musées, les pièces très anciennes particulièrement, étaient intéressants? Que peut-on apprendre à partir de ces anciens albums et de ces vieux objets? Ce que l'on apprend, est-ce cela, l'histoire?»

Si les élèves ne parviennent pas, malgré ces questions, à trouver des raisons d'apprendre l'histoire et de la considérer comme un sujet intéressant et important, je pense que l'enseignant doit prendre le temps d'expliquer à sa classe la pertinence de l'histoire. Grâce à ces questions, les élèves devraient mieux y parvenir que la plupart des classes que j'ai dirigées. D'après mon expérience, la majorité d'entre eux n'ont pas la moindre idée des raisons pour lesquelles on leur fait étudier l'histoire. Les enseignants ne s'en aperçoivent pas tant qu'ils n'ont pas posé eux-mêmes à leurs élèves une série de questions ouvertes qui leur font comprendre qu'ils sont incapables de répondre aux questions les plus évidentes concernant l'histoire, comme:

«Pourquoi aimons-nous regarder de vieux albums de famille qui contiennent les photos de membres de notre famille disparus depuis longtemps?»

Même avec de jeunes enfants, on peut faire surgir certaines raisons d'aller à l'école en utilisant les questions suivantes:

«Supposez que votre mère vous dise qu'aujourd'hui, vous n'irez pas à l'école parce que vous y perdez votre temps. Cela ne vous ferait-il rien de rester à la maison? Si vous restiez à la maison, que feriez-vous? Regarderiez-vous la télévision? Vous amuseriez-vous avec vos jouets? Pensez-vous que vous aimeriez autant rester à la maison qu'aller à l'école?»

Placer l'ordre de rester à la maison, si peu probable soit-il, dans la bouche de sa mère pique l'intérêt de l'enfant et amène souvent une bonne discussion.

En posant une série de questions concernant l'attitude des parents face aux *devoirs à faire à la maison*, les discussions de classe peuvent révéler la position des parents concernant la pression qu'exerce l'école:

«Devriez-vous faire vos devoirs seuls ou vous faire aider par vos parents? Votre mère devrait-elle prendre la responsabilité de vous aider quand vous ne trouvez pas la réponse?»

«À qui vous adressez-vous quand vos parents ne sont pas capables de faire un devoir trop difficile pour vous?»

La discussion est particulièrement intéressante quand les *parents* sont présents; je les encourage d'ailleurs à se joindre à la discussion, par la suite, et à poser des questions à la classe.

Dans les quartiers où les parents exercent une forte pression sur leurs enfants pour qu'ils se rendent jusqu'à l'université, la question de *l'éducation supérieure* préoccupe tous les esprits.

«À quoi sert d'aller à l'université?»

«À quelle université aimeriez-vous aller?»

«Peut-on réussir dans la vie sans aller à l'université?»

«Connaissez-vous de grands hommes qui ont réussi dans la vie sans aller à l'université?»

«L'université est-elle plus importante actuellement qu'elle ne l'était il y a quelques années?»

«Si c'est le cas, savez-vous pourquoi?»

On peut discuter du travail et des dépenses qu'occasionne l'université à l'aide des questions suivantes:

«Combien croyez-vous que cela coûte d'aller à l'université?»

«Les étudiants devraient-ils travailler pour payer leurs études?»

«Les élèves devraient-ils travailler pendant leurs études secondaires? au début de l'école secondaire?»

«Croyez-vous que vous devriez travailler pendant l'école primaire?»

«Devriez-vous travailler beaucoup?»

«Les garçons devraient-ils travailler plus que les filles?»

«Quel genre de travail obtiennent les garçons?»

«Quel genre de travail obtiennent les filles?»

«Vos parents devraient-ils vous rémunérer pour le travail que vous faites à la maison?»

«Devriez-vous considérer le travail que vous faites à la maison comme une contribution à l'entretien de la famille?»

«Pensez-vous que le travail à l'extérieur nuise au travail à l'école?»

«Pensez-vous que les élèves qui travaillent à l'extérieur réussissent mieux ou moins bien à l'école que ceux qui ne travaillent pas?»

«Pensez-vous que les parents devraient financer les études universitaires de leurs enfants?»

«Combien d'argent devraient-ils donner?»

«Pendant combien de temps?»

«Quels sacrifices les parents devraient-ils faire pour envoyer leurs enfants à l'université?»

«À quoi voudriez-vous que votre mère ou votre père renonce? Devraient-ils renoncer à acheter une nouvelle voiture? une nouvelle maison? Devraient-ils emprunter beaucoup d'argent?»

«Un enfant est-il tenu de rembourser ses parents pour l'éducation qu'ils lui ont payée?»

Outre l'école et les nombreux sujets qui s'y rapportent et qui ont été mentionnés précédemment, d'autres problèmes à caractère social peuvent se prêter à la discussion. *L'amitié* est probablement la plus importante de ces questions pour les élèves de tous les niveaux, de l'école maternelle à l'université. À la maternelle, la classe dans son ensemble devrait aborder la question des amis et de l'amitié.

«Comment devient-on amis?»

«Qu'est-ce qu'un ami?»

«Avez-vous des amis?»

«Qu'est-ce qui fait un bon ami?»

«Comment se fait-on un ami?»

«Est-ce mieux d'avoir beaucoup d'amis ou seulement quelques-uns?»

On peut formuler ces questions de façon plus précise. Comme je l'ai déjà dit, plus la question est explicite, plus la discussion sera animée.

«Quand vous êtes arrivé à l'école pour la première fois, comment vous êtes-vous fait un ami?»

«Vous êtes-vous déjà trouvé sans ami après avoir changé de quartier? Comment vous êtes-vous trouvé un ami dans votre nouveau quartier?»

«Que faites-vous quand quelqu'un de nouveau arrive dans votre quartier?»

«Attendez-vous qu'il vienne vous voir chez vous ou, au contraire, allez-vous le voir chez lui pour essayer de vous en faire un ami?»

«Vous efforcez-vous de l'aider à se faire des amis parmi les autres enfants?»

«Avez-vous déjà changé de quartier? Si oui, comment les autres enfants vous ont-ils traité? Comment t'a-t-on traitée, toi Amélie, et toi Nicolas, et toi Nathalie, quand vous êtes arrivés pour la première fois dans cette école? Vous étiez nouveaux; comment vous êtes-vous fait des amis?»

En discutant, certains enfants peuvent apprendre comment on se fait de bons amis à l'école. Savoir se faire des amis vous donne une meilleure chance de réussir à l'école et dans la vie en général.

Au cours de la discussion, il est possible de *passer de l'amitié à l'amour*. Il existe une certaine controverse sur le rôle que devrait jouer l'école dans l'éducation familiale ou, comme on dit plus couramment, dans l'éducation sexuelle. Cette controverse est en grande partie inutile dans la mesure où le principal sujet de la discussion n'est pas la sexualité, mais un sujet plus important et plus vaste: l'amour. Bien que l'on puisse discuter de l'amour dans les classes de tous les niveaux d'une façon qui ne choque personne, l'amour est, pour des raisons différentes, presque aussi tabou que le sexe. Malgré l'absence d'une connotation immorale, qui accompagne souvent toute discussion sur le sexe, les enseignants ne savent pas comment parler de l'amour, aussi préfèrent-ils s'en abstenir. Ce n'est d'ailleurs pas une réaction propre aux enseignants: dans notre société, très peu de gens savent comment parler de l'amour. Cette remarque jette un regard nouveau sur notre société, où l'on associe presque toujours, de façon injustifiée, l'amour et la sexualité. Comme la plupart d'entre nous n'a jamais eu l'occasion de discuter de la différence entre les deux termes, nous nous montrons incapables d'animer une discussion sur l'amour sans faire intervenir la sexualité. Avec les jeunes enfants, on pourrait amorcer la discussion avec une série de questions, comme:

«Pourquoi aime-t-on quelqu'un?»

«Est-ce que quelqu'un nous aime?»

«Qui aimons-nous?»

«Aimons-nous toujours nos parents?»

«Aimons-nous nos frères et nos sœurs?»

«Nos frères et nos sœurs nous aiment-ils?»

«À l'école, nous aimons-nous les uns les autres?»

«Aimons-nous notre professeur?»

«Est-il important d'aimer son professeur?»

«Notre professeur nous aime-t-il?»

Bien que ces questions puissent paraître stupides sur papier, elles peuvent néanmoins susciter d'importantes *discussions sur l'amour*. Les enfants devraient être sensibilisés à l'amour. On devrait leur dire de se sentir libres d'en parler, d'exprimer leurs sentiments les uns envers les autres et envers leurs enseignants.

On pourra varier les questions sur *l'amour et l'amitié* en utilisant une autre série de questions:

«Avec qui voulons-nous jouer à l'école?»

«Que devrait-on faire avec un enfant qui ne joue pas aussi bien que les autres? Devrait-on l'écarter du jeu? Devrait-on au contraire l'intégrer, même s'il ne joue pas très bien?»

«La classe peut-elle expliquer pourquoi ce garçon ou cette fille veut toujours jouer en premier?»

«Quelle est la meilleure façon de lui expliquer qu'il ou elle doit attendre son tour?»

«Qu'est-ce qui ne va pas chez l'enfant qui est agressif? Quelqu'un pense-t-il que c'est peut-être parce qu'il se sent seul?»

«Que pense la classe de l'enfant qui veut toujours être le centre d'attention, peu importe ce qui se passe dans la classe?»

«À votre avis, que retire-t-il de toute cette attention?»

«Connaissez-vous quelqu'un qui soit souvent absent? Pourrait-on l'aider à se montrer plus assidu?»

«Quelqu'un a-t-il déjà manqué l'école sans être vraiment malade? Pourquoi?»

«Pensez-vous que les autres enfants de la classe devraient aller voir l'élève absent chez lui et essayer de le convaincre de revenir à l'école?»

«Est-ce seulement la responsabilité de l'école? Est-ce aussi notre responsabilité?»

«Si c'est aussi notre responsabilité, pour quelle raison?»

«Si l'élève absent ne revient pas à l'école, est-ce que cela nous nuit d'une façon ou d'une autre?»

Ce sont là de bonnes questions sur l'amitié. Elles amènent les enfants à réfléchir à la *responsabilité sociale.*

Les enfants s'intéressent à la question du *conformisme.* Une bonne façon d'en discuter consiste à parler des punks, groupe qui détient un certain prestige auprès des élèves, sauf parmi les plus jeunes.

«Pourquoi les gens semblent avoir besoin d'être pareils aux autres?»

«Les punks, qui semblent si peu conformistes, sont-ils aussi, d'une certaine façon, conformistes?»

«Pourquoi se rasent-ils une partie de la tête?»

«Pourquoi portent-ils des vêtements déchirés?»

«Pourquoi disent-ils parfois qu'ils n'aiment pas se laver?»

«Qu'est-ce que cela leur donne de penser et de se conduire de cette manière?»

«Peut-on s'intéresser un peu à leurs idées et à leur comportement et voir s'il n'y a pas quelque chose à apprendre d'eux?»

«Y a-t-il déjà eu des gens comme eux à d'autres époques?»

«Y a-t-il quelqu'un dans la classe qui ne fait pas comme tout le monde ou qui déteste devoir faire comme tout le monde?»

Une série de questions sur *le conformisme et le non-conformisme* peut fournir matière à plusieurs réunions. Ce sera souvent la première fois de leur vie que les enfants se demanderont *pourquoi* les gens se comportent de certaines façons.

Les réunions sont le lieu idéal pour *faire appel à l'imagination* de l'enfant. Les jeunes enfants adorent en user; nous devrions faire attention de ne pas tuer cet attrait pour les choses inhabituelles. À mesure que les enfants grandissent, nous avons tendance à dévaloriser l'imagination au profit de matières réalistes, comme les mathématiques, l'histoire et les sciences. L'enseignant se sent souvent coupable de poser à un enfant d'une classe régulière des questions qui font appel à son imagination. Dans une réunion de classe à sujet libre, il n'aura cependant pas à se sentir mal à l'aise. Un enseignant peut à la fois stimuler la réflexion des enfants de sa classe et découvrir beaucoup de choses sur eux, en leur posant des questions comme:

«Si vous pouviez vous changer en animal, ce serait lequel?»

«Que feriez-vous si vous étiez cet animal?»

«À votre avis, quelles seraient vos relations avec les autres enfants et les autres animaux?»

En observant ces questions partir dans diverses directions, l'enseignant sera surpris de voir jusqu'où l'imagination des enfants peut les conduire. Il ne devrait pas avoir peur de laisser la fantaisie des enfants se débrider et les faire se changer en toutes sortes d'animaux, peut-être même de créer toute une ménagerie dans la classe.

Les enfants s'intéressent aussi énormément aux *monstres*.

«Quel genre de monstre aimeriez-vous devenir?»

«Quel genre de monstre aimez-vous?»

«Y a-t-il des monstres gentils?»

«Les monstres sont-ils tous méchants?»

«Que feriez-vous si vous étiez un monstre?»

«Aimeriez-vous qu'un monstre vienne habiter chez vous?»

Les petits enfants ne se lassent jamais de parler de monstres et peuvent même inventer des histoires sur ces derniers. À partir de ces questions, ou d'autres qui font aussi appel à l'imagination, un enseignant peut voir comment pensent les enfants, ce qui les préoccupe et découvrir peut-être de nouveaux liens avec la classe en saisissant mieux comment fonctionne leur imagination.

On pourra se servir de questions liées à *l'univers* des enfants, comme:

«Quelle est votre vedette préférée?»

«Que feriez-vous si, demain matin, en vous réveillant, vous étiez devenu une grande vedette du disque ou du cinéma?»

«Si vous pouviez, demain matin, vous réveiller dans la peau d'une autre personne, qui aimeriez-vous être?»

«Aimeriez-vous être le directeur de l'école? Votre professeur?»

«Aimeriez-vous être le ministre de l'Éducation?»

«Auriez-vous envie d'être le maire de votre ville, le premier ministre du pays?»

«Si vous étiez le maire, que feriez-vous?»

«Si vous étiez le directeur de l'école, que feriez-vous?»

«Comment traiteriez-vous les enfants de cette classe si c'était vous qui enseigniez?»

«Comment traiteriez-vous le professeur si vous étiez le
directeur de l'école?»

«Comment traiteriez-vous vos parents si vous étiez maire,
premier ministre et que vos parents se trouvaient dans
un situation difficile?»

Ces dernières questions placent l'enfant dans une situation
où on lui demande d'agir. Que ferait-il s'il était dans une position de pouvoir? L'enseignant peut parfois laisser la classe
simuler une de ces situations. Les enfants peuvent jouer les
rôles suggérés par les différentes questions. La classe peut
ensuite discuter de la situation et de la façon dont chacun a joué
son rôle.

*Les questions qui renversent une situation* sont très efficaces, elles aussi, pour stimuler l'imagination des enfants.

«Si demain vous vous réveilliez dans la peau d'une fille
plutôt que dans celle d'un garçon et vice versa,
comment vous comporteriez-vous?»

«Si demain vous vous réveilliez dans la peau d'une
personne de couleur plutôt que dans celle d'un Blanc
et vice versa, quelle différence cela ferait-il dans votre
vie?»

«Que se passerait-il, à votre avis, dans la classe, si soudain
tous les Blancs devenaient des Noirs et vice versa? En
quoi cela vous affecterait-il? Que feriez-vous, croyez-
vous? Et vos parents? Que se passerait-il dans votre
quartier?»

Voici un autre genre de question *qui fait appel à l'imagination*:

«Si votre professeur tombait malade et ne pouvait pas venir
vous faire la classe, pourriez-vous vous débrouiller
tout seuls si le directeur n'arrivait pas à trouver de
remplaçant? Supposez que la classe doive s'organiser
toute seule pendant toute une semaine, que feriez-

vous? Auriez-vous besoin d'un responsable, et qui le deviendrait?»

«Pensez-vous que vous pourriez apprendre sans professeur?»

«Comment organiseriez-vous votre journée d'école, heure par heure?»

Je connais un enseignant qui a laissé sa classe fonctionner toute seule un certain temps, à la suite d'une discussion semblable. La classe était complètement désorganisée, et les enfants avaient de la difficulté à se débrouiller d'eux-mêmes. Après cette expérience, l'enseignant a tenu une autre discussion. Ayant constaté la différence entre parler d'une situation et la vivre, les enfants avaient maintenant appris à quel point, s'ils n'avaient plus d'enseignant, il leur fallait se montrer responsables.

*L'ennui* est un autre bon sujet. Les enfants se plaignent souvent de s'ennuyer: l'école est ennuyeuse, les devoirs sont ennuyeux, la lecture est ennuyeuse, les mathématiques sont ennuyeuses. Une réunion de classe représente le lieu idéal pour examiner la question et amener les enfants à réfléchir plutôt qu'à se plaindre.

«Si on supprimait l'école, comment occuperiez-vous vos journées?»

«Vous ennuieriez-vous?»

«Qu'est-ce que l'ennui? Comment l'expliquez-vous?»

«Quels sont les moments de votre vie où vous vous êtes le plus ennuyé?»

«Quelles sont les choses qui vous intéressent le plus?»

«Tous les enfants s'ennuient-ils?»

«Votre mère s'ennuie-t-elle?»

«Votre père s'ennuie-t-il?»

«Se plaignent-ils de s'ennuyer?»

«Existe-t-il des gens qui ne s'ennuient pratiquement jamais?»

«Quelle est la différence entre les gens qui s'ennuient beaucoup et ceux qui ne s'ennuient jamais?»

«Le travail à l'école est-il toujours ennuyeux?»

«Y a-t-il un travail à l'école qui ne soit jamais ennuyeux?»

«Que suggéreriez-vous pour rendre le travail à l'école moins ennuyeux?»

*Ces questions doivent être développées lentement.* Il faut du temps aux enfants pour examiner une question sur laquelle ils ont assez peu réfléchi. Si les enfants parviennent à déterminer ce qui est ennuyeux, ils peuvent se servir de leur imagination et de leur intelligence pour éviter l'ennui. Ils peuvent s'efforcer de moins dépendre des autres ou de la télévision pour le combattre. Nous devons apprendre aux enfants à ne pas s'ennuyer.

Les questions qui font appel à l'imagination ne peuvent pas être poussées trop loin. Certaines prendront tout le temps de la discussion et d'autres, un instant seulement. Pour que la discussion ne retombe pas après l'interrogation initiale, les questions doivent être personnalisées et précises.

Après les questions qui font appel à l'imagination viennent les questions *spéculatives*. Les *questions à caractère social*, par exemple, représentent un sujet fort stimulant:

«Si l'école manquait d'argent et qu'il faille renvoyer deux enfants de chaque classe, qui choisiriez-vous? Comment pourrait-on faire cela de la façon la plus équitable qui soit? Voyons comment on pourrait le faire tout de suite dans cette classe d'une façon qui soit la plus juste possible pour tout le monde.»

Certaines classes choisissent deux très bons élèves parce que ces derniers n'ont pas besoin de l'école. D'autres portent leur choix sur des élèves faibles qui n'écoutent pas et qui, de toute façon, ne profitent pas de l'école. Certaines classes encore choisissent de renvoyer tous les élèves du groupe pendant quelque temps, de façon à ce que tout le monde puisse bénéficier de l'enseignement. Cette question est très proche de celle du parc d'attractions évoquée au chapitre précédent. La différence est qu'elle présente une situation négative plutôt que positive. La discussion peut porter aussi sur ce que pourraient faire les enfants qui seraient renvoyés de l'école pendant quelque temps. Pourraient-ils s'éduquer eux-mêmes sans l'école?

Certaines questions à caractère social peuvent aussi être utilisées dans les réunions pédagogiques.

«Pourquoi paie-t-on des impôts?»

«Qui paie le plus d'impôts?»

«Comment pourrait-on faire pour que les impôts soient les plus justes possible?»

Les enfants sont bien conscients des problèmes que peuvent connaître certains autres enfants, problèmes qui peuvent les amener à dépendre des services de la protection de la jeunesse ou de la police. Tous les élèves devraient comprendre ce qu'il advient des enfants qui rencontrent ce type de problèmes. Une discussion des questions suivantes consolidera cette compréhension:

«Que devrait-on faire avec les enfants qui ont des problèmes?»

«Beaucoup de gens pensent que, lorsqu'on enferme un garçon ou une fille dans un centre de rééducation, cela ne fait qu'aggraver ses problèmes. Êtes-vous d'accord?»

«Que proposeriez-vous à la place des centres de rééducation ou des prisons pour mineurs pour un enfant qui aurait commis un délit grave, comme voler une voiture?»

«On parle beaucoup des enfants en difficulté, mais, en fait, à quelles lois contreviennent-ils? Dressons une liste et voyons si nous comprenons tous les types de délits qui peuvent causer des ennuis sérieux à un enfant.»

«Les enfants et les adultes trouvent-ils importantes les
mêmes lois?»

«Pouvez-vous identifier une chose que font les enfants
qui perturbe beaucoup les adultes, alors qu'elle ne
revêt guère d'importance pour les enfants? Comment
expliquez-vous cette différence?»

«Y a-t-il des différences entre les lois pour les adultes et les
lois pour les enfants?»

«Nos lois sont-elles justes pour les enfants?»

«Devrait-on permettre aux enfants de fumer à l'école?»

«Devrait-on abaisser l'âge où l'on a le droit de fumer?»

«Que devrait-on faire avec les enfants qui fument à
l'école? Qui prennent de la drogue?»

«Devrait-on permettre aux enfants de boire de l'alcool
avant 18 ans?»

«Les jeunes devraient-ils avoir le droit de voter avant
18 ans?»

L'occupation des *loisirs* représente un sujet complètement
différent. On peut partir d'une question sur la télévision.

«Si on vous lançait le défi de convaincre votre famille d'arrêter de regarder la télévision pendant trois jours,
comment vous y prendriez-vous sans avoir à détruire
le poste de télévision?»

«Pourriez-vous les intéresser suffisamment à quelque
chose d'autre pour qu'ils n'aient pas envie de regarder
la télévision?»

«Pendant combien de temps pourriez-vous convaincre
votre famille de ne pas regarder la télévision? Pensez-
vous que vous pourriez le faire pendant toute une
journée? Toute une soirée?»

Ces questions mènent à une discussion sur notre trop
grande dépendance de la télévision. Une alternative à la télévision, comme la *lecture*, pourrait entraîner une discussion sur les

livres et leur valeur. À partir des questions initiales sur les livres, une série de questions pourraient entraîner la discussion vers d'*autres sujets*:

«Que feriez-vous si les livres n'existaient pas?»

«Pourrait-on faire l'école sans livres?»

«Aimeriez-vous vivre sans bibliothèque? sans rien à lire?»

«Si vous pouviez n'avoir qu'un seul livre, lequel choisiriez-vous?»

«Si vous étiez abandonné sur une île déserte, mais que vous pouviez choisir un type de distraction, que choisiriez-vous?»

«Si vous étiez abandonné sur une île inhabitée, pourriez-vous imaginer un moyen de vous en échapper?»

«De quoi vous serviriez-vous?»

«Que chercheriez-vous sur votre île pour vous aider à vous en échapper?»

«Qu'avez-vous appris à l'école qui pourrait vous aider à vous échapper de votre île?»

«Avez-vous appris à l'école quelque chose qui pourrait vous aider à survivre si vous étiez perdu quelque part?»

«Imaginez que vous soyez perdu dans le désert.»

«Imaginez que vous soyez perdu dans les montagnes.»

«Comment feriez-vous dans une ville étrangère dont vous ne parlez pas la langue?»

«Comment essaieriez-vous de communiquer? Comment aborderiez-vous les gens?»

Beaucoup de ces questions touchent à la science aussi bien qu'aux sciences humaines. Un cours de science complet pourrait être même bâti sur des questions de survie. Le problème, apparemment facile mais, en fait, difficile, de l'allumage d'un feu sans allumettes pourrait être discuté, puis pourrait faire l'objet d'un projet de classe. La classe parviendrait-elle à faire ce dont elle a parlé? Je doute fort que beaucoup d'enfants de 11 et 12 ans puissent allumer un feu sans allumettes. Une discussion pourrait s'ensuivre sur le fait que nous tenons trop de choses pour acquises, comme le briquet ou les allumettes pour allumer un feu, par exemple.

Comme les réalités urbaines actuelles font la manchette des journaux et des magazines, des questions semblables à celles qui suivent pourraient inciter les élèves à lire davantage:

«Que feriez-vous si la pollution devenait si dense qu'on ne puisse plus se servir de voitures?»

«Prendriez-vous encore votre voiture si vous saviez qu'à cause de la pollution, un certain nombre de personnes allaient mourir?»

«Supposez que nous n'ayons ni voitures ni autobus dans les grandes villes; comment les gens se déplaceraient-ils?»

«Pouvez-vous suggérer des moyens de résoudre le problème de la pollution?»

«Les voitures sont-elles importantes? S'en sert-on beaucoup trop? bien au-delà du nécessaire?»

«Supposez que vos parents ne puissent plus conduire; comment vous déplaceriez-vous en ville?»

Beaucoup de questions concernant la vie de famille, et en particulier *le mariage et le divorce,* peuvent s'avérer intéressantes avec des enfants plus âgés.

«Pensez-vous qu'on devrait permettre aux gens de divorcer?»

«Quel effet a sur les enfants le divorce de leurs parents?»

«Le divorce perturbe-t-il plus les enfants plus âgés ou les plus jeunes?»

La discussion peut devenir très personnelle et, de ce fait, très importante. Au cours d'une réunion de classe, un enseignant a demandé: «Quelles importantes décisions avez-vous à prendre dans un tel cas?» Un jeune garçon a levé la main pour dire: «Mes parents sont en train de divorcer, et je dois décider si je vais aller vivre avec ma mère ou avec mon père.»

La discussion qui a suivi a préparé tous les enfants à affronter des problèmes à caractère social pouvant survenir dans leur vie. Le mariage et la préparation au mariage devraient être traités en profondeur au secondaire.

«Depuis combien de temps devriez-vous connaître quelqu'un avant de vous marier?»

«Combien de temps devrait s'écouler entre les fiançailles et le mariage?»

«Devrait-on rendre le divorce encore plus facile?»

«À quel âge minimum devrait-on pouvoir se marier?»

«Devrait-on avoir été marié un certain temps avant de pouvoir divorcer?»

«Devrait-on autoriser les parents à divorcer?»

Les élèves de l'école secondaire, et même ceux de la fin de l'école primaire, peuvent aussi avoir de bonnes discussions sur ces questions. Voici d'ailleurs d'autres questions sur la vie de famille:

«Voulez-vous des enfants?»

«Combien en voulez-vous?»

«Comment les élèveriez-vous?»

«En quoi seriez-vous différent de vos parents?»

«Combien d'entre vous ne veulent pas d'enfants?»

«Pourquoi ne voulez-vous pas d'enfants? Organisons un débat entre ceux qui veulent des enfants et ceux qui n'en veulent pas.»

«Au fond, à quoi cela sert-il d'avoir des enfants?»

«Comment les enfants aident-ils les adultes?»

«Comment les adultes aident-ils les enfants?»

En parlant des enfants, les élèves en apprennent beaucoup sur eux-mêmes, leurs relations entre eux et avec leurs parents. Les enseignants peuvent aussi apprendre, par ces discussions, le type de relations qu'entretiennent les enfants avec les adultes et avec les autres enfants. Cette compréhension aidera l'enseignant attentif à affronter les problèmes à caractère social pouvant survenir dans sa classe.

Les questions sur la vie familiale peuvent aussi être rattachées à des sujets scolaires comme *les mathématiques*. Une des raisons pour lesquelles les enfants ont de la difficulté avec les mathématiques est qu'on ne les relie pas assez avec la vie quotidienne, avec leur vie. Beaucoup de discussions pourraient pourtant être facilement rattachées aux idées fondamentales des mathématiques. On pourrait, par exemple, poser aux enfants les questions suivantes:

«Supposez que votre père n'ait pas le temps d'acheter le cadeau d'anniversaire de votre mère et vous donne 50 $ pour l'acheter. Que lui achèteriez-vous?»

«Où iriez-vous acheter ce cadeau?»

«Ajouteriez-vous un peu de votre argent?»

«Si votre père ne pouvait pas vous donner d'argent du tout, comment gagneriez-vous de l'argent pour faire un cadeau à votre mère?»

«Si vous gagniez de l'argent, en donneriez-vous une partie à votre famille?»

«Aideriez-vous votre père à faire vivre votre famille si vous saviez qu'il a besoin de votre aide?»

«Dans quelles circonstances ne donneriez-vous aucun argent à votre famille?»

«Combien coûte, par exemple, un cadeau d'anniversaire?»

«Combien cela coûte-t-il pour élever un enfant?»

«Combien d'argent cela prend-il pour faire vivre confortablement toute une famille?»

«Les adultes sont-ils très préoccupés par l'argent?»

«Pourquoi?»

«L'argent, est-ce très important? Peut-on vivre heureux sans argent?»

L'argent représente une question stimulante; presque toutes les discussions portant sur les mathématiques que je peux avoir avec de jeunes enfants tournent autour de *l'argent*. Il est en effet difficile de parler abstraitement de chiffres avec des élèves de l'école primaire.

La *santé* est un autre sujet qui intéresse les enfants. Bien que nous parlions souvent de la santé, nous avons rarement l'occasion de découvrir ce que les enfants en comprennent. Voici quelques exemples de questions:

«Que se passe-t-il quand vous êtes malade?»

«Comment vous sentez-vous quand vous avez la grippe?»

«Que se passe-t-il quand vous avez la varicelle?»

«Comment font les gens qui n'ont pas une bonne vue?»

«Comment font les gens qui n'entendent pas bien?»

«Que feriez-vous si vous étiez aveugle?»

«Qu'est-ce qu'être aveugle?»

«Qu'est-ce qu'être sourd?»

«Un aveugle peut-il mener une vie normale?»

«Un sourd peut-il apprendre à parler?»

«Que font les médecins, les hôpitaux?»

«Que font les infirmières?»

Cette série de questions sur la maladie, les médecins et les hôpitaux peut occasionner un bon échange d'idées.

Le but de ce chapitre n'est pas de fournir la recette idéale pour les réunions de classe. Il veut plutôt aider les enseignants à tirer profit des sujets quasi illimités qui peuvent convenir à une discussion de groupe. Tout ce qui intéresse les élèves représente un sujet possible de discussion, quel que soit leur âge. Les enfants feront volontiers connaître leurs idées s'ils pensent que la discussion en vaut la peine, que les autres les écoutent et que tout le monde a une chance de participer. Ils sont avides de tisser des liens, de découvrir que l'école s'intéresse au monde qui les entoure et d'apprendre que l'on peut apporter le monde dans une salle de classe. En permettant aux enfants de découvrir que ce qu'ils ont à dire et ce qu'ont à dire leurs camarades de classe a de la valeur et de l'importance, les discussions leur permettront d'accroître leur estime personnelle et de susciter leur implication. Les discussions sont presque toujours pertinentes et porteuses de réflexion. Bien animées, elles sont très agréables, et un enseignement agréable est plutôt rare[1].

1. Depuis quelques années, plusieurs enseignants, psychologues et conseillers pédagogiques ont conçu des programmes de discussion et d'échange fort bien structurés. *(N.D.L.R.)*

# Chapitre 13

## *La morale*

La morale est un sujet qui fait appel aux émotions; elle soulève tellement de controverses que les écoles ne l'enseignent habituellement pas, pas plus qu'elles n'en discutent. Je crois, quant à moi, que l'école peut enseigner certaines valeurs morales, si elle s'en tient aux principes généralement admis dans notre société: ne pas mentir, ne pas tricher, ne pas faire de chantage et ne pas voler. Nous avons l'obligation vis-à-vis de nos enfants de leur offrir, à la maison aussi bien qu'à l'école, un environnement où ils puissent à la fois apprendre ces principes et s'y conformer. Si nous ne parvenons pas à leur donner cet environnement, nous manquons à notre devoir.

Nous tentons souvent d'enseigner la morale en imposant des restrictions sous forme de commandements doublés du genre «Tu ferais mieux de le faire, si tu ne veux pas être puni.» Cette manière de faire s'avère rarement efficace. Je suggère ici une alternative valable au prêchi-prêcha et aux menaces. En se servant de la classe pour résoudre des problèmes à caractère social, on peut présenter le comportement moral non pas comme un dogme, mais comme faisant partie intégrante de la vie. L'objectif consiste à inciter l'enfant à adopter un comportement moral grâce à des discussions honnêtes visant à faire correspondre les actes aux paroles.

J'ai récemment animé une réunion de classe composée d'élèves de 11 et 12 ans, d'une école située dans le quartier du port d'une grande ville, qui ressentait le besoin d'enseigner la morale à l'école. L'auditoire d'environ 250 personnes était constitué de 30 directeurs d'école qui participaient à mon cours, du personnel enseignant de l'école, d'enseignants d'écoles environnantes, de membres du conseil scolaire et des parents de la moitié des enfants environ. Partie d'un problème scolaire répandu, mais se fixant par la suite sur la question plus vaste du mensonge, la discussion a surpris et éclairé l'assistance. Les enfants, qui paraissaient exceptionnellement brillants et vifs d'esprit, se plaignaient que le directeur ait mis fin aux jeux libres dans la cour de récréation parce qu'il y avait trop de disputes, de cris et de bagarres. Après avoir assigné aux enfants de cette classe une partie bien précise de la cour, la plupart des problèmes ont disparu. Les enfants se plaignaient cependant d'avoir été traités comme des bébés par le directeur, qui avait puni tout le groupe à cause de la mauvaise conduite de certains d'entre eux; ils voulaient qu'on leur rende leurs anciens privilèges concernant la cour de récréation. J'ai demandé aux élèves de cette classe si, au cours de la réunion, ils étaient prêts à établir un plan qu'ils soumettraient au directeur afin de pouvoir récupérer leurs anciens privilèges. Le directeur était présent et s'est dit prêt à accepter toute suggestion qui lui paraîtrait raisonnable; jusqu'à présent, les élèves ne lui avaient encore rien soumis. Ils n'osaient pas présenter de proposition constructive, parce qu'ils n'avaient jamais encore eu, jusqu'à cette réunion, l'occasion de se rencontrer tous ensemble pour discuter du problème. Soit dit en passant, le titulaire de cette classe prévoit tenir des réunions de classe régulièrement l'an prochain.

Au début de la réunion, peu habitués à résoudre des problèmes, les enfants se sont plaints d'avoir été brimés et ont, en même temps, promis qu'ils n'enfreindraient plus les règlements si on leur accordait une autre chance. Il leur était difficile de penser à un plan qui instaure une meilleure discipline dans la cour de récréation. Ne comprenant pas qu'on attendait d'eux qu'ils réfléchissent à un plan, ils préféraient se montrer dociles et faire des promesses. Ils faisaient toutes sortes de suggestions pour inciter le directeur à changer de comportement à leur égard, mais refusaient systématiquement d'examiner leur propre comportement ou d'accepter la moindre responsabilité dans la perte de leurs privilèges. Après de longues discussions, où je dus constamment leur faire remarquer qu'ils suppliaient et s'excusaient sans pour autant proposer de résolution, ils ont fini par proposer de signer tous une pétition demandant qu'on leur restitue leurs privilèges et déclarant qu'ils s'engageaient à respecter les règles en vigueur dans la cour de récréation. Le groupe semblait satisfait de son plan. Pour tester la force de leur engagement, je leur ai demandé ce qu'ils feraient si l'un des signataires de la pétition s'avisait d'enfreindre l'un des règlements.

La classe trouva que ma question soulevait un problème insurmontable; de l'avis de presque tous, celui qui enfreindrait le règlement n'admettrait jamais qu'il le faisait. Je leur ai alors demandé: «Voulez-vous dire que, même après avoir signé la pétition déclarant qu'il respecterait les règlements, il serait capable de mentir et de créer des ennuis à toute la classe plutôt que d'admettre ses torts?» Le groupe était bien d'accord, le coupable mentirait; n'importe lequel d'entre eux d'ailleurs mentirait, parce qu'ils avaient tous peur d'être punis. Je leur ai dit: «Vous préféreriez laisser punir toute la classe plutôt que d'avouer la vérité, d'épargner la classe et d'assumer personnellement les conséquences de vos actes?» Après de longues discussions, les enfants ont conclu qu'il était effectivement plus facile de mentir; ils étaient tellement habitués à mentir que dire la vérité, dans une situation comme celle que je venais d'imaginer, serait effectivement très inhabituel. Cela leur paraissait tellement inconcevable qu'il ne fallait tout simplement pas s'attendre à cela de leur part. En somme, la pétition, les signatures, les promesses ne voulaient strictement rien dire, puisque, sous la pression, personne ne dirait la vérité pour préserver les privilèges de la classe.

J'ai alors déclaré aux élèves qu'ils me semblaient faire face à un problème plus fondamental que celui de perdre un privilège. Ce problème de fond concernait la vérité et pouvait se résumer à une question précise: devaient-ils dire la vérité? Les élèves ont unanimement reconnu que dire la vérité était bien, moral et juste. Dans les faits, ils préféraient cependant mentir. Une fille alla jusqu'à avouer, en toute sincérité (je vois encore la conviction qui se lisait sur son visage en prononçant ces mots): «M. Glasser, si je disais la vérité, tout mon univers s'effondrerait.» Fait intéressant à noter, même s'ils ne croyaient guère le monde des adultes pour orienter la moralité, ils disaient avoir énormément confiance en leur enseignante: «Elle ne nous ment jamais.»

Je ne veux pas dire que les écoles apprennent aux enfants à mentir; je ne le crois pas. Il me semble qu'elles devraient cependant s'inquiéter d'avoir créé un environnement où les enfants admettent que, sous la pression ou la menace de punitions, ils vont presque toujours mentir, même si c'est aux dépens du reste de la classe. Pour répondre à l'argument qui veut que les problèmes de moralité concernent strictement la famille ou l'église, je dirai simplement ceci: je crois que, même si la famille et l'église ont un rôle important à jouer sur ce point, quand un problème de moralité se pose à l'école, l'école ne devrait pas l'éviter. Rien ne nous autorise à croire que les enfants décrits ici sont différents des autres enfants de leur âge. Ils sont les Jean et les Françoise de nos premiers livres de lecture, avec les chances, les privilèges et l'absence de problèmes socioéconomiques qui accompagnent toujours les enfants merveilleux et brillants des personnages de nos livres de classe. Pourtant, ce sont aussi des menteurs, et, comme la suite de la discussion l'a montré ce jour-là, ils se sont aussi reconnus experts en tricherie, en vol et en chantage. Ils tiennent pour acquis que mentir, tricher, voler et faire du chantage font partie de la vie et que le monde exige ce genre de comportement de chaque individu pour lui permettre de survivre. Les enfants ont peut-être raison; personnellement, je ne le crois pas. Je ne suis pas prêt à accepter un monde parfaitement amoral et je pense que les enfants ne devraient pas l'accepter non plus. Quel que soit le monde, chaque individu reste toujours libre de son propre comportement.

Quand je leur ai demandé si les adultes mentaient, les enfants sont tombés d'accord pour dire que les adultes mentaient souvent, qu'ils volaient et trichaient également. Ils auraient été prêts à parler en détail de leur expérience personnelle, mais, en raison de la présence d'un vaste public, j'ai pensé qu'il valait mieux se montrer discret et j'ai interrompu la discussion en disant: «Bornons-nous au problème de la classe.» C'est une chose que tout bon animateur doit faire chaque fois qu'il a des doutes sur l'à-propos d'une discussion. Il faut savoir trouver un équilibre entre l'honnêteté la plus complète et ce qu'une collectivité est prête à accepter. Les enfants ont cependant parlé des mensonges, des tricheries et des larcins de leurs frères et sœurs. Le chantage était aussi une pratique commune à la maison. Un enfant qui surprenait son frère ou sa sœur en train de faire quelque chose de répréhensible pouvait obtenir du travail, des faveurs ou de l'argent en menaçant de tout révéler à ses parents. Tous les enfants savaient mesurer leurs chances de se faire prendre et voyaient dans les punitions un risque à courir. Cela ne les empêchait pas de mentir, cela ne faisait que les encourager à devenir plus habiles dans leurs mensonges. La punition, quand il y en avait une, n'était que le prix à payer pour le mensonge. Une fois la dette payée, ils étaient de nouveau libres de recommencer; avec un peu de chance, ils ne se feraient pas prendre la fois suivante.

Les participants à la réunion éprouvaient un certain malaise en voyant comment les enfants évaluaient le monde avec pertinence. Les élèves de l'école primaire comprennent tôt dans la vie que nous vivons vraiment dans deux mondes distincts: le monde des prétentions, où nous nous gargarisons de valeurs morales, et le monde de la réalité, où nous leur accordons aussi peu d'attention que possible. L'auditoire connaissait bien ces deux univers, mais n'avait jamais pris autant conscience que les enfants réalisaient à quel point le monde était faux. Pour éviter peut-être de s'avouer que leurs propres actes avaient souvent que bien peu de rapport avec leurs convictions, ils se montraient choqués de la lucidité des enfants. Encore dupes du monde de leurs prétentions, ils pensaient que les enfants ne devraient pas apprendre si jeunes la dure réalité de la vie. Au cours de la discussion qui a suivi la réunion de classe, les adultes en sont venus à accepter la connaissance qu'avaient leurs enfants du monde réel; la plupart d'entre eux sont tombés d'accord pour dire que les écoles devraient commencer à enseigner aux enfants des habitudes de vie où ils auraient moins besoin de mentir. Même si j'ai dit penser que les réunions de classe pouvaient jouer un rôle important dans l'enseignement de la morale à l'école, il était clair à la fin de cette réunion qu'il serait difficile d'amener les enfants à ne plus mentir.

Vivant dans un monde où, s'ils sont pris en défaut, ils sont toujours punis, les enfants n'ont cessé de répéter qu'on ne leur accordait que rarement une chance d'essayer de se reprendre. Peu de parents prennent la peine de discuter affectueusement et intelligemment avec leur enfant de la façon dont il aurait pu se comporter autrement. L'enfant se fait dire sèchement à peu près toujours qu'il a tort, qu'il sera puni et qu'il ne doit pas recommencer. Les enfants avaient aussi la ferme conviction que, tant que nous nous en remettrions aux punitions, nous continuerions à semer les germes du mensonge, de la tricherie, du vol et du chantage.

Quand j'ai demandé aux enfants s'ils pourraient s'abstenir de mentir si, en avouant la vérité, ils n'encouraient pas de punitions, ils ont répondu qu'il faudrait beaucoup de temps pour gagner leur confiance et obtenir qu'ils changent de comportement. Ils pensaient cependant pouvoir apprendre à dire la vérité. Je leur ai finalement demandé s'ils étaient prêts à s'engager à dire la vérité, à ne pas mentir, de 21 h ce même soir, heure de la fin de la réunion, à 14 h le jour suivant, heure à laquelle leur enseignant tiendrait une autre réunion. Pourraient-ils s'en tenir uniquement à la vérité pendant ces 17 heures? Après y avoir bien réfléchi, ils ont déclaré presque unanimement que cela leur serait impossible; il était vraiment très difficile pour eux de tenir leur promesse aussi longtemps. Ils m'ont dit ne pas avoir encore trouvé le moyen d'y parvenir. J'ai donc modifié ma requête et leur ai demandé de discuter, à la réunion de classe du lendemain, des situations dans lesquelles ils se sentaient obligés de mentir et d'essayer d'y trouver une alternative valable. Cette discussion aurait au moins le mérite d'amorcer quelque chose. Ils se sont dits d'accord pour essayer.

Deux résultats encourageants ont découlé de la réunion. Les élèves voulaient tout d'abord apprendre à vivre sans avoir constamment besoin de mentir. Malheureux et déçus du mensonge, ils ne voyaient aucun moyen d'échapper à la punition quand ils avouaient la vérité. Ils étaient, de plus, convaincus que leurs enseignants ne leur mentaient jamais. S'ils avaient été persuadés du contraire, je doute que nous ayons jamais pu les amener à cesser de mentir. Si je me fie à ce que m'ont dit les enfants, je pense qu'on peut réduire le mensonge en tenant des réunions de classe et en éliminant les punitions.

Ce soir-là, tout le monde avait été touché par ce qu'il avait vu et entendu. Nous étions troublés de voir que le monde des adultes avait amené ces jeunes enfants à avoir si peu confiance de pouvoir mener une vie satisfaisante en observant les valeurs morales que nous professions. La plupart des gens dans la salle reconnaissaient qu'il fallait parler de morale à l'école et que les réunions de classe, combinées à l'absence de punitions, pouvaient aider les enfants à adopter un meilleur comportement. Même si les enfants exprimaient certains doutes, ce qui est naturel face à quelque chose de nouveau, ils se montraient néanmoins prêts à essayer. Ils ne se seraient pas montrés aussi francs et honnêtes s'ils n'avaient pas souhaité changer de comportement. J'ai cependant peur que cette franchise et cette honnêteté ne disparaissent assez vite. En discutant avec

l'auditoire, en posant des questions semblables aux enseignants, aux directeurs et aux personnes présentes, j'aurais eu
bien peu de chances d'obtenir la participation honnête et
franche dont avaient fait preuve ces enfants de 12 ans.

Je crois que l'on doit parler de morale à l'école. Les discussions devraient se faire dans un environnement dépourvu de
menaces et de punitions. Il est important que les enfants s'engagent à dire la vérité; il est également important que, dans les
réunions de classe, ils examinent en détail les problèmes qui,
dans leur vie, les incitent à mentir, qu'ils essaient de résoudre
ces problèmes et d'apprendre la valeur de la vérité. S'ils ne
parviennent pas à découvrir personnellement la valeur de la
vérité, celle-ci n'aura aucun sens pour eux. C'est pourquoi il ne
suffit pas de tenir des réunions pour résoudre des problèmes à
caractère social. Nous devons aussi créer, à la maison comme à
l'école, un environnement ouvert, honnête, sans punition,
orienté vers la résolution de problèmes et où les enfants puissent vraiment mener une vie morale, et ne pas se contenter d'en
parler. Dans les écoles où cet environnement n'existe pas, la
morale et le sens de la responsabilité resteront seulement des
mots pour la plupart d'entre eux.

## Chapitre 14

# *La discipline et la direction de l'école*

Une école ne saurait fonctionner sans une direction efficace qui instaure des règlements raisonnables et les fasse respecter. Les élèves devraient avoir leur mot à dire dans l'établissement de ces règlements; une fois ceux-ci établis, ils seront censés les suivre. Une expérience récente pourra nous servir d'exemple pour montrer qu'un enseignement potentiellement de qualité peut être menacé lorsque l'on se méprend sur les responsabilités qui incombent aux élèves et sur celles que doit assumer la direction de l'école.

Le programme national de lutte à la pauvreté, dont fait partie l'école mentionnée, cherche à identifier les enfants dont les capacités intellectuelles sont indéniables, mais qui, pour des raisons de milieu, de pauvreté, de trop faible scolarisation ou autres, n'ont pas été en mesure de réaliser ce potentiel. Les enfants sont préparés à recevoir une éducation supérieure grâce à un programme expérimental d'éducation intensive dispensé dans une université. Si ces enfants reçoivent une éducation stimulante et réussie, croit-on, il y a de fortes chances que cela les incite à poursuivre des études universitaires et à devenir des leaders dans leur milieu. Leur exemple pourrait stimuler leurs camarades. Il s'agit d'aider une communauté à relever la tête grâce à ses propres ressources intellectuelles.

Dans les chapitres précédents, j'ai montré comment une éducation axée sur la mémorisation de faits et manquant de pertinence ne parvient pas à donner aux enfants la satisfaction émotionnelle et la motivation affective pour poursuivre leurs

237

études. Le décrochage scolaire qui en résulte est particulièrement répandu dans les quartiers défavorisés; c'est là également
que les problèmes de comportement sont les plus criants. La
majorité des éducateurs reconnaissent qu'il nous faut trouver de
meilleurs moyens d'aider les élèves à mieux se comporter à
l'école. Les réunions de classe constituent l'un de ces moyens.
Actuellement, aussi bien à l'école primaire qu'à l'école secondaire, nous établissons des règlements rigides qui entraînent des
punitions quand ils sont enfreints. Ces règlements rigides
appliqués dans une école moyenne de quartier défavorisé incitent les enfants intelligents, qui ont le plus à gagner d'une bonne
éducation, à se révolter et à refuser d'accepter l'enseignement
qu'on leur offre. Comme une approche inflexible et punitive
fonctionne mal, des experts bien intentionnés et au courant des
réalités sociales (notamment ceux qui ont contribué à élaborer
les programmes d'éducation spéciaux dont je parle) ont insisté
pour que les enfants des quartiers défavorisés, qui ont pour la
plupart du mal à suivre des règles, jouissent d'un environnement
permissif avec peu de règlements et de mesures disciplinaires.
Ils ont assimilé, à tort, la pauvreté au besoin particulier de faire
ce que l'on veut sur-le-champ, ne comprenant pas que les
enfants n'ont pas encore appris à se comporter dans un environnement permissif d'une façon qui leur soit bénéfique.

Des règlements raisonnables, que l'on fait respecter en
excluant du programme les enfants qui les enfreignent (et non
en les punissant), que l'on renforce par des réunions de classe
orientées sur la résolution de problèmes, font partie des mesures
pouvant aider les élèves à se montrer suffisamment responsables pour profiter de ce qu'on leur offre. Ceux qui prônent le
relâchement complet des règlements veulent tellement faire
plaisir aux enfants «défavorisés» qu'ils ne comprennent pas que
des règlements de discipline fermes et justes signifient, au
contraire, que l'on se préoccupe d'eux; des règlements laxistes
sont interprétés par ces derniers comme un manque d'intérêt.
Cette idée est confirmée par les résultats d'une recherche

menée, pendant 12 ans, par le psychologue Stanley Coopersmith et portant sur l'estime de soi, dont je citerai ici quelques extraits du rapport final:

> Nous avons fait une autre découverte encore plus surprenante encore: les parents des enfants qui avaient une haute estime de soi étaient moins permissifs que ceux des enfants qui n'avaient pas autant d'estime de soi... Ils avaient des exigences de comportement élevées et se montraient stricts et cohérents dans leur façon de faire respecter les règlements. La discipline qu'ils faisaient régner n'était en aucune façon trop dure; ils se montraient même moins punitifs que les parents des enfants manquant d'estime de soi. Ils donnaient des récompenses plutôt qu'user de châtiments corporels ou d'autres formes de punition, et leurs enfants trouvaient qu'ils étaient justes. Nous avons au contraire découvert que les parents des enfants manquant d'estime de soi avaient tendance à se montrer extrêmement permissifs, mais qu'ils donnaient des punitions sévères quand les enfants leur causaient des problèmes. Ces enfants estimaient que leurs parents se montraient injustes envers eux et considéraient l'absence de règles strictes et de limites à leur comportement comme un manque d'intérêt à leur endroit.
>
> Dans les familles des enfants qui avaient une haute estime de soi, il existait non seulement des règles de comportement bien définies, mais aussi un certain esprit démocratique. Les parents définissaient les principes, précisaient les pouvoirs, les privilèges et les responsabilités de tous les membres de la famille, et régnaient en despotes bienveillants: ils respectaient les opinions divergentes, acceptaient de se laisser convaincre à l'occasion et étaient généralement disposés à donner voix au chapitre à leurs enfants dans la planification de la vie familiale. Il semble raisonnable de conclure que tous ces facteurs (profond intérêt pour les enfants, balises établies par des règles de comportement bien définies, absence de punition et respect du point de vue des enfants) contribuaient à donner à l'enfant une haute estime de soi.

Contrairement aux parents de ces derniers enfants, l'éducation traditionnelle connaît souvent des problèmes dus à des règlements mal conçus et mal appliqués. Le cas suivant met clairement ces problèmes en évidence.

Il s'agissait d'un programme semblable à celui dont j'ai parlé précédemment et qui comprenait environ neuf semaines d'enseignement à plein temps pendant l'été. Par la suite, pendant l'année scolaire régulière, le groupe se réunissait tous les samedis pendant quatre heures à l'université. Les élèves qui y participaient dès la deuxième année de l'école secondaire pouvaient suivre le programme pendant trois ans. Je fus engagé comme consultant dans ce programme alors que plus de la moitié de la session d'été était déjà passée. Quand on me demande de venir présenter mes idées, on me laisse généralement carte blanche. Dans ce cas précis, j'ai suggéré à la directrice adjointe de grouper les élèves et les enseignants pour que je puisse leur parler. Désireux d'apprendre de la bouche des deux groupes les difficultés que rencontrait, à leur avis, le programme, je n'avais rien à dire au personnel enseignant que les élèves ne puissent entendre. La directrice adjointe pensait que le programme éprouvait de sérieuses difficultés et souhaitait que je puisse l'aider. L'expérience de ma rencontre avec les élèves de ce programme spécial, dont la plupart venaient d'écoles secondaires de quartiers défavorisés, s'est avérée à la fois éclairante et affligeante.

L'assistance à la première rencontre fut plutôt mince. Sur les 105 élèves que comptait le programme, peut-être 20 se sont présentés; sur la trentaine d'enseignants, il y en eut sept ou huit. Cela ne signifiait pas que la plupart des élèves et des enseignants n'étaient pas intéressés à entendre ce que pouvait bien avoir à dire un «expert» de l'extérieur. L'impression de découragement et d'échec qui régnait expliquait la participation plutôt tiède aux activités prévues. Après une autre rencontre, la semaine suivante, et une discussion plus approfondie avec l'équipe des enseignants, j'ai pu constater que la directrice avait bien raison: le programme connaissait incontestablement de sérieux problèmes. Concernant l'objectif de préparer les élèves à poursuivre des études universitaires, il y avait, à mon sens, de sérieuses lacunes dans la façon dont on appliquait le programme. Dès les premières discussions, les élèves ont manifesté un manque d'intérêt remarquable pour les objectifs pédagogiques du programme. Ils pensaient qu'il s'agissait avant tout d'une expérience à caractère social. Le principal bénéfice qu'ils pensaient pouvoir en retirer serait avant tout d'apprendre à vivre en milieu multiethnique, d'être en étroite relation avec les enseignants et les conseillers, et de vivre dans une université.

Bien moins positifs à l'endroit de l'objectif scolaire du programme, les élèves ont clairement indiqué, dans les deux rencontres que j'ai eues avec eux, qu'ils ne se sentaient pas liés par l'engagement d'assister aux cours. Ceux qui venaient effectivement aux cours (moins d'une trentaine sur les 105 inscrits) étaient considérés comme plutôt rétros. Beaucoup d'élèves ont essayé de m'impressionner en invoquant leur milieu social. Ils ont aussi déclaré que les cours n'étaient pas intéressants, que les enseignants étaient ennuyeux et les discussions, répétitives; l'éducation n'était pas vraiment au cœur de leurs préoccupations. L'attitude des élèves, qui aurait pu avoir pour devise «Tout se passe bien tant qu'on est heureux et bien adapté», m'apparaissait comme une distorsion de l'éducation progressiste devenue absence totale d'éducation. J'aurais été moins inquiet s'il ne s'était pas agi d'une occasion unique, et peut-être ultime, pour ces élèves de recevoir une éducation de qualité.

Les responsables du programme m'ont dit ne pas pouvoir rendre obligatoire l'assistance aux cours, ni imposer de règlement quelconque, car leurs supérieurs pensaient qu'imposer une discipline aux élèves causerait l'échec du programme. Pour autant que je pouvais en juger, les élèves considéraient ce dernier comme une vaste fumisterie. Ils avaient simplement la chance de pouvoir s'échapper de leur environnement habituel et de s'amuser tout en étant partiellement rémunérés. C'était pour eux une occasion d'exprimer leur frustration vis-à-vis de leurs enseignants. Ces derniers, extrêmement dévoués, manquaient le plus souvent de formation, du moins de celle qui aurait été requise pour enseigner à ce type d'élèves.

La partie éducative du programme était pourtant excellente. Les groupes étaient restreints (12 élèves environ par classe), et les enseignants, toujours disponibles pour leurs élèves, s'efforçaient d'offrir une éducation pertinente; des tuteurs spécialisés étaient chargés d'aider les élèves qui éprouvaient des difficultés pour les matières de base. Les notes n'existaient pas, et le programme ne présentait que peu des défauts identifiés au chapitre 6. Pourtant, au lieu de la forte motivation que l'usage de ces techniques pédagogiques me semble pouvoir produire, c'était le chaos. Je n'arrivais pas à comprendre comment les enseignants pouvaient endurer cela tout un été; quand je m'entretenais avec eux, ils se montraient apathiques et découragés. Après les cinq premières semaines du programme, il ne restait plus grand-chose de l'enthousiasme qu'ils avaient pu éprouver au début pour l'enseignement.

Qu'est-ce qui avait mal tourné? Un enseignement qui se voulait de qualité était en train de se perdre. Les élèves n'assistaient même pas aux cours. Les enseignants se plaignaient que ce manque d'assiduité empêchait d'assurer une certaine continuité. Un jour, il y avait six élèves dans la classe, et le lendemain, trois seulement; un petit nombre continuait à venir tous les jours. Parfois, il n'y avait carrément personne. L'un des enseignants appréhendait l'heure de la pause, craignant que personne ne se représente ensuite. Ce programme spécial n'avait rempli qu'une partie de sa mission: les enseignants étaient motivés et créaient un bon environnement pédagogique, mais les élèves, eux, ne s'étaient pas du tout engagés.

Après avoir rencontré les élèves et le personnel enseignant, j'ai tenté de voir où s'était produite la cassure et pourquoi les élèves ne s'engageaient pas davantage. Je sais pourtant, par expérience, que des élèves de ce type, issus de milieux défavorisés, peuvent réagir avec beaucoup d'enthousiasme aux occasions qui leur sont données de recevoir une éducation de qualité. Une bonne part du problème venait, en fait, de l'atmosphère négative qui régnait dans le programme. Le personnel enseignant et la direction croyaient qu'ils avaient affaire à des enfants pauvres, privés de tout et malheureux, qui n'avaient jamais eu la chance de recevoir une bonne éducation. Ils croyaient également que la faute venait du système social et de l'école. Bien que les écoles où va normalement ce type d'élèves ne soient pas les meilleures qui soient, elles ne sont pas non plus si mauvaises au point de produire invariablement des élèves qui correspondent à l'image qu'en avait, au départ, l'équipe chargée du projet. Bien que ces enfants ne vivent pas dans des conditions «normales» de confort, la plupart d'entre eux considèrent ces conditions pourtant acceptables. Bien qu'il existe effectivement des préjugés à l'endroit des enfants de couleur et des immigrants, ces élèves ne pouvaient pas affirmer, dans les conversations franches que j'ai eues avec eux, qu'ils avaient souffert réellement des mêmes préjugés que les gens chargés du programme voulaient le laisser entendre.

Pour que le programme retrouve le chemin de la réussite, l'équipe devrait commencer par appliquer un des principes de la thérapie de la réalité: *tous les élèves doivent être considérés comme des personnes ayant des capacités et non pas comme des personnes que leur milieu handicape.* Nous ne pouvons pas changer leur milieu antérieur ou actuel, mais nous pouvons leur donner la chance de recevoir une bonne éducation. À moins qu'ils ne profitent de cette occasion qui leur est offerte et ne surmontent eux-mêmes les obstacles placés sur leur chemin, leur vie sera un échec. Il est extrêmement préjudiciable d'attendre trop peu des démunis sous prétexte, justement, qu'ils sont démunis. En affichant une attitude semblable, les élèves ont réagi par un comportement autodestructeur qui n'a fait que confirmer leur incapacité fondamentale à savoir profiter de la chance qui leur était donnée. On n'aide pas les gens en ayant pitié d'eux; ils n'ont que faire de notre sympathie, peut-être même ne la souhaitent-ils même pas. Les élèves auraient pu faire fi de cette assistance un peu condescendante si elle n'avait pas occasionné de l'indécision de la part de la direction et l'abdication de toute responsabilité à faire respecter des règlements raisonnables. L'excuse invoquée par la direction concernant son incapacité à faire respecter les règlements est une vieille rengaine: les enfants avaient été soumis à trop de règlements; ils se sentaient frustrés, révoltés, et avaient trop de problèmes; toute tentative pour les forcer à se conformer à des normes de comportement raisonnables leur serait nuisible.

En commençant le programme, les élèves savaient que l'assistance aux cours et aux séances de tutorat individuel étaient obligatoires. Devant leur refus de se conformer aux règlements, aucun effort sérieux n'avait été fait pour régler le problème. Selon mes dix années d'expérience à l'école Ventura, avec des adolescentes dont l'expérience de vie était comparable à celle de ces jeunes, le manque d'application des règlements n'a pu avoir, pour eux, qu'un seul sens: l'équipe chargée du projet ne se souciait guère d'eux. Si l'éducation est aussi importante que le prétendent le programme et l'équipe qui le dirige, si c'est la seule chance qui s'offre aux élèves d'éviter l'échec dans leur vie, l'équipe doit trouver un moyen de les amener à assister aux cours, à s'améliorer et à aller de l'avant. Les enseignants m'ont d'ailleurs confirmé que les élèves avaient pris du retard dans presque toutes les matières. Ils réagissaient vis-à-vis des enseignants et de l'équipe comme si ceux-ci ne s'intéressaient pas à eux (c'est ainsi qu'ils interprétaient leur incapacité à faire respecter l'assistance obligatoire aux cours), ils assistaient encore moins aux cours et se désintéressaient encore plus de leur éducation.

Ces élèves seront encore davantage pénalisés quand ils retourneront dans le système scolaire régulier, où l'assistance aux cours n'est pas facultative. Dans les réunions que j'ai tenues avec eux, ils m'assuraient assister à tous les cours dans leur école régulière. Même s'ils ne réussissaient pas nécessairement très bien, ils n'avaient pas cependant décroché. Dans ce programme spécial, ils avaient malheureusement appris que l'assistance aux cours n'était pas si importante.

Comme je l'ai mentionné au début du chapitre, les enfants devraient participer à l'élaboration des règlements qui régissent leur école. Une fois ceux-ci établis, les enfants ne devraient cependant pas décider s'ils vont ou non les respecter. Ils peuvent choisir de désobéir aux règlements: ce choix s'offre à tout le monde. Ils doivent, par contre, en accepter les conséquences. Offrant une éducation de qualité dans un milieu stimulant, le programme spécial a encore plus de raisons de faire respecter les règlements que l'école de quartier moyenne. Les élèves peuvent toujours en effet prétendre que l'éducation fondée sur la mémorisation de faits du système public ne donne guère envie d'assister aux cours; ce raisonnement ne s'applique pas au programme spécial.

Beaucoup d'universités n'ont pas de règlements concernant l'assistance aux cours. La direction trouve que cela n'est pas nécessaire, dans la mesure où les étudiants ont appris à se conduire de façon plus responsable qu'à l'école secondaire. Cet exemple prouve qu'il n'est raisonnable d'assouplir les règlements que lorsque les gens se montrent plus responsables. Je suis personnellement en faveur de la suppression des règlements dès que les élèves, quel que soit leur âge, font preuve d'assez de maturité pour tirer profit de l'éducation qu'on leur offre sans avoir besoin de règlements.

Pour la majorité des élèves qui ont de la difficulté à réussir, la permissivité s'avère dévastatrice. Elle finit par engendrer de l'opposition et des moqueries vis-à-vis de ceux qui, de façon irréaliste, dirigent sans règlements. Aucune des solutions pédagogiques proposées dans ce livre n'implique que l'on accorde aux élèves des responsabilités qu'ils ne sont pas prêts à assumer. Une partie des bienfaits obtenus des réunions de classe chargées de résoudre des problèmes à caractère social vient du fait qu'elles apprennent aux élèves à se sentir responsables vis-à-vis de leurs enseignants. Si le professeur se présente en classe, l'élève a aussi la responsabilité de venir, à moins que l'enseignant ne l'en excuse.

Les responsabilités ne sont pas à sens unique. Des règlements raisonnables font partie de toute éducation sérieuse préoccupée de trouver des solutions aux problèmes. On ne peut prétendre accroître l'efficacité de l'éducation sans exiger une assistance régulière aux cours. Les enseignants ont la responsabilité de rendre l'éducation pertinente et intéressante; les élèves ont la responsabilité d'*assister aux cours, d'étudier et d'apprendre*.

Tous les règlements devraient être soigneusement étudiés. Les règles considérées comme nécessaires devraient être appliquées et les autres, abandonnées. Si, par exemple, les responsables du programme spécial croient que l'assistance aux cours devrait être facultative, le règlement devrait le stipuler. S'ils croient, et si le règlement le dit expressément, que l'assistance aux cours est obligatoire, ils devraient faire respecter ce règlement. L'assistance facultative aux cours ne peut conduire à la réussite des élèves qui accusent déjà un retard d'apprentissage. C'est pourquoi je propose qu'on demande à tous les élèves sélectionnés pour le programme spécial de signer un formulaire déclarant qu'ils s'engagent à assister aux cours et aux séances de tutorat. S'ils manquent un certain nombre de cours (je suggère cinq), ils devraient être exclus du programme. Des réunions où l'on examinerait les problèmes devraient aussi faire partie du programme. Elles auraient pour objectif d'essayer d'aider les élèves qui manquent d'assiduité. Chaque élève devrait avoir la responsabilité d'aider ses camarades à venir assister aux cours. Lorsque j'ai proposé, au cours d'une réunion avec les élèves du programme spécial, que chacun ait des obligations vis-à-vis de ses camarades, ils ont violemment réagi au terme «obligations». Ils n'avaient pas la moindre expérience de ce que peut être la responsabilité sociale ou la résolution de problèmes; ils se préoccupaient fort peu les uns des autres, quand il s'agissait d'aller plus loin que les bonnes paroles et de s'engager vraiment à quelque chose. Ils ne pouvaient pas avoir le sens des responsabilités dans un environnement où l'assistance aux cours n'était pas obligatoire.

On prétendra peut-être qu'un élève exclu du programme va devenir un véritable raté sur le plan éducatif. Mon expérience à l'école Ventura prouve exactement le contraire. Si on lui donne le choix entre l'exclusion et un programme solide d'éducation, s'il a le sentiment que les enseignants et le directeur se soucient de son éducation (démontrent leur intérêt pour lui en le ramenant en classe), l'élève viendra assister aux cours et appréciera les efforts que l'on fait pour lui. Quiconque quitte le programme parce que (je cite): «C'est du conformisme, mon vieux; je ne marche pas dans cette combine», se retrouvera vite à mener une vie autrement plus conformiste en échouant. On devrait lui permettre de reconsidérer sa décision de ne pas assister aux cours. Chaque fois qu'on renvoie un élève, ce devrait être pour une période bien déterminée, un peu plus longue à chaque renvoi, mais qui lui offre toujours la possibilité de revenir et de réessayer. Un élève qui ne vient pas aux cours pourrait, par exemple, être exclu pendant trois jours la première fois. S'il revient, mais n'assiste toujours pas aux cours, il pourrait être exclu cette fois pendant une semaine. Une troisième absence amènerait un renvoi pour le reste, ou presque, de la session. Si, à la suite d'une exclusion, l'élève revient et suit normalement ses cours, il pourrait avoir la possibilité de poursuivre le programme toute l'année (le samedi) et de revenir l'année suivante. S'il n'assiste toujours pas à ses cours après plusieurs exclusions, il aurait tout de même le droit de se représenter l'été suivant, mais n'aurait pas le droit de suivre les sessions du samedi pendant l'année. L'élève ne devrait pas être puni. On devrait simplement lui dire qu'on lui donne la chance de faire un choix. Ce choix ne porte pas sur la possibilité de suivre ou non les règlements; il a le choix entre participer pleinement au programme ou le quitter et voir ce qu'il peut faire de lui-même.

N'ayant joint le programme qu'en deuxième partie de session, les suggestions que j'avais pu faire aux responsables du projet dans les débuts n'avaient pas été retenues. On m'a dit vouloir les essayer l'année suivante. Ces propositions, je le crois, offriront au programme une chance de réussite qu'il n'a pas actuellement.

La situation survenue dans ce programme ne peut se produire dans les écoles secondaires régulières, où l'assistance aux cours est obligatoire; ou bien l'élève va à l'école, ou bien il décroche. Si toutes les propositions faites dans ce livre pour résoudre les problèmes dans les écoles publiques ne donnent rien pour tel ou tel élève, la seule mesure disciplinaire sensée consiste à exclure cet élève de l'école et lui donner la possibilité de revenir et de retenter sa chance, exactement comme je l'ai suggéré pour le programme spécial. Une éducation de meilleure qualité, telle que je l'ai décrite dans les chapitres 1 à 8, aidera les élèves à ne pas décrocher; les techniques de résolution de problèmes décrites dans les chapitres 9 à 12 contribueront à les inciter à poursuivre leurs études. Séparées de la conception générale de l'éducation et des recommandations proposées dans ce livre, ces suggestions d'ordre administratif seront moins efficaces. Si mes suggestions concernant la discipline sont sorties de leur contexte et présentées comme une alternative du genre: «Suivre les règlements ou être renvoyé», elles n'ont plus de sens. Les règlements devraient être raisonnables. On devrait les modifier quand les circonstances l'exigent; ils doivent être établis par les élèves et les étudiants ensemble et doivent être respectés.

# Chapitre 15

## *Une école exemplaire*

À l'époque où les idées de la thérapie de la réalité étaient encore sommaires et le rapport entre ces idées et l'éducation, à ses balbutiements, j'ai prononcé une conférence devant des directeurs d'écoles publiques. J'y ai traité du concept de l'engagement; il représente d'ailleurs encore la base de la thérapie de la réalité. Pour changer et adopter un meilleur comportement, il faut s'attacher à une personne responsable, un thérapeute ou un enseignant, par exemple. Comme l'auditoire était composé de personnes travaillant dans le milieu scolaire, j'ai insisté sur l'importance de créer des liens entre les enseignants et les élèves; j'ai montré que l'absence de tels liens expliquait en grande partie les problèmes de comportement et d'échec scolaire. À la suite de ma conférence, consacrée en grande partie à l'école Ventura, le directeur d'une école primaire de 600 élèves est venu me parler de sa conviction que la clé de la réussite scolaire consistait effectivement à offrir un environnement chaleureux qui favorise les liens personnels entre élèves et enseignants. Depuis lors, je travaille comme consultant auprès de ce directeur. Peu de temps après la conférence, j'ai été à même d'étudier dans son école ce que je crois être l'un des programmes de l'école primaire les plus complets et les plus novateurs qui soient.

Grâce à l'imagination et au leadership de ce directeur, un programme remarquable a en effet été mis sur pied dans l'école: il lie les enseignants et leurs élèves dans une diversité exceptionnelle d'expériences pédagogiques intenses. L'école a d'excellents enseignants; il n'y a rien qu'ils font qui ne puisse cependant être fait dans la plupart des autres écoles publiques. Le financement est tout à fait normal. Les élèves viennent de familles de la classe moyenne où l'éducation est certes valorisée, mais sans revêtir l'importance démesurée qu'on lui accorde dans les milieux plus aisés. Un premier enseignant supplémentaire, rémunéré par l'école elle-même, vient en aide aux enfants qui éprouvent de sérieuses difficultés dans leurs études. Un deuxième enseignant supplémentaire est payé à même les fonds destinés à des programmes de lecture corrective. Les fonds réservés à ces deux programmes spéciaux ne sont pas nécessairement dépensés en salaires; ils peuvent servir également à acheter des livres ou du matériel. Avant même d'avoir engagé les deux enseignants supplémentaires, les programmes avaient déjà été implantés, sur une échelle plus réduite certes, sur l'initiative du directeur. Écoutons-le à ce sujet:

> Nous avions tenté de résoudre divers problèmes scolaires en consacrant davantage d'argent à l'achat de meilleurs livres, de matériel visuel et autres accessoires. Cette approche s'était pourtant soldée par un échec. Nous avons donc décidé d'utiliser l'argent disponible pour ajouter du personnel, et non du matériel, et donner ainsi au plus grand nombre d'élèves possible la chance d'établir des liens avec des personnes responsables. Grâce à ce personnel supplémentaire, notre programme a pu se développer.

Il ajouta que toutes les écoles pouvaient obtenir sans aucun problème l'argent nécessaire pour l'embauche d'enseignants supplémentaires.

Après avoir pris connaissance du programme de l'école, j'en ai parlé à ma famille. Alors à l'école primaire, ma fille a réfléchi une minute avant de dire: «Papa, tu dis que tu n'aimes pas les voitures réduites au minimum. Comparée à l'école dont tu me parles, la mienne semble réduite au minimum.» Si certaines personnes qualifient les programmes supplémentaires implantés dans l'école de «superflu pédagogique», le directeur ne croit pas qu'il soit si «superflu» de lier les enfants à davantage de bons enseignants, de se montrer attentif à leurs besoins, individuellement ou par petits groupes, d'étendre le programme au-delà des limites des programmes réguliers et de donner aux enfants la possibilité de s'épanouir sans être jugés ou notés. En ce qui concerne la créativité, le directeur la définit avec prudence. Il ne s'attend pas à ce que les enfants créent de grandes œuvres d'art, de littérature ou de musique. Pour lui, un enfant créatif est un enfant qui découvre des choses importantes de lui-même. Que cette découverte ait déjà été faite avant lui n'a aucune importance; ce qui compte, c'est que cela soit nouveau pour l'enfant. Il en retire la même joie que le premier inventeur ou découvreur; ce plaisir l'incite à chercher encore plus loin, à découvrir encore plus.

Dans cette école, les enfants sont groupés en classes hétérogènes; tous les élèves, ceux qui sont doués comme ceux qui ont des problèmes ou qui accusent un retard, travaillent ensemble; l'âge est le seul critère retenu. Les besoins et les problèmes particuliers sont traités grâce à diverses activités offertes en classe comme en dehors de la classe. Les classes hétérogènes sont privilégiées parce qu'elles sont à l'image de la société, à celle du monde. Les élèves peuvent apprendre beaucoup comme recevoir beaucoup du groupe.

La plupart des écoles, incluant celle dont je parle, sont préoccupées par le jeune enfant qui a de la difficulté à suivre les règlements de l'école et à apprendre. Comme je l'ai mentionné précédemment, des fonds sont disponibles pour aider ces enfants en difficulté et peuvent servir, par exemple, à engager des enseignants supplémentaires. C'est en effet dans les petites classes que le problème doit être réglé; plus tard, les programmes spéciaux n'auront plus le même effet. L'expérience de cette école montre bien que la majorité des enfants parviennent à régler leurs problèmes avant d'avoir atteint les classes supérieures. Contrairement à certains programmes, où l'enseignant spécialisé commence par séparer de la classe régulière les enfants en difficulté pour leur enseigner dans une classe spéciale, l'école les maintient ici dans leur classe régulière. Les enfants n'ont, de ce fait, plus à souffrir d'être considérés comme des ratés en étant placés dans des classes spéciales. Pour garder dans la classe régulière les élèves qu'il essaie d'aider, l'enseignant a dû subordonner son rôle de spécialiste à celui de l'enseignant régulier; c'est l'enseignant régulier qui oriente le programme et dirige sa participation dans la classe. Disponible tous les matins pour venir prêter main-forte aux quatre enseignants (nombre qu'il croit pouvoir aider de façon adéquate), l'enseignant spécialiste fait savoir aux enseignants qu'il est prêt à les aider. Ils peuvent avoir recours à ses services comme bon leur semble; il les aidera du mieux qu'il peut à s'occuper de tout enfant de la classe. Bien qu'il doive son poste à une subvention réservée exclusivement aux difficultés scolaires et que son programme s'avère remarquablement efficace pour les enfants en difficulté, cet enseignant est prêt à travailler avec n'importe quel enfant. Il y a donc ainsi fort peu de chances qu'un enfant avec qui il travaille, dans la classe ou en dehors de la classe, puisse être traité de raté, soit par lui-même soit par les autres.

Certains enseignants, au début du moins, ont manifesté une certaine réserve devant cette approche. Ils pensaient être en mesure de s'occuper de tous leurs élèves sans l'aide de personne. Le spécialiste n'est pas venu dans leur classe leur dire: «Je suis un expert. Je vais vous aider avec les enfants qui éprouvent trop de difficultés. Je peux faire cela mieux que vous.» Il s'est contenté de se rendre disponible et d'attendre que l'on vienne lui demander de l'aide. Puisqu'il avait déjà enseigné dans l'école et que les enseignants reconnaissaient qu'il y avait effectivement beaucoup de problèmes, ils sont rapidement venus solliciter son aide.

Lorsque les enseignants lui ont demandé de l'aide, ils lui ont d'abord dit, pour reprendre le cliché traditionnel: «Sortez-moi ces enfants de la classe.» Ils voulaient que le spécialiste sorte les enfants en difficulté de la classe, qu'il travaille avec eux séparément, règle leurs problèmes et les renvoie ensuite dans la classe. Si le directeur, le spécialiste et moi-même ne croyions pas à cette conception de l'éducation, il nous fallut cependant acquiescer à la demande des enseignants. Pendant ce temps, le spécialiste expliquait cependant, dans ses rencontres avec les enseignants, ce qu'il pouvait et voulait faire d'autre et exprimait ses doutes quant à la philosophie du «sortez-moi ces enfants de la classe». Il avait découvert, comme beaucoup d'autres enseignants, qu'il avait beau sortir des élèves de la classe et travailler avec eux, lorsque ces mêmes élèves retournaient dans leur classe, ils se montraient incapables de refaire ce qu'ils avaient fait avec lui, individuellement ou en petits groupes. Un enfant qui, avec lui, lisait bien, s'avérait souvent incapable de lire avec son professeur régulier.

Lorsque le spécialiste leur dit pouvoir travailler efficacement tout en restant dans la classe, certains enseignants lui ont dit: «D'accord, venez; travaillez dans un coin avec le groupe d'élèves agités pendant que je continuerai à enseigner au reste de la classe; de cette façon, nous pourrons avancer.» Un enseignant comprend mieux les enfants et leurs problèmes quand il peut voir quelqu'un d'autre se débattre avec eux. Les deux enseignants se trouvant ensemble, la communication s'établit facilement et librement; ils peuvent discuter sur-le-champ de n'importe quel cas. En observant le spécialiste en train de travailler avec son petit groupe dans un coin de la classe, les enseignants ont voulu essayer de faire cela eux aussi. Leur démarche suivante a été de dire: «Chargez-vous donc de ma classe, et je vais travailler avec le petit groupe.» On le voit encore ici, c'est l'enseignant régulier qui a décidé. Le spécialiste a donc pris la classe en charge, et l'enseignant titulaire a travaillé avec le petit groupe, toujours dans la même classe. Tous les enfants, ceux du groupe régulier comme ceux du groupe réduit, ont ainsi pu bénéficier des efforts combinés du spécialiste et de leur enseignant régulier.

Dans les deux derniers exemples, le spécialiste comme l'enseignant régulier travaillaient avec le groupe réduit; ce groupe aurait pu aussi bien être composé d'enfants agités, d'enfants doués, d'un mélange des deux ou de toute autre combinaison déterminée par l'enseignant. En tant qu'enseignant appelé en renfort, le spécialiste doit se montrer prêt à travailler de toutes les façons souhaitées par l'enseignant régulier. S'il diffère d'opinion, il doit en discuter avec lui, mais c'est l'enseignant régulier qui décide quand, où et comment appliquer les suggestions qu'il lui fait.

Dans un autre cas, l'enseignant régulier a dit au spécialiste: «Venez vous occuper de ma classe; je voudrais sortir avec un petit groupe d'élèves.» Tandis que l'enseignant de renfort s'occupait de la classe, l'enseignant régulier est sorti de la classe avec un petit groupe d'élèves et a fait avec eux une activité qu'il considérait comme pertinente. Là encore, c'est lui qui avait décidé et avait déterminé ce qu'il voulait faire. Les enfants vivaient une nouvelle expérience avec leur enseignant dans de nouvelles conditions, expérience fort excitante pour eux.

Il y a encore eu une autre proposition qui, je crois, est unique à cette école en ce qui a trait à l'utilisation de l'enseignant supplémentaire; l'enseignant régulier dit cette fois: «Allez dans la classe de mon collègue, prenez en charge sa classe et demandez-lui de venir m'aider ici.» Cela voulait dire que tout enseignant de l'école désireux de participer au programme devenait disponible comme enseignant spécial pour aider le titulaire de la classe de toutes les façons souhaitées par ce dernier. Dans ces conditions, beaucoup d'enfants ont été amenés à connaître leur enseignant, comme d'autres enseignants de l'école, dans d'autres situations; à leur demande, l'enseignant de renfort les remplaçait dans leur classe. Donner aux enfants la chance de vivre diverses expériences avec des enseignants différents a contribué à régler les problèmes de retard scolaire dans cette remarquable école. Bien qu'ils se soient liés à plusieurs enseignants, les enfants n'avaient jamais perdu leur sentiment

d'appartenir à leur classe régulière; ils avaient également béné-
ficié de l'aide supplémentaire dont ils avaient besoin.

Le second enseignant supplémentaire de l'école, le professeur de lecture corrective, a suivi le même cheminement. Il se
limitait cependant à la lecture, alors que le premier travaillait
dans toutes les matières.

Bien que le programme que ces deux enseignants ont
implanté dans l'école implique d'autres élèves que ceux qui
sont en difficulté ou qui connaissent des problèmes de lecture,
l'orientation générale de l'école dépasse largement cette seule
approche. Trois autres programmes, qui augmentent les chances
des enfants de recevoir une bonne éducation, viennent s'y
ajouter, financés eux aussi par les fonds consacrés aux difficultés d'apprentissage. Dans ces programmes, on ne donne ni
notes ni travail à faire à la maison.

Commençons par examiner ce que le directeur appelle
«enseigner sa matière forte». Chaque année, les enseignants
sont encouragés à proposer un cours spécial mettant à profit un
talent ou un intérêt particulier qu'ils peuvent avoir. Le directeur,
les conseillers ainsi que trois parents sont eux aussi sollicités
pour donner des cours. Voici des exemples de sujets offerts au
cours des dernières années:

*Mathématiques*
Utilisation de la règle à calculer
Tableur électronique
Base de données sur ordinateur

*Science*
Collection de roches
Chimie élémentaire
Diapositives du Sud-Ouest
Pierres précieuses
Modèles à l'échelle
Jeux de découverte à l'ordinateur

*Langues et communication*
Pantomime
Écriture de fiction
Écriture de bandes dessinées
Chœur parlé
Fabrication de livres
Improvisation
Traitement de texte

*Art*
Dessin à l'ordinateur
Craies à colorier
Animaux en céramique
Origami
Dessin pastel
Dessin de bandes dessinées
Dessin au fusain
Fabrication et utilisation de
 marionnettes
Collage
Fleurs en papier
Figurines en cure-dents
Impression au pochoir
Linogravure
Sérigraphie à l'eau
Graffiti
Céramique
Tapisserie
Dessin
Aquarelle
Mosaïques en coquille d'œufs
Animaux en papier mâché
Batik
Fleurs en papier crépon
Création de personnages
Visite de musées

*Musique*
Xylophones, clochettes et
 percussions
Chansons mexicaines
Chansons populaires
Chansons en chœur

*Éducation physique*
Gymnastique
Danse folklorique
Jeux d'équipe
Jonglerie
Acrobatie

Chaque enseignant choisit un cours de cette liste à chaque semestre et demande à l'enseignant qui l'a proposé de venir dans sa classe l'enseigner. L'enseignant qui a fait la demande reste dans la classe avec ses élèves. Sa présence assure l'ordre, lui permet de profiter de l'enseignement en même temps que ses élèves et lui donne surtout l'occasion d'expérimenter quelque chose d'unique: voir un autre professeur enseigner à *ses propres* élèves et voir comment ceux-ci réagissent avec ce nouveau professeur. Aucune pression, ou presque, n'est exercée sur l'enseignant demandeur ou sur l'enseignant invité, dans la mesure où il s'agit d'enseigner des compétences particulières;

l'enseignant invité connaît son sujet et n'a pas à s'inquiéter du jugement de son collègue. La classe de l'enseignant invité est prise en charge par le directeur ou par l'un des deux enseignants supplémentaires, qui respectent le plan de cours prévu par l'enseignant titulaire.

Ces cours spéciaux se donnent tous les après-midi, pendant six à huit semaines. À chaque nouvelle étape, les élèves choisissent un nouveau cours auquel ils veulent participer. Les élèves et les enseignants y participent avec enthousiasme. Les enseignants aiment beaucoup travailler avec des enfants plus âgés ou plus jeunes que ceux de leur classe régulière. Ils aiment aussi le programme parce qu'ils le perçoivent comme de l'éducation pure; les élèves comme l'enseignant ne sont pas évalués. La possibilité d'enseigner une activité qui les intéresse à une classe autre que la leur représente la principale motivation des enseignants. L'organisation de ce programme particulier est la responsabilité de l'enseignant qui s'est porté volontaire, et non celle du directeur. Il existe, au sein de tout personnel enseignant, des personnes intéressées à s'occuper un peu d'organisation. Devant la diversité des sujets spéciaux proposés par les enseignants invités, on peut vite constater que, dans cette école, les chances d'apprendre excèdent largement celles des programmes offerts par les écoles ordinaires.

Dans un autre programme, les enseignants animent des séminaires pour les élèves affichant des capacités particulières. Autant d'élèves que possible y sont impliqués. Un séminaire peut rassembler des élèves de niveaux scolaires différents: sur les 11 élèves du groupe, certains peuvent venir des petites classes et d'autres, de classes plus avancées. Les élèves sont encouragés à s'intéresser à des sujets nouveaux pour eux. Pour reprendre les paroles du directeur: «L'accent n'est pas mis sur la quantité de savoir emmagasiné, mais plutôt sur l'apprentissage en tant qu'expérience.» Dans l'un des séminaires, consacré à la culture par exemple, les élèves ont décidé d'inventer de toutes pièces une civilisation. Aux prises avec des problèmes de surpopulation, de vie urbaine et d'embouteillages, ils ont discuté des moyens à prendre pour créer une société idéale.

Dans les séminaires, les élèves choisissent un sujet de discussion avec l'enseignant qui s'est porté volontaire pour animer le groupe. Tenus deux fois par semaine pendant 45 minutes, durant toute l'année, les séminaires favorisent la libre expression et les échanges. Comme l'enseignant et les élèves sont intensément liés, la motivation de ces derniers s'en trouve considérablement accrue. Là encore, le directeur et les deux enseignants supplémentaires prennent en charge la classe de ceux qui animent les séminaires. Ces derniers peuvent se tenir dans les bureaux du directeur ou à la bibliothèque, à la cafétéria ou dans le foyer, sur le terrain de jeu ou dans la cour de récréation. L'endroit importe bien moins que le sujet discuté. Comme le montre le tableau ci-après, représentant une année scolaire complète, les séminaires sont répartis en deux niveaux, selon les groupes d'âges:

**6 à 8 ans:**

| Culture | Initiation à l'art | Nouvelles notions en mathématiques | Art et artisanat | Espagnol |
|---|---|---|---|---|

**9 à 11 ans:**

| Découvertes scientifiques | Littérature | Expression dramatique | Audition de musique | Mathématiques supérieures |
|---|---|---|---|---|

Outre les séminaires et l'enseignement assisté, offerts toute l'année, et les cours des enseignants invités, qui se donnent l'automne et l'hiver, il existe un programme d'enrichissement qui s'étend du printemps jusqu'à la fin de l'année scolaire. Le directeur croit en effet que, même dans les meilleures écoles, les élèves sont lassés vers la fin de l'année; un programme spécial d'enrichissement encourage les enseignants et les élèves à terminer l'année sur une note positive. Le programme d'enrichissement est surtout offert aux élèves plus âgés, deux fois par semaine pendant une heure, à la fin de la journée régulière d'école. Si les cours des enseignants invités et, dans une certaine mesure, les séminaires sont déterminés par le choix et les compétences particulières des enseignants, le programme d'enrichissement reflète, lui, le choix et les compétences des élèves. Le programme est planifié par l'association des élèves qui fait un sondage auprès de tous les enfants en leur demandant d'exprimer trois choix d'activités auxquelles ils aimeraient participer ou trois sujets sur lesquels ils aimeraient enrichir leurs connaissances. L'association étudie ensuite les demandes et assigne des groupes à divers enseignants. Afin qu'il y ait suffisamment d'enseignants pour ces activités, on demande aux enseignants stagiaires de participer au programme d'enrichissement. En raison du grand intérêt manifesté par les élèves pour ce programme, il n'est guère difficile de les convaincre d'y participer pendant les neuf dernières semaines de l'année scolaire. Grâce à eux, aux enseignants réguliers, au directeur, et même au concierge, qui donne des cours de trampoline, il a été possible d'offrir à environ 85 % des élèves l'activité ou le cours qu'ils avaient choisi en premier. Ceux qui n'obtiennent pas leur premier choix d'activité se contentent généralement fort bien de leur deuxième ou même de leur troisième choix.

Voici un exemple de programme d'enrichissement offert dans cette école:

*Élèves particulièrement performants dans leurs études*

| | |
|---|---|
| Écriture de fiction | 8 et 9 ans |
| Mathématiques | 8 et 9 ans |
| Lecture en bibliothèque | 10 et 11 ans |
| Expression libre | 10 et 11 ans |
| Littérature | 10 et 11 ans |

*Élèves ayant exprimé un intérêt pour un champ particulier d'études*

| | |
|---|---|
| La nature | 8 et 9 ans |
| Voyages autour du monde | 8 et 9 ans |
| Architecture | 9 à 11 ans |
| La vie dans l'espace | 10 et 11 ans |
| Parler en public | 10 et 11 ans |

*Programme d'activités*

| | |
|---|---|
| Musique | 8 et 9 ans |
| Théâtre | 8 et 9 ans |
| Art et artisanat | 8 et 9 ans |
| Idées artistiques | 10 et 11 ans |
| Dessin | 10 et 11 ans |

*Champs particuliers*

| | |
|---|---|
| Chanter en groupe | 8 et 9 ans |
| Peinture à l'huile | 9 à 11 ans |
| Calligraphie | 9 à 11 ans |
| Composer des chansons | 10 et 11 ans |

Sauf pour le chant et le théâtre, les groupes ne comptent que 12 élèves. Les enseignants trouvent que ce programme d'enrichissement représente une expérience très stimulante; comme dans les autres programmes spéciaux, les élèves ont l'occasion de se lier à des enseignants qu'ils n'auraient peut-être jamais connus en temps normal.

Dans les trois programmes particulièrement imaginatifs que je viens de décrire, les trois pierres d'assise de l'éducation, l'implication des élèves les uns envers les autres, la pertinence et la réflexion, sont devenues une réalité et non simplement un idéal. À la disposition de toutes les écoles qui voudraient les implanter, ces programmes ont procuré aux enfants une expérience d'apprentissage que peu d'écoles publiques, ou privées, ont offerte.

Dans cette école ont été instaurées les réunions de classe décrites aux chapitres 10 à 12. Elles font désormais partie des techniques normales d'enseignement dans la plupart des classes. Comme dans les autres écoles, les enseignants qui ne font pas asseoir les élèves en cercle ou qui ne tiennent pas de réunions régulières éprouvent certaines difficultés. Ceux qui réussissent sont, par contre, enthousiastes; il faut tout de même signaler que, même dans une école aussi exceptionnelle que celle que je viens de décrire et qui peut compter sur le soutien sans faille du directeur, les réunions de classe ne sont pas acceptées très rapidement ni facilement par les enseignants. Le directeur prédit pourtant qu'elles seront encore plus répandues dans les prochaines années. Le directeur et plusieurs enseignants, qui ont eu l'occasion de découvrir la valeur des réunions de classe, ont la conviction qu'elles ajouteront une nouvelle dimension au programme déjà en place.

Cette école n'a pas d'autres impératifs éducatifs que l'implication, la pertinence et la réflexion. Toute approche qui ne répond pas à ces critères n'a pas sa place dans l'école. Des changements intelligents sont en permanence à l'ordre du jour.

Un dernier point avant de clore ce chapitre. Au bout de quelques années, avec une certaine réticence mais aussi de grandes attentes, le directeur et deux personnes clés de son équipe ont quitté l'école pour former le noyau d'une nouvelle équipe dans une autre école primaire. Mettant en commun nos idées, ces trois éducateurs et moi-même (qui ai accepté d'agir comme consultant dans la même école) avons mis sur pied un programme d'études qui, nous l'espérons, pourra servir de modèle à toutes les écoles primaires. Cette possibilité nous a été offerte grâce à un fonctionnaire du ministère de l'Éducation qui partage depuis longtemps des idées semblables à celles que contient ce livre et au directeur d'école dont je viens de parler. Avec l'aide de ce dernier, cette école non seulement s'avère profitable aux enfants qu'elle accueille, mais sert aussi d'exemple, de laboratoire et de centre de formation aux éducateurs désireux de voir nos idées mises en pratique[1].

---

1.  Depuis plusieurs années, des centaines de directeurs et des milliers d'enseignants ont instauré des écoles où l'on peut observer les principes et les pratiques décrits dans ce livre. *(N.D.L.R.)*

## Chapitre 16

# L'école secondaire

Bien que la plupart des propositions que contient ce livre puissent être appliquées à n'importe quel niveau scolaire, les exemples et les détails donnés concernent surtout l'école primaire. J'ai clairement expliqué pourquoi j'insiste tant sur ce point: sans un bon départ à l'école primaire, les élèves ont peu de chances de réussir, peu importe l'école secondaire où ils iront ensuite. Les enfants qui n'apprennent pas à lire à l'école primaire trouvent toutes les écoles secondaires identiques, quels qu'en soient les programmes, les enseignants ou la philosophie. De tous les enfants qui quittent l'école primaire avec d'excellentes bases, beaucoup vont cependant échouer à l'école secondaire s'ils vont dans une école qui n'offre pas un programme de formation pertinent, fondé sur la réflexion et l'implication.

La majorité des écoles secondaires offrent de bons programmes d'enseignement pour les enfants qui se destinent à aller à l'université. Certaines écoles secondaires de grandes villes proposent aussi de bons programmes de formation professionnelle pour ceux qu'intéresse un métier précis, la mécanique automobile par exemple. Beaucoup d'élèves qui n'ont pas encore choisi de métier et ne comptent pas non plus aller à l'université, trouvent cependant fort peu de raisons professionnelles ou scolaires pour rester à l'école; ils décrochent. Soyons réalistes toutefois: la formation professionnelle offerte dans les écoles est souvent dépassée ou offerte à un nombre d'élèves extrêmement restreint. Peu d'écoles secondaires peuvent se permettre d'acheter ou d'entretenir l'équipement requis par les emplois techniques modernes pour se tenir à jour. La plupart des métiers concernés n'exigent heureusement qu'assez peu de formation vraiment spécialisée préalable; les compétences indispensables plus spécialisées s'acquièrent mieux sur le tas. On a besoin surtout d'élèves responsables qui sortent de l'école secondaire avec les compétences fondamentales (principalement la lecture et les mathématiques) indispensables pour apprendre vite. Beaucoup de directeurs des ressources humaines avec qui j'ai pu m'entretenir disent que le sens des responsabilités et les habiletés fondamentales sont des atouts plus importants que les compétences particulières acquises au secondaire. Un jeune travailleur responsable (qui se présente à l'heure au travail, écoute ce qu'on lui dit et aide les autres) est plus recherché qu'un employé dont la préparation professionnelle est plus poussée, mais dont les qualités personnelles sont plus douteuses.

Que les écoles secondaires s'acquittent bien ou mal de leur tâche de préparer les élèves à l'université ou au marché du travail, la population n'en pense pas moins qu'elles ont plus d'importance que les écoles primaires; elle est prête à dépenser beaucoup plus d'argent pour elles. *Je pense, pour ma part, que cette priorité accordée à l'école secondaire n'est pas justifiée, que l'école primaire est plus importante et qu'on devrait y investir plus d'argent afin de permettre aux enfants de démarrer leurs études du bon pied.* L'école secondaire devrait continuer à enseigner les habiletés de base et les intégrer aux cours axés sur l'acquisition de connaissances. Chaque élève devrait maîtriser les trois formes de la communication de base: la lecture, l'écriture et l'expression orale. L'initiation aux arts (connaissance et pratique suffisantes pour être en mesure d'apprécier) devrait aussi occuper plus de place à l'école secondaire. Beaucoup d'élèves ont cependant tellement de cours obligatoires dans leur discipline principale qu'ils ne peuvent pas suivre ces cours d'arts et de communication.

Ma proposition de faire de l'implication, de la pertinence et de la réflexion une réalité dans les écoles sera plus facilement acceptée dans les écoles primaires que dans les écoles secondaires. Les responsables de l'éducation qui contrôlent les politiques de nos écoles sont généralement d'accord pour trouver ces trois concepts importants pour les élèves de l'école primaire. Si des enseignants de l'école secondaire les intègrent à leur enseignement, ils peuvent se faire critiquer ou même renvoyer. La pertinence est particulièrement un sujet de crainte. Si nous nous vantons de vivre dans une société libre (du moins, dans nos discours), nous avons tendance à nous méfier des enseignants qui se lient trop à leurs élèves plus âgés et les amènent à réfléchir aux questions capitales de notre époque. Nous ne voulons pas comprendre que nous devons nous lier avec nos élèves en discutant avec eux de sujets pertinents quand ils sont jeunes, qu'ils nous font confiance et nous respectent. Notre incapacité de le faire est l'une des causes majeures de la méfiance si répandue de nos jours. *Les sujets importants pour les adultes qui lisent ce livre (la politique, la religion, l'avortement, l'amour, la sexualité, l'immigration, l'emploi, le lobbying, les impôts, la pollution et la santé), par exemple, sont rarement discutés en profondeur à l'école.* Si j'ai tort, je suis prêt à faire amende honorable, mais peu d'enseignants et d'élèves me contrediront sur ce point.

Les idées avancées dans ce chapitre (particulièrement celles qui concernent la pertinence), tout en étant perçues comme valables, seront sans doute déclarées inapplicables. Si nous ne le faisons pas néanmoins, nous nous retrouverons avec de plus en plus d'échecs scolaires; les échecs sont, sans contredit, les plus inapplicables de tous les effets de l'éducation. On ne peut en tolérer qu'un certain pourcentage sous peine de tomber dans la désintégration sociale. Je ne connais pas exactement ce pourcentage, mais je sais qu'il a déjà dépassé le seuil critique dans bon nombre de nos quartiers défavorisés et qu'il augmente aussi dans les quartiers plus aisés.

Il y a plusieurs années, j'étais invité à présider un débat d'élèves au programme de l'école primaire où allaient mes enfants. Plusieurs finissants de l'école secondaire, qui avaient fréquenté l'école au moment de son ouverture, dix ans plus tôt, avaient été également invités à venir parler de l'expérience qu'ils avaient eue à l'école primaire, comparativement à celle qu'ils avaient à l'école secondaire qu'ils allaient bientôt quitter. Réfléchis et réussissant généralement bien dans leurs études, ces élèves venaient de familles où l'on accordait une grande importance à l'éducation. La discussion s'est orientée vers la différence considérable qui existait entre l'impersonnalité de l'école secondaire et ce qu'ils se rappelaient comme étant l'atmosphère chaleureuse et personnalisée de leur ancienne école primaire. Si, dans la réalité, les relations n'étaient pas particulièrement personnalisées dans cette école primaire, elles leur paraissaient ainsi rétrospectivement, comparativement à l'école qu'ils fréquentaient actuellement. La différence était pour eux très importante; l'école primaire ne les avait pas préparés au choc que représentait l'éducation secondaire, très impersonnelle. C'est manifestement à l'école secondaire qu'il nous faut donc apporter des changements. Se plaignant constamment de ne pas parvenir à connaître leurs enseignants, les élèves disaient avoir de la difficulté à comprendre ce que l'on attendait vraiment d'eux. Ils n'étaient plus maintenant que des visages dans des endroits assignés de la classe, plutôt que les Olivier, Karine, Didier ou Julie que tout le monde connaissait bien pendant leurs six premières années d'école. S'ils s'étaient résignés à ne pas connaître mieux leurs enseignants, ils ne se montraient pas très heureux de la situation. Ils n'arrêtaient pas de demander: «Y a-t-il un moyen d'arriver à mieux connaître nos enseignants et à mieux nous faire connaître d'eux?» Ces élèves n'étaient pas impliqués et s'en plaignaient amèrement.

Le second point important sur lequel ces élèves sérieux insistaient était que leur éducation n'avait que peu de rapport avec leur vie personnelle. Curieusement, ils l'acceptaient beaucoup plus facilement que le manque d'implication. N'ayant pas d'idée précise de ce qui aurait pu être pertinent pour eux d'apprendre, ils ne se rendaient même pas compte de ce qui leur manquait. Ne s'attendant pas vraiment à ce que l'école ait un rapport quelconque avec la vie, ils pensaient acquérir leurs connaissances sur le monde dans l'atmosphère feutrée de leur famille, très soucieuse de leur éducation. Le manque d'implication et l'anonymat croissant de leur classe étaient cependant ce qui les accablait le plus. Très soutenus par leur famille et par d'autres adultes de leur milieu, ayant été très liés à leurs enseignants à l'école primaire, ils souffraient de ne pas pouvoir se sentir plus proches de leurs enseignants à l'école secondaire.

Les enfants qui n'ont pas la forte motivation interne et externe de ces élèves ressentent encore plus durement l'impersonnalité de l'éducation secondaire. Après plusieurs années passées à discuter avec les adolescentes de l'école Ventura, je suis convaincu que les enfants peu motivés en souffrent tellement qu'ils se retirent de l'école, physiquement et psychologiquement parlant. Ils renoncent à s'impliquer et considèrent l'école comme un lieu impersonnel qui ne contribue en rien à la satisfaction de leurs besoins. Les élèves motivés réagissent à cette peine en redoublant d'efforts; les autres s'en débarrassent en échouant et en décrochant.

En plus d'éliminer les pratiques pédagogiques inefficaces décrites aux chapitres précédents, nous devrions nous efforcer de faire de l'école secondaire un lieu plus chaleureux et plus personnalisé pour les élèves. Cela ne veut pas dire pour autant les dorloter. C'est une question d'humanité et de bon sens: d'humanité, dans le sens où nous réduirons ou éliminerons complètement la peine ressentie par les élèves; de bon sens, parce que nous améliorerons l'éducation sans dépenser plus d'argent. Si nous nous contentons d'investir uniquement de l'argent, comme certains le croient nécessaire, nous n'en retirerons que peu de bénéfices si nous ne créons pas en même temps un environnement où les élèves puissent s'impliquer davantage.

Résoudre le problème de l'impersonnalité dans les écoles secondaires n'est guère facile. Le recours à une salle de classe attitrée, comme à l'école primaire, me paraît une suggestion d'un certain mérite. Elle servira aussi, avec le temps, à des réunions de classe où seront résolus les problèmes à caractère social et se tiendront des réunions à sujet libre, comme celles préconisées pour les élèves de l'école primaire et décrites au chapitre 10. Organisées une ou deux fois par semaine, ces réunions peuvent représenter un pas important vers la personnalisation des écoles secondaires. Les réunions de classe peuvent aussi faire partie, une fois par semaine au moins, des cours de sciences humaines et d'autres disciplines éventuellement. Dans ces réunions de classe, les élèves et les enseignants seront amenés à mieux se connaître. Les élèves se lieront avec leurs enseignants; ils chercheront ensemble à trouver une solution aux problèmes qui se présentent. Pour faire place aux réunions de classe, certains cours jugés moins importants pourraient être éventuellement éliminés du programme.

Des élèves rompus à la technique des discussions de classe s'impliqueront davantage dans toutes les matières au programme. Lorsque les classes sont nombreuses, il est difficile de porter une attention individuelle à l'élève. La discussion de classe permet à la fois la participation individuelle et l'implication de groupe.

L'impersonnalité de l'école secondaire peut être également combattue si tous les élèves ont la possibilité de participer à des activités parascolaires. Dans les écoles primaires et secondaires actuelles, seuls les élèves les plus talentueux, les plus doués ou les plus travailleurs peuvent y avoir accès. L'athlète moyen, l'acteur moyen, le musicien moyen sont généralement laissés de côté. Comme je l'ai mentionné au chapitre 6, les élèves qui ont du talent ne peuvent même pas souvent s'y inscrire à moins d'obtenir aussi de bonnes notes. À l'école Ventura, on essaie de s'assurer que les activités parascolaires (les nôtres sont des plus limitées) ne soient pas monopolisées par un petit nombre d'élèves; les écoles publiques pourraient fort bien faire la même chose. L'école dont j'ai parlé au chapitre précédent offre, au primaire, l'exemple d'une programmation qui implique l'ensemble des élèves. Des programmes semblables peuvent être implantés à l'école secondaire. L'implication des élèves talentueux (et qui obtiennent aussi de bonne notes) dans des activités parascolaires compense d'une certaine façon le manque d'implication vécu dans la classe régulière. L'élève moyen et celui en dessous de la moyenne ont pourtant besoin, encore plus que ceux qui réussissent, du contact personnel avec les enseignants. Faire équipe avec les élèves les plus talentueux ou les plus forts augmenterait leurs chances de réussite. Tout comme la réussite dans les matières scolaires, la réussite dans les activités parascolaires est liée à l'implication personnelle et aux liens tissés avec une personne responsable; c'est pourquoi nous devons tenter d'y impliquer tous les élèves. Le système actuel sépare radicalement les élèves qui réussissent, et peuvent bénéficier de ce que l'école a à offrir de meilleur, de ceux qui échouent et ne reçoivent pratiquement rien. Il faut absolument réunir les deux groupes en donnant la chance à ceux qui échouent, de faire aussi du sport, de la musique, du théâtre et d'autres activités intéressantes proposées par l'école.

L'élève qui réussit moins bien et qui semble avoir peu de motivation pour essayer de faire mieux est l'un des graves problèmes de l'école secondaire. Beaucoup d'enseignants disent que, s'ils avaient le temps de s'occuper individuellement de ces élèves, ils pourraient leur apprendre beaucoup plus. Les classes de la plupart des écoles secondaires sont malheureusement trop nombreuses; les enseignants ne peuvent accorder une attention individuelle aux élèves. Une bonne façon de compenser ce manque de temps consiste à faire aider les élèves plus faibles par ceux qui sont plus forts dans la matière enseignée. Plusieurs écoles ont implanté des programmes semblables avec succès. Les élèves qui deviennent tuteurs peuvent être des volontaires ou être désignés par l'enseignant. Ils disposent de davantage de temps que les enseignants. Dans les classes plus avancées, les tuteurs et les élèves qu'ils aident ont sensiblement le même âge; dans les petites classes, des tuteurs plus âgés semblent être plus adaptés. La réussite des programmes de tutorat est probablement due à l'attention personnelle que porte le bon élève à l'élève plus faible; tous deux se sentent en quelque sorte des associés. Les élèves qui ont des difficultés fréquentent généralement leurs semblables; ils n'ont jamais l'occasion de connaître des élèves plus forts. Pendant toute la durée du tutorat, deux élèves aux compétences différentes se trouvent ainsi réunis dans une activité qui est bénéfique aux deux. Mise à part l'aide valorisante qu'il apporte à son camarade plus lent, le tuteur accroît ses connaissances dans la matière, en essayant de la rendre compréhensible.

Les études réalisées sur ces programmes ont montré également que, de façon surprenante, si on leur en donne la chance et qu'on les y encourage, les élèves en difficulté peuvent eux aussi servir de tuteurs à d'autres élèves plus jeunes et réussir. Lorsqu'on demande à l'élève qui a des difficultés d'aider un camarade, il s'identifie non plus à quelqu'un qui échoue, mais plutôt à quelqu'un qui réussit. Il parvient à corriger les failles de sa propre éducation et devient un tuteur efficace. L'élève avec qui il travaille sait que, même si son tuteur a déjà connu l'échec, il n'a plus cette attitude et a acquis la motivation pour réussir. Le changement observé lui donne le désir de changer lui aussi. À l'école Ventura, j'ai souvent pu observer ce phénomène. Des adolescentes brillantes et intéressées, qui jusque-là avaient plutôt mal réussi à l'école, sont devenues d'excellentes tutrices; certaines ont même réussi à apprendre à lire à des élèves illettrées.

À l'heure actuelle, on utilise encore rarement la stratégie des tuteurs élèves; quand on le fait, c'est généralement à l'intérieur de la même école ou dans une école des environs. Les programmes actuels de tutorat qui font appel à des étudiants universitaires et à des adultes sont bons, mais trop limités.

L'implantation la plus efficace sera d'avoir recours aux élèves eux-mêmes.

Un des sujets de récrimination des élèves est que leur travail à l'école ne les prépare pas à la vraie vie; l'école semble même en être complètement séparée et isolée du reste de la société. Pour rompre cet isolement, elle doit trouver dans son milieu des personnes prêtes à venir parler aux élèves, en petits groupes ou en groupes plus importants. Choisies dans toutes les professions, elles devraient savoir s'exprimer, se montrer chaleureuses et avoir de la personnalité. Des leaders de leur milieu viendraient à l'école, non pas pour donner des conférences formelles ou pour exhorter les élèves à travailler davantage, mais pour s'entretenir avec des groupes intéressés (et non s'adresser à eux) avec chaleur, de façon personnalisée et surtout *avec franchise*. Les élèves se plaignent, non sans raison, que le monde des adultes les regarde de haut. Il serait peut-être plus juste de dire que les adultes ne parviennent pas à entrer vraiment en contact avec les adolescents. Nous croyons que notre incapacité de se parler et de s'écouter disparaîtra d'elle-même, d'une façon ou d'une autre. Lorsque nous nous apercevons qu'il n'en est rien, nous acceptons avec fatalisme ce manque de communication, comme l'ont fait avant nous toutes les générations depuis Socrate.

Une des raisons qui explique que le proverbial fossé entre les générations perdure est que les adultes responsables se parlent entre eux des élèves, plutôt que de parler avec eux du monde qu'ils partagent. Parler avec les élèves peut contribuer à rendre vivant ce qu'ils apprennent à l'école; sinon, il s'agit d'un savoir mort. Un juge, par exemple, peut expliquer aux élèves ce qu'il ressent lorsqu'il a devant lui des jeunes en salle d'audience, leur dire combien il s'inquiète de les voir connaître de tels problèmes et leur indiquer comment ils auraient pu faire autrement. Sa petite causerie, qui évaluerait honnêtement sa position concernant les adolescents, pourrait inclure une période de questions et réponses. À la suite de conversations semblables avec des juges et des policiers, les élèves respecteraient sans doute davantage la loi. On pourrait aussi demander à des politiciens, des écrivains, des journalistes, des avocats, des médecins, des psychologues, des travailleurs sociaux, etc., de venir échanger en toute franchise des idées avec les élèves. Les gens, dans toutes les sphères de la société, dans le public comme dans le privé, ont la responsabilité de parler avec les élèves, de les encourager à poser des questions et, si besoin est, de revenir répondre à leurs questions. Si les adultes respectent les jeunes citoyens, ils se gagneront, à leur tour, leur respect. Les directeurs d'école devraient non seulement permettre de tels échanges, mais aussi prendre l'initiative de les susciter.

Il est bon d'avoir des adultes responsables qui viennent à l'école parler avec les élèves; il est tout aussi important de donner aux élèves la chance d'exprimer leurs idées devant les adultes qui contrôlent leur vie scolaire. C'est pourquoi les élèves devraient participer à la plupart des réunions du conseil scolaire, des réunions d'enseignants, des rencontres entre parents et enseignants, et il faut leur demander leur opinion. Notre manque de dialogue avec les élèves sème les germes de l'agitation dans les universités, qui, au fond, est une façon d'amener les adultes à les écouter. Nous sommes capables d'aller dans l'espace et sur la Lune, mais nous n'avons pas encore appris à communiquer avec les jeunes. Notre échec sur ce plan veut-il dire que, en tant qu'adultes, nous avons peur d'entendre ce que la jeune génération a à dire, parce que cela pourrait bien être plus près de la vérité que toutes les raisons que nous pouvons bien inventer? La réunion sur le mensonge décrite au chapitre 13 semble indiquer que la réponse est oui. Nous avons besoin de nous voir comme les jeunes nous voient. Nous devons les écouter, leur parler. L'école comme la société doivent le faire. Une école isolée est une école dépourvue de pertinence.

Une autre façon pour l'école de garder le contact avec le milieu est d'inviter ses anciens élèves, ceux qui ont réussi comme ceux qui ont échoué. Quand une de nos anciennes élèves revient à l'école Ventura, ses amies comme les nouvelles pensionnaires sont impatientes de lui parler pour savoir les choses qu'elle fait, les problèmes qu'elle rencontre et les domaines où elle réussit. Nous pourrions pérorer une année entière sans parvenir à être aussi utile qu'une seule de nos anciennes pensionnaires revenant à l'école avec un vrai métier, des études réussies ou un mariage heureux. La visite des anciens peut être tout aussi valable dans les écoles secondaires. Ceux qui ont terminé l'école il y a dix ans ou moins appartiennent à la même génération que les élèves actuels; la communication n'est pas rompue. Les anciens ont cependant acquis une expérience que les autres n'ont pas. Ils devraient être invités à venir parler de leurs réussites comme de leurs échecs. La discussion porterait sur leur vie depuis qu'ils ont quitté l'école, sur la façon dont ils ont lié leur éducation à ce qui leur est arrivé. L'opinion des finissants récents pourrait s'avérer fort valable pour les autorités scolaires. Ils ont en effet quitté l'école depuis assez longtemps pour avoir pris un certain recul, mais pas assez pour que l'école soit devenue différente ou qu'ils aient eux-mêmes oublié ce que c'était vraiment d'y vivre et d'y étudier.

Comme à l'école primaire, la discipline est importante à l'école secondaire. Lorsqu'on aura mis en pratique certaines suggestions de ce livre, les problèmes de discipline diminueront, comme ils l'ont fait à l'école Ventura. Lorsque l'école est conçue pour les impliquer, qu'elle s'avère pertinente et axée sur la réflexion, les élèves réussissent, et il y a moins d'agitation. Il y aura pourtant toujours des problèmes. Au chapitre 14, j'ai montré que l'on ne pouvait pas donner d'éducation valable dans une atmosphère de chaos. Les élèves devraient avoir leur mot à dire dans la définition des règlements et dans les changements qu'on y apporte, mais ne devraient avoir aucune excuse pour ne pas les observer ensuite, s'ils sont raisonnables. Certains élèves ne respecteront pas ces règlements, même s'ils sont très raisonnables; l'école doit pouvoir traiter leur cas de façon positive.

Comme je l'ai déjà dit, les punitions ne donnent rien; les élèves qui enfreignent les règlements à l'école secondaire ont été si souvent punis que, pour eux, cela ne veut plus rien dire. S'il y a davantage de conseillers à l'école secondaire qu'à l'école primaire, il n'y en a tout de même pas suffisamment pour que l'on puisse faire de la consultation individuelle. De toute façon, mon expérience m'a appris que résoudre les problèmes en groupe est presque toujours plus efficace que la consultation individuelle; les groupes de 10 à 20 personnes sont préférables aux groupes de 5 à 10 personnes.

S'occuper des élèves en difficulté en les plaçant dans un même groupe est habituellement peu efficace. Comme ils ont besoin de tisser des liens avec des élèves qui réussissent pour pouvoir réussir eux-mêmes, il vaut mieux les placer dans des groupes mixtes. Les bons élèves seront invités à se joindre à des groupes où des élèves en difficulté essaient de résoudre leurs problèmes. Comme personne ne réussit totalement ou n'échoue totalement, dans un groupe mixte, chaque élève peut à la fois aider les autres et apprendre d'eux. La plupart des élèves aimeront les réunions de groupe, personne n'en souffrira en tout cas. Même à Ventura, nous avons constaté qu'il nous fallait placer les adolescentes dans des groupes mixtes pour que les plus fortes et les plus motivées puissent nous aider à soutenir les plus faibles. Les groupes qui n'étaient formés que de filles irresponsables ne réussissaient guère. Animées par des conseillers, des enseignants ou des directeurs d'école, les groupes peuvent se réunir après l'école ou, au moins pour les premières rencontres, pendant les heures d'école. Les réunions ne devraient jamais imposer de punitions aux élèves, pas plus d'ailleurs que toute autre pratique scolaire. On ne devrait décider d'exclure un élève qu'en dernier recours. Les élèves récalcitrants ne devraient être exclus des groupes que s'ils ne se montrent aucunement coopératifs, et ils devraient être réintégrés quand ils décident de tenter une nouvelle fois leur chance. Si, bien entendu, les réunions de groupe doivent discuter des problèmes des élèves, on devrait aussi les amener à discuter intelligemment de sujets libres, de façon à faire réfléchir les élèves en difficulté en compagnie d'autres élèves qui savent réfléchir et à leur montrer qu'on peut en tirer un certain plaisir. Ils se surprennent eux-mêmes lorsque cela se produit! Comme je l'ai montré au chapitre 11, les réunions qui rabâchent constamment un problème de discipline ne sont pas aussi efficaces que les discussions de groupe qui portent sur des sujets intellectuels, impliquent les élèves et réussissent à les intéresser. Les discussions animées sont une des bases de leur implication; les problèmes de discipline deviennent moins nombreux à mesure que leur implication s'intensifie. Les écoles secondaires devraient faire de ces réunions la principale mesure du maintien de la discipline. Les petits problèmes peuvent être réglés dans les réunions de classe; les infractions plus sérieuses aux règlements et les échecs répétés seront référés aux réunions de groupe spéciales.

Une bonne façon de motiver les élèves qui affichent de mauvais résultats est de savoir reconnaître immédiatement lorsqu'ils commencent à bien faire. Beaucoup d'écoles se servent de rapports pour avertir les parents d'une mauvaise conduite ou de mauvais résultats; peu d'entre elles le font pour souligner le contraire. Tous les systèmes scolaires permettent cette démarche; on devrait donc s'en servir plus fréquemment qu'on ne le fait à l'heure actuelle. Plutôt que d'envoyer aux parents un rapport de mauvaise conduite, réglons donc d'abord le problème à l'école. Lorsque le comportement de l'élève s'améliore, alors oui, il faut envoyer un rapport de bonne conduite à ses parents. En reconnaissant les progrès accomplis par l'élève, cette petite note pourra apaiser les tensions entre ses parents et lui.

Les réunions concernant de graves problèmes de discipline devraient rarement se tenir en présence des parents. Faire venir à l'école les parents d'un enfant qui cause des problèmes fait souvent plus de mal que de bien. Anxieux et contrariés par cette convocation, les parents blâment l'enfant de les avoir mis mal à l'aise. Ils le punissent habituellement, ce qui ne fait qu'empirer la situation, au lieu de l'améliorer. Si l'on convoque cependant les parents, il faut toujours que l'élève soit présent lorsqu'on discute de lui. Le directeur ou le conseiller devra aussi jeter les bases pour arriver à trouver une solution constructive, en disant par exemple: «Nous n'allons pas ici essayer d'identifer un coupable, mais plutôt de trouver une façon de résoudre le problème.» La participation de l'enfant et de ses parents devrait se borner à faire des suggestions constructives et non, comme c'est trop souvent le cas, à accuser ou à incriminer. Les recommandations apportées seront succinctes et compréhensibles de tous. Une fois que l'on s'est mis d'accord, on les mettra sur papier, et l'élève devra s'engager par écrit à les appliquer. Je le répète: on ne devrait faire venir les parents à l'école qu'après avoir vraiment échoué dans toutes les tentatives de régler le problème avec l'enfant seul. On n'enseignera pas aux enfants à mûrir et à se montrer responsables en faisant venir leurs parents; ils l'apprennent en affrontant les problèmes là où ils se produisent, à l'école, avec les gens de l'école.

Rien ne cause plus d'anxiété à l'école secondaire que les notes et les examens. Au chapitre 8, j'ai recommandé que le système d'évaluation actuel soit remplacé par un autre système; au chapitre 7, j'ai suggéré que l'on ne se serve pas des tests objectifs pour évaluer l'enfant. Je vais ici proposer une solution particulière pour les examens, solution qui, je le pense, contribuera à faire de l'éducation une véritable démarche intellectuelle, réduira l'anxiété de l'élève et améliorera tous les systèmes d'évaluation. Actuellement, peu de responsabilités sont confiées à l'enfant relativement à ce qui est important ou moins important dans les cours. Acceptant aveuglément le jugement de l'enseignant, les élèves s'efforcent de découvrir ce que ce dernier considère comme le plus important. Il n'y a rien de mal à ce que les enseignants disent aux élèves ce qu'ils considèrent être le plus important. Il n'y a rien de mal non plus à ce que les élèves contestent les opinions de l'enseignant et fassent part de leurs idées sur le cours.

J'ai fait à certains professeurs d'université une suggestion que quelques-uns d'entre eux ont suivie et qui s'est avérée une réussite: confier aux étudiants la responsabilité de leurs propres tests. On peut leur demander de soumettre chaque semaine une ou deux questions portant sur la matière étudiée (cette suggestion ne s'applique pas à des matières comme les mathématiques, où la résolution de problèmes représente l'outil pédagogique principal). Le professeur évalue les questions, soit pendant le cours, soit par écrit. L'étudiant reformule ses questions en tenant compte des commentaires du professeur, puis les lui remet. À la fin du semestre, le professeur choisit certaines questions pour l'examen final. L'évaluation de l'étudiant se fonde alors sur: 1) les questions qu'il a su poser et 2) sa capacité, à la fin du semestre, de répondre de façon intelligente aux questions qu'il a lui-même formulées. Chaque étudiant reçoit ses propres questions. On ne lui demande pas de répondre à des questions formulées par d'autres. Aucun étudiant ne pourra donc se plaindre que le professeur a donné un examen injuste. Le travail du professeur consiste à donner le cours de façon à ce que les étudiants puissent poser des questions intelligentes et y répondre. Tout étudiant capable de le faire possède sans aucun doute sa matière à fond. Si le professeur ne parvient pas à amener ses étudiants à poser des questions importantes et pertinentes, il devra remettre en question son enseignement et pas seulement la capacité d'apprendre de ses étudiants.

Si l'on met en pratique les propositions présentées dans ce chapitre, certains défauts actuels de notre système secondaire pourront être corrigés. Liées aux propositions faites pour l'école primaire, elles sont applicables à des élèves qui auront terminé l'école primaire en ayant eu l'expérience de ce que l'implication véritable et la résolution de problèmes veulent dire. Ils seront maintenant prêts à entrer dans une école secondaire qui suit cette même orientation.

Je ne prétends pas que ces idées soient la réponse à tous les problèmes de l'école secondaire. Mon expérience limitée à ce niveau d'enseignement m'a empêché d'y examiner le contenu des cours. Il est clair toutefois que le manque de pertinence et l'accent mis indûment sur les faits créent de nombreux problèmes chez les élèves. J'espère que les éducateurs qui sont d'accord avec les idées présentées dans ce livre s'efforceront d'amender le contenu des cours. À moins d'améliorer considérablement nos écoles primaires, particulièrement celles des quartiers défavorisés, ce qui adviendra des écoles secondaires n'aura guère d'importance. J'ai mis l'accent sur l'école primaire parce qu'il est plus facile de prévenir les problèmes que d'atténuer l'effet des échecs. Si ce livre aide à prévenir l'échec, il aura rempli son objectif.

J'ai présenté un certain nombre de propositions qui, je l'espère, aideront à ramener l'éducation à sa mission originelle: former une personne capable de réfléchir, créative, affectivement ouverte et engagée, exempte de peur; une personne prête à affronter les problèmes que lui pose le monde qui l'entoure. Si, cependant, elle ne parvient pas à les résoudre tous, du moins en réglera-t-elle certains. Confiante de pouvoir bâtir sur des réussites passées, elle pourra bien échouer de temps à autre, mais saura qu'elle peut toujours réussir jusqu'à un certain point. Quand la réussite ne se présentera pas aussi facilement qu'elle le voudrait, elle n'abandonnera pas pour autant la partie. Si elle peut réfléchir, si elle peut tisser des liens positifs avec ses frères humains, si elle est capable d'apprécier les beautés de la nature et celles du génie humain, elle aura des chances d'être heureuse et de se sentir valorisée. L'éducation ne peut rien faire de plus pour nous. Le reste nous appartient.

# Pour en savoir plus

Pour suivre une formation fondée sur l'approche décrite dans ce livre ou pour obtenir plus de renseignements, communiquez avec:

**L'association québécoise de la Thérapie de la réalité**
2113, rue Fréchette
Saint-Émile (Québec)
G3E 1R2
Tél.: (418) 843-4754

Pour communiquer avec l'auteur:

**L'Institut William Glasser**
22024 Lassen Street, #118
Chatsworth, California
91311
Tél.: (818) 700-8000
Téléc.: (818) 700-0555

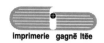

imprimerie gagné ltée

IMPRIMÉ AU CANADA